TITUS LIVIUS

Ab urbe condita
Liber II

Römische Geschichte
2. Buch

LATEINISCH / DEUTSCH

ÜBERSETZT UND HERAUSGEGEBEN
VON MARION GIEBEL

PHILIPP RECLAM JUN. STUTTGART

Universal-Bibliothek Nr. 2032[3]
Alle Rechte vorbehalten. © 1987 Philipp Reclam jun., Stuttgart
Gesamtherstellung: Reclam, Ditzingen. Printed in Germany 1987
ISBN 3-15-002032-8

Ab urbe condita
Liber II

Römische Geschichte
2. Buch

1 (1) Liberi iam hinc populi Romani res pace belloque gestas, annuos magistratus, imperiaque legum potentiora quam hominum peragam. (2) Quae libertas ut laetior esset proximi regis superbia fecerat. Nam priores ita regnarunt ut haud immerito omnes deinceps conditores partium certe urbis, quas novas ipsi sedes ab se auctae multitudinis addiderunt, numerentur; (3) neque ambigitur quin Brutus idem qui tantum gloriae superbo exacto rege meruit pessimo publico id facturus fuerit, si libertatis immaturae cupidine priorum regum alicui regnum extorsisset. (4) Quid enim futurum fuit, si illa pastorum convenarumque plebs, transfuga ex suis populis, sub tutela inviolati templi aut libertatem aut certe impunitatem adepta, soluta regio metu agitari coepta esset tribuniciis procellis, (5) et in aliena urbe cum patribus serere certamina, priusquam pignera coniugum ac liberorum caritasque ipsius soli, cui longo tempore adsuescitur, animos eorum consociasset? (6) Dissipatae res nondum adultae discordia forent, quas fovit tranquilla moderatio imperii eoque nutriendo perduxit ut bonam frugem libertatis maturis iam viribus ferre posset.

(7) Libertatis autem originem inde magis quia annuum impe-

1 (1) Von den Taten des nunmehr freien Römervolkes in Frieden und Krieg, von seinen jährlich wechselnden Beamten und der Herrschaft der Gesetze – mächtiger als die der Menschen – will ich nun berichten. (2) Daß man diese Freiheit um so freudiger begrüßte, war der Willkürherrschaft des letzten Königs[1] zuzuschreiben. Die früheren Könige hatten nämlich so regiert, daß sie alle, einer wie der andere, nicht unverdient als Gründer bezeichnet werden können. Das gilt zumindest für die Stadtregionen, die sie als neue Wohnsitze zusätzlich geschaffen haben für eine unter ihrer Regierung ständig vermehrte Bevölkerung. (3) Brutus hat sich, indem er einen tyrannischen König vertrieb, zu Recht großen Ruhm erworben. Aber er hätte der Bürgerschaft mit seiner Tat ohne Zweifel einen äußerst schlechten Dienst erwiesen, wenn er, aus Begierde nach unzeitiger Freiheit, einem der früheren Könige die Herrschaft entrissen hätte. (4) Denn was wäre die Folge gewesen, wenn die damalige Volksmenge aus Hirten und Zugewanderten, die ihren eigenen Volksstämmen entlaufen waren und nur im Schutz eines unverletzlichen Heiligtums[2] die Freiheit oder wenigstens Straflosigkeit erlangt hatten – wenn sie nun, ledig aller Furcht vor der Macht eines Königs, der stürmischen Agitation der Volkstribunen ausgesetzt gewesen wären? (5) Und wenn sie in einer ihnen noch fremden Stadt den Streit mit den Vätern[3] begonnen hätten, bevor noch eine Bindung an Frau und Kinder sowie die Liebe zum heimischen Boden, die Zeit und Gewöhnung braucht, sie zu einer Gemeinschaft verschmolzen hätte? (6) Den noch nicht zur Reife gelangten Staat hätte die Zwietracht aufgerieben. Die friedliche, maßvolle Herrschaft aber begünstigte sein Wachstum und ließ ihn unter ihrer Pflege so gedeihen, daß er die edle Frucht der Freiheit in bereits gereiftem, gekräftigtem Zustand genießen konnte.[4]

(7) Die Freiheit selbst muß man eher darin begründet sehen,

rium consulare factum est quam quod deminutum quicquam
sit ex regia potestate numeres. (8) Omnia iura, omnia insignia
primi consules tenuere; id modo cautum est ne, si ambo fasces
haberent, duplicatus terror videretur. Brutus prior, concedente collega, fasces habuit; qui non acrior vindex libertatis
fuerat quam deinde custos fuit. (9) Omnium primum avidum
novae libertatis populum, ne postmodum flecti precibus aut
donis regiis posset, iure iurando adegit neminem Romae passuros regnare. (10) Deinde quo plus virium in senatu fre-
quentia etiam ordinis faceret, caedibus regis deminutum
patrum numerum primoribus equestris gradus lectis ad tre-
centorum summam explevit, (11) traditumque inde fertur ut
in senatum vocarentur qui patres quique conscripti essent;
conscriptos videlicet appellabant lectos. Id mirum quantum
profuit ad concordiam civitatis iungendosque patribus plebis
animos.
2 (1) Rerum deinde divinarum habita cura; et quia quaedam
publica sacra per ipsos reges factitata erant, necubi regum
desiderium esset, regem sacrificulum creant. (2) Id sacerdo-
tium pontifici subiecere, ne additus nomini honos aliquid
libertati, cuius tunc prima erat cura, officeret. Ac nescio an
nimis undique eam minimisque rebus muniendo modum
excesserint. (3) Consulis enim alterius, cum nihil aliud offen-

daß die Amtsgewalt der Konsuln auf ein Jahr befristet wurde, als daß etwa die von den Königen stammende Machtvollkommenheit irgendwie gemindert worden wäre.[5] (8) Die ersten Konsuln besaßen alle Rechte und alle Auszeichnungen der Könige. Man trug lediglich Vorsorge, nicht zweimal den Anblick von Furcht und Schrecken zu bieten, wenn nämlich beiden Konsuln die Rutenbündel vorausgetragen würden.[6] Brutus erhielt die Rutenbündel mit Einwilligung seines Kollegen als erster; er war nun ein ebenso eifriger Bewahrer der Freiheit, wie er ihr Begründer gewesen war. (9) Zuallererst verpflichtete er das Volk, solange es noch begierig nach der neuerworbenen Freiheit war, durch einen Eid, nie mehr einen König in Rom zu dulden, damit es auch später nicht durch Bitten oder Geschenke eines Königs umgestimmt werden könnte. (10) Dann wollte er dem Senat durch eine Anhebung der Mitgliederzahl mehr Einfluß verschaffen. Die Zahl der Väter war durch die Todesurteile des Königs zusammengeschmolzen, und Brutus fügte ihnen nun die vornehmsten Männer aus dem Ritterstande hinzu und brachte den Senat dadurch wieder auf die volle Zahl von 300 Mitgliedern. (11) Daher kommt es, so sagt man, daß bei der Einberufung des Senats jeweils »Väter« und »Beigeordnete« gesondert berufen werden. Beigeordnete nannte man nämlich die nachgewählten Mitglieder.[7] Dies war für die Eintracht in der Bürgerschaft und die Verbundenheit zwischen den Vätern und dem Volk von außerordentlicher Wirkung.

2 (1) Dann sorgte man für den Götterdienst. Da es einzelne Opfer gab, die von den Königen selbst dargebracht worden waren, wählte man einen Opferkönig[8], damit keinerlei Anlaß bestünde, nach einem König zu verlangen. (2) Dieses Priesteramt wurde dem Pontifex Maximus unterstellt, denn die Ehre, die mit diesem Namen verbunden war, sollte der Freiheit keinen Abbruch tun; ihr galt damals die Hauptsorge. Aber ich meine fast, man ging damals zu weit, indem man die Freiheit auch in Nebensächlichkeiten rings wie mit einem Bollwerk umgab. (3) So war bei dem anderen Konsul, an dem

derit, nomen invisum civitati fuit: nimium Tarquinios regno
adsuesse; initium a Prisco factum; regnasse dein Ser. Tullium;
ne intervallo quidem facto oblitum, tamquam alieni, regni,
Superbum Tarquinium velut hereditatem gentis scelere ac vi
repetisse; pulso Superbo penes Collatinum imperium esse.
Nescire Tarquinios privatos vivere; non placere nomen, periculosum libertati esse. (4) Hinc primo sensim temptantium
animos sermo per totam civitatem est satus, sollicitamque
suspicione plebem Brutus ad contionem vocat. (5) Ibi
omnium primum ius iurandum populi recitat neminem
regnare passuros nec esse Romae unde periculum libertati
foret; id summa ope tuendum esse, neque ullam rem quae eo
pertineat contemnendam. Invitum se dicere hominis causa,
nec dicturum fuisse ni caritas rei publicae vinceret: (6) non
credere populum Romanum solidam libertatem reciperatam
esse; regium genus, regium nomen non solum in civitate sed
etiam in imperio esse; id officere, id obstare libertati.
(7) »Hunc tu« inquit »tua voluntate, L. Tarquini, remove
metum. Meminimus, fatemur: eiecisti reges; absolve benefi-
cium tuum, aufer hinc regium nomen. Res tuas tibi non solum
reddent cives tui auctore me, sed si quid deest munifice auge-
bunt. Amicus abi; exonera civitatem vano forsitan metu; ita
persuasum est animis cum gente Tarquinia regnum hinc abi-

es sonst nichts auszusetzen gab, den Bürgern allein schon der Name unerträglich:[9] Die Tarquinier seien gar zu sehr ans Herrschen gewöhnt. Priscus habe den Anfang gemacht, danach sei zwar Servius Tullius König geworden, aber Tarquinius Superbus habe während dieses Zwischenregiments keineswegs seinen Anspruch auf die Herrschaft aufgegeben, als ob sie ihn nichts angehe. Er habe das Königtum wie einen erblichen Besitz seiner Familie mit verbrecherischer Gewalt wieder an sich gerissen. Nach der Vertreibung des Superbus sei die Macht nun in die Hände des Collatinus gelangt. Die Tarquinier könnten einfach nicht als Privatleute leben. Der bloße Name errege Mißfallen und sei eine Gefahr für die Freiheit. (4) Solche Ansichten wurden von Leuten, die erst einmal die Stimmung erforschen wollten, in der ganzen Stadt verbreitet. Als die Bürger durch die Verdächtigungen in Unruhe geraten waren, berief Brutus eine Volksversammlung ein. (5) Hier las er als erstes den Eid vor, den das Volk geschworen hatte: Es werde keinen König dulden noch sonst etwas, das in Rom die Freiheit bedrohen könne. Darauf sei alle Aufmerksamkeit zu richten, und es dürfe nichts Diesbezügliches außer acht gelassen werden. Nur ungern bringe er die Rede auf diesen Mann, und er würde es auch nicht tun, wenn in ihm nicht seine Liebe zum Gemeinwesen den Sieg davongetragen hätte. (6) Das römische Volk glaube, es habe die Freiheit noch nicht vollständig errungen. Der Königsstamm, der Königsname befinde sich noch in der Stadt, ja in der Regierung. Das sei ein Hemmnis, ein Hindernis für die Freiheit. (7) »Nimm freiwillig diese Furcht von uns, Lucius Tarquinius!« sagte Brutus. »Wir erinnern uns wohl, wir geben es zu: Du hast die Könige verjagt. Kröne dein Verdienst, nimm auch den Königsnamen von uns! Dein Eigentum werden dir deine Mitbürger herausgeben,[10] dafür will ich Sorge tragen, ja sie werden dich großzügig ausstatten, wenn es dir an etwas fehlen sollte. Geh als Freund! Befreie die Bürger von ihrer wohl grundlosen Furcht. Sie sind nun einmal überzeugt, daß mit dem Tarquinierstamm auch das

turum. « (8) Consuli primo tam novae rei ac subitae admiratio
incluserat vocem; dicere deinde incipientem primores civitatis circumsistunt, eadem multis precibus orant. (9) Et ceteri
quidem movebant minus: postquam Sp. Lucretius, maior
aetate ac dignitate, socer praeterea ipsius, agere varie rogando
alternis suadendoque coepit ut vinci se consensu civitatis
pateretur, (10) timens consul ne postmodum privato sibi
eadem illa cum bonorum amissione additaque alia insuper
ignominia acciderent, abdicavit se consulatu rebusque suis
omnibus Lavinium translatis civitate cessit. (11) Brutus ex
senatus consulto ad populum tulit ut omnes Tarquiniae gentis
exsules essent; collegam sibi comitiis centuriatis creavit P.
Valerium, quo adiutore reges eiecerat.

3 (1) Cum haud cuiquam in dubio esset bellum ab Tarquiniis
imminere, id quidem spe omnium serius fuit; ceterum, id
quod non timebant, per dolum ac proditionem prope libertas amissa est. (2) Erant in Romana iuventute adulescentes
aliquot, nec ii tenui loco orti, quorum in regno libido solu-
tior fuerat, aequales sodalesque adulescentium Tarquiniorum, adsueti more regio vivere. (3) Eam tum, aequato iure
omnium, licentiam quaerentes, libertatem aliorum in suam
vertisse servitutem inter se conquerebantur: regem hominem
esse, a quo impetres, ubi ius, ubi iniuria opus sit; esse gratiae
locum, esse beneficio; et irasci et ignoscere posse; inter ami-

Königtum die Stadt verlassen werde.« (8) Bei diesem seltsa-
men und unvermittelten Ansinnen war der Konsul vor Ver-
wunderung zunächst einmal sprachlos. Als er dann anfangen
wollte zu reden, drängten sich die führenden Männer des
Staates um ihn mit der gleichen eindringlichen Bitte. (9) Sie
konnten ihn freilich weniger beeindrucken, aber dann begann
Spurius Lucretius, älter und würdiger als sie und obendrein
noch sein Schwiegervater, ihm auf alle mögliche Art zuzuset-
zen, bald mit Bitten, bald mit gutem Zureden: Er solle es
hinnehmen, einem einhelligen Beschluß der Bürger unterle-
gen zu sein. (10) Da befürchtete der Konsul, es könne ihm
dasselbe später als Privatmann widerfahren, und man würde
dann seine Güter einziehen und ihm überdies noch Schimpf
und Schande antun. Deshalb legte er das Konsulat nieder,
brachte seine ganze Habe nach Lavinium und verließ die
Stadt. (11) Brutus beantragte aufgrund eines Senatsbeschlus-
ses beim Volk, alle Angehörigen der Tarquinier auszuweisen.
Er hielt eine Wahlversammlung[11] ab und ließ Publius Valerius als Mitkonsul wählen, der ihm geholfen hatte, die
Königsfamilie zu vertreiben.
3 (1) Niemand zweifelte daran, daß von den Tarquiniern ein
Krieg drohe. Dennoch brach er später aus, als alle vermutet
hatten. Aber was man gar nicht befürchtete: beinahe wäre die
Freiheit durch List und Verrat verloren gegangen. (2) Es gab
unter den jungen Männern Roms einige, und zwar aus den
besten Familien, die während der Königsherrschaft mehr
Freiheit bei ihren Ausschweifungen genossen hatten. Als
Altersgenossen und Gefährten der jungen Tarquinier hatten
sie sich an ein fürstliches Dasein gewöhnt. (3) Diese Unge-
bundenheit vermißten sie nun, da alle gleiches Recht besaßen.
Sie beklagten sich untereinander, daß die Freiheit der anderen
ihnen ein Sklavendasein eingebracht habe. Ein König sei
schließlich ein Mensch; man könne von ihm bekommen, was
man gerade brauche, ob es nun Recht oder Unrecht sei; man
könne Gnade erlangen, Gunst gewinnen, und er vermöge zu
zürnen und zu verzeihen und wisse zwischen Freund und

cum atque inimicum discrimen nosse; (4) leges rem surdam, inexorabilem esse, salubriorem melioremque inopi quam potenti; nihil laxamenti nec veniae habere, si modum excesseris; periculosum esse in tot humanis erroribus sola innocentia vivere. (5) Ita iam sua sponte aegris animis legati ab regibus superveniunt, sine mentione reditus bona tantum repetentes. Eorum verba postquam in senatu audita sunt, per aliquot dies ea consultatio tenuit, ne non reddita belli causa, reddita belli materia et adiumentum esset. (6) Interim legati alia moliri; aperte bona repetentes clam reciperandi regni consilia struere; et tamquam ad id quod agi videbatur ambientes, nobilium adulescentium animos pertemptant. (7) A quibus placide oratio accepta est, iis litteras ab Tarquiniis reddunt et de accipiendis clam nocte in urbem regibus conloquuntur.

4 (1) Vitelliis Aquiliisque fratribus primo commissa res est. Vitelliorum soror consuli nupta Bruto erat, iamque ex eo matrimonio adulescentes erant liberi, Titus Tiberiusque; eos quoque in societatem consilii avunculi adsumunt. (2) Praeterea aliquot nobiles adulescentes conscii adsumpti, quorum vetustate memoria abiit. (3) Interim cum in senatu vicisset sententia quae censebat reddenda bona, eamque ipsam causam morae in urbe haberent legati quod spatium ad vehicula comparanda a consulibus sumpsissent quibus regum asporta-

Feind zu unterscheiden. (4) Die Gesetze aber seien für alle Bitten taub; sie brächten dem Armen eher Heil und Nutzen als dem Reichen. Bei ihnen gebe es weder Schonung noch Gnade, wenn man einmal über die Stränge geschlagen habe. Der Mensch sei so vielen Verirrungen ausgesetzt, daß es ein Wagnis sei, in völliger Unbescholtenheit zu leben. (5) In solch mißmutiger Stimmung waren die jungen Leute schon von sich aus, als nun noch die Gesandten von der königlichen Familie kamen, die lediglich die Herausgabe der Güter forderten, ohne eine Rückkehr zu erwähnen. Nachdem man sie im Senat angehört hatte, beriet man sich mehrere Tage. Gab man die Besitztümer nicht zurück, bot man einen Anlaß zum Krieg. Tat man es aber, dienten sie als Ausrüstungs- und Hilfsgüter zum Krieg. (6) Inzwischen spannen die Gesandten ihre Fäden: Nach außen hin ging es ihnen nur um die Rückgabe der Güter; im geheimen aber schmiedeten sie Pläne, um den Thron wiederzugewinnen. Und während sie angeblich nur im eigenen Auftrag unterwegs waren, forschten sie die Gesinnungen der jungen Leute aus. (7) Denjenigen, die ihnen bereitwillig Gehör schenkten, überreichten sie Briefe von den Tarquiniern und besprachen sich mit ihnen darüber, wie man des Nachts die königliche Familie heimlich in die Stadt einlassen könne.

4 (1) Die Brüder Vitellius und Aquilius waren die ersten, die in die Sache eingeweiht wurden. Eine Schwester der Vitellier war mit dem Konsul Brutus verheiratet. Aus dieser Ehe gab es zwei herangewachsene Söhne, Titus und Tiberius. Ihre Onkel zogen sie in das Komplott hinein. (2) Außerdem machten sie noch einige andere Adlige zu Mitwissern, deren Namen nach so langer Zeit in Vergessenheit geraten sind. (3) Inzwischen hatte sich im Senat die Meinung durchgesetzt, man solle die Güter zurückgeben. Das benutzten die Gesandten als Vorwand, um ihren Aufenthalt in der Stadt zu verlängern: Sie hätten sich von den Konsuln eine Zeit ausbedungen, um Fahrzeuge bereitzustellen, auf denen sie das Hab und Gut der Königsfamilie abtransportieren könnten. Diese ganze

rent res, omne id tempus cum coniuratis consultando absumunt, evincuntque instando ut litterae sibi ad Tarquinios darentur: (4) nam aliter qui credituros eos non vana ab legatis super rebus tantis adferri? Datae litterae ut pignus fidei essent manifestum facinus fecerunt. (5) Nam cum pridie quam legati ad Tarquinios proficiscerentur cenatum forte apud Vitellios esset, coniuratique ibi, remotis arbitris, multa inter se de novo, ut fit, consilio egissent, (6) sermonem eorum ex servis unus excepit, qui iam antea id senserat agi, sed eam occasionem, ut litterae legatis darentur quae deprehensae rem coarguere possent, exspectabat. Postquam datas sensit, rem ad consules detulit. (7) Consules ad deprehendendos legatos coniuratosque profecti domo sine tumultu rem omnem oppressere; litterarum in primis habita cura ne interciderent. Proditoribus exemplo in vincla coniectis, de legatis paululum addubitatum est; et quamquam visi sunt commisisse ut hostium loco essent, ius tamen gentium valuit.

5 (1) De bonis regiis, quae reddi ante censuerant, res integra refertur ad patres. Ibi victi ira vetuere reddi, vetuere in publicum redigi. (2) Diripienda plebi sunt data, ut contacta regia praeda spem in perpetuum cum iis pacis amitteret. Ager Tarquiniorum qui inter urbem ac Tiberim fuit, consecratus Marti, Martius deinde campus fuit. (3) Forte ibi tum seges farris dicitur fuisse matura messi. Quem campi fructum quia

Zeit aber verwandten sie auf Beratungen mit den Verschwörern. Sie setzten es mit ihrem Drängen durch, daß man ihnen Briefe an die Tarquinier mitgab. (4) Wie sollten diese denn sonst sicher sein, daß ihnen die Gesandten in einer solch wichtigen Angelegenheit nicht nur leere Versprechungen überbrachten? Diese Briefe[12] aber, die als Treuepfand übergeben wurden, brachten das Verbrechen an den Tag. (5) Denn am Abend vor ihrer Rückreise zu den Tarquiniern speisten die Gesandten gerade bei den Vitelliern. Dort besprachen sich die Verschwörer ohne Zeugen, wie man sich denken kann, ausführlich über ihren kürzlich gefaßten Plan. (6) Ein Sklave aber hörte ihr Gespräch an. Er hatte schon früher gemerkt, was da vorging, wartete aber den Zeitpunkt ab, da die Briefe an die Gesandten ausgehändigt wurden. Denn wenn man diese hätte, könnte man die Sache beweisen. Nachdem er sich der Übergabe vergewissert hatte, meldete er alles den Konsuln. (7) Die Konsuln machten sich auf, um die Gesandten und die Verschwörer festzunehmen, und sie brachten die gesamte Angelegenheit ohne jegliches Aufsehen zu Ende. Dabei waren sie vor allem darauf bedacht, daß die Briefe nicht verlorengingen. Die Verräter wurden unverzüglich ins Gefängnis gebracht. Wegen der Gesandten war man eine Weile unschlüssig. Sie hatten sich zwar offensichtlich so schuldig gemacht, daß man sie als Feinde betrachten mußte, aber man ließ dann doch das Völkerrecht gelten.

5 (1) Über die königlichen Güter, deren Rückgabe man zuvor genehmigt hatte, wurde nun im Senat von neuem verhandelt. Voller Zorn verboten die Senatoren die Rückgabe, sie verboten auch eine Übernahme in den Staatsschatz. (2) Man überließ alles dem Volk zur Plünderung. Mit dem Raub an den Königsgütern belastet, sollte den Bürgern für alle Zeit die Aussicht genommen sein, sich mit den Tarquiniern auszusöhnen. Der Landbesitz der Tarquinier zwischen der Stadt und dem Tiber wurde dem Mars geweiht und heißt seitdem das Marsfeld. (3) Man erzählt, es habe damals dort erntereifes Getreide gestanden. Da man religiöse Bedenken

religiosum erat consumere, desectam cum stramento segetem
magna vis hominum simul immissa corbibus fudere in Tiberim tenui fluentem aqua, ut mediis caloribus solet. Ita in vadis
haesitantes frumenti acervos sedisse inlitos limo; (4) insulam
inde paulatim et aliis quae fert temere flumen eodem invectis
factam; postea credo additas moles manuque adiutum, ut tam
eminens area firma templis quoque ac porticibus sustinendis
esset.
(5) Direptis bonis regum damnati proditores sumptumque
supplicium, conspectius eo quod poenae capiendae ministerium patri de liberis consulatus imposuit, et qui spectator erat
amovendus, eum ipsum fortuna exactorem supplicii dedit.
(6) Stabant deligati ad palum nobilissimi iuvenes; sed a cete-
ris, velut ab ignotis capitibus, consulis liberi omnium in se
averterant oculos, miserebatque non poenae magis homines
quam sceleris quo poenam meriti essent: (7) illos eo potissimum anno patriam liberatam, patrem liberatorem, consulatum ortum ex domo Iunia, patres, plebem, quidquid deorum
hominumque Romanorum esset, induxisse in animum ut
superbo quondam regi, tum infesto exsuli proderent.
(8) Consules in sedem processere suam, missique lictores ad
sumendum supplicium. Nudatos virgis caedunt securique
feriunt, cum inter omne tempus pater voltusque et os eius

hatte, den Ertrag dieses Feldes zu verwenden,[13] schickte man eine große Menge Leute dorthin, um das Korn zu schneiden und es körbeweise in den Tiber zu schütten. Dieser hatte, wie gewöhnlich im Hochsommer, einen recht niedrigen Wasserstand. So setzten sich die Getreideladungen im Schlamm auf dem seichten Grund nach und nach ab. (4) Es bildete sich daraus allmählich eine Insel, wozu noch all das kam, was der Fluß so mit sich führte und was sich dort gestaut hatte. Später baute man wohl zusätzlich noch einen Damm, so daß der nun erhöhte Platz auch genügend Festigkeit besaß, um sogar Tempel und Säulenhallen zu tragen.[14]

(5) Nach der Plünderung des königlichen Besitzes wurden die Verräter verurteilt und mit dem Tode bestraft. Dadurch entstand besonderes Aufsehen, weil das Konsulamt es einem Vater auferlegte, die Strafe an den eigenen Söhnen zu vollziehen. Der Mann, den man nicht einmal als Zuschauer hätte zulassen dürfen, gerade der war nun vom Schicksal zum Vollstrecker der Todesstrafe ausersehen. (6) Da standen, an Pfähle angebunden, junge Männer aus den vornehmsten Familien. Von den übrigen aber, die dagegen wie Unbekannte wirkten, hatten sich die Augen aller abgewendet und auf die Söhne des Konsuls gerichtet. Beklagenswert erschien den Menschen aber nicht so sehr die Strafe, als vielmehr das Verbrechen, durch das sie diese Strafe verdient hatten: (7) Sie hätten es über sich gebracht, gerade in diesem Jahr das befreite Vaterland, ihren Vater und Befreier, das aus dem junischen Hause hervorgegangene Konsulat sowie die Väter, das Volk, ja Roms Götter und Menschen, an den König zu verraten, der früher ihr Tyrann gewesen, jetzt aber als Vertriebener ihr Erzfeind sei. (8) Die Konsuln schritten vor zu ihrem Tribunal, die Liktoren wurden entsandt, um die Strafe zu vollstrecken. Sie entkleideten die Verurteilten, peitschten sie mit Ruten und enthaupteten sie mit dem Beil. Während der ganzen Zeit war der Vater, waren sein Gesichtsausdruck und Mienenspiel allgemeiner Aufmerksamkeit ausgesetzt, und es zeigte sich ganz deutlich, wie ihm als Vater zumute

spectaculo esset, eminente animo patrio inter publicae poenae ministerium. (9) Secundum poenam nocentium, ut in utramque partem arcendis sceleribus exemplum nobile esset, praemium indici pecunia ex aerario, libertas et civitas data. Ille primum dicitur vindicta liberatus; (10) quidam vindictae quoque nomen tractum ab illo putant; Vindicio ipsi nomen fuisse. Post illum hoc servatum ut qui ita liberati essent in civitatem accepti viderentur.

6 (1) His sicut acta erant nuntiatis incensus Tarquinius non dolore solum tantae ad inritum cadentis spei sed etiam odio iraque, postquam dolo viam obsaeptam vidit, bellum aperte moliendum ratus circumire supplex Etruriae urbes; (2) orare maxime Veientes Tarquiniensesque, ne se ortum ex Etruscis, eiusdem sanguinis, extorrem, egentem ex tanto modo regno cum liberis adulescentibus ante oculos suos perire sinerent: alios peregre in regnum Romam accitos: se regem, augentem bello Romanum imperium, a proximis scelerata coniuratione pulsum. (3) Eos inter se, quia nemo unus satis dignus regno visus sit, partes regni rapuisse; bona sua diripienda populo dedisse, ne quis expers sceleris esset. patriam se regnumque suum repetere et persequi ingratos cives velle. ferrent opem, adiuvarent; suas quoque veteres iniurias ultum irent, totiens caesas legiones, agrum ademptum. (4) Haec moverunt Vei-

war, während er den öffentlichen Strafvollzug leitete.[15]
(9) Um nach beiden Seiten hin ein denkwürdiges Beispiel zur
Verhinderung von Verbrechen zu bieten, belohnte man nach
der Hinrichtung der Schuldigen den Mann, der die Tat ange-
zeigt hatte, mit Geld aus der Staatskasse sowie mit der Freiheit und dem Bürgerrecht. (10) Dieser Mann soll der erste
gewesen sein, der durch den Lösestab[16] freigegeben wurde.
Einige meinen auch, der Name des Lösestabs stamme von
ihm; er hieß nämlich Vindicius. Seitdem war es Brauch, daß
alle, die auf diese Weise die Freiheit erlangt hatten, auch als
Bürger galten.

6 (1) Auf die Nachricht von diesen Ereignissen geriet Tarquinius in große Erregung. Es schmerzte ihn nicht nur, daß
sein hoffnungsvoller Plan gescheitert war, er war auch von
Haß und Zorn erfüllt. Und nachdem er einsehen mußte, daß
der List alle Wege abgeschnitten waren, entschloß er sich zum
offenen Krieg. (2) Als Hilfesuchender zog er durch die Städte
Etruriens. Vor allem wandte er sich mit seinen Bitten an die
Einwohner von Veji und Tarquinia. Er sei doch schließlich
ein Etrusker, ihr Blutsverwandter, mittellos aus einem großen Königreich vertrieben, und sie sollten ihn doch nicht
samt seinen erwachsenen Söhnen vor ihren Augen im Elend
zugrunde gehen lassen. Andere seien aus der Fremde nach
Rom auf den Thron berufen worden, er aber sei als König,
der Roms Macht gerade in einem Krieg mehrte, von seinen
nächsten Angehörigen durch eine verbrecherische Verschwörung vertrieben worden. (3) Da offenbar keiner allein der
Herrschaft würdig sei, hätten sie nun die Königsmacht wie
einen Raub unter sich aufgeteilt. Seine Güter hätten sie dem
Volk zur Plünderung überlassen, damit keiner von der Teil-
nahme an dem Verbrechen ausgeschlossen sei. Nun wolle er
sein Vaterland und sein Reich zurückerobern und die un-
dankbaren Bürger bestrafen. Sie sollten ihm dazu Beistand
und Hilfe leisten. Dabei könnten sie sich für früheres Unrecht
rächen – für so viele Niederlagen ihrer Heere und für den
Verlust ihrer Ländereien. (4) Das letztere überzeugte die

entes, ac pro se quisque Romano saltem duce ignominias
demendas belloque amissa repetenda minaciter fremunt. Tar-
quinienses nomen ac cognatio movet: pulchrum videbatur
suos Romae regnare.
(5) Ita duo duarum civitatium exercitus ad repetendum
regnum belloque persequendos Romanos secuti Tarquinium.
Postquam in agrum Romanum ventum est, obviam hosti
consules eunt. (6) Valerius quadrato agmine peditem ducit:
Brutus ad explorandum cum equitatu antecessit. Eodem
modo primus eques hostium agminis fuit; praeerat Arruns
Tarquinius filius regis, rex ipse cum legionibus sequebatur.
(7) Arruns ubi ex lictoribus procul consulem esse, deinde iam
propius ac certius facie quoque Brutum cognovit, inflamma-
tus ira »Ille est vir« inquit »qui nos extorres expulit patria.
Ipse en ille nostris decoratus insignibus magnifice incedit. Di
regum ultores adeste. « (8) Concitat calcaribus equum atque in
ipsum infestus consulem derigit. Sensit in se iri Brutus;
decorum erat tum ipsis capessere pugnam ducibus; avide itaque se certamini offert; (9) adeoque infestis animis concurre-
runt, neuter dum hostem volneraret sui protegendi corporis
memor, ut contrario icti per parmam uterque transfixus
duabus haerentes hastis moribundi ex equis lapsi sint.
(10) Simul et cetera equestris pugna coepit, neque ita multo
post et pedites superveniunt. Ibi varia victoria et velut aequo
Marte pugnatum est; dextera utrimque cornua vicere, laeva
superata. (11) Veientes, vinci ab Romano milite adsueti, fusi

Vejenter. Sie äußerten jeder für sich grimmig und drohend:
Mit einem Römer als Führer müsse man doch die Schmach
auslöschen und alles im Kriege Verlorene wiedergewinnen
können. Die Tarquinier aber ließen sich vom Namen und der
Blutsverwandtschaft bewegen. Es erschien ihnen als glän-
zende Aussicht, wenn ihre Landsleute in Rom regieren.
(5) So folgten zwei Heere aus zwei Städten dem Tarquinius,
um ihm die Königsherrschaft zurückzugewinnen und die
Römer mit Waffengewalt zu strafen. Nachdem sie römisches
Gebiet erreicht hatten, zogen die Konsuln dem Feind entgegen. (6) Valerius führte das Fußvolk in Schlachtordnung an,
Brutus zog mit der Reiterei voraus, um den Feind auszu-
kundschaften. Ebenso bildete bei den Feinden die Reiterei die
Spitze des Zuges. Ihr Befehlshaber war Arruns Tarquinius,
der Sohn des Königs. Dieser selbst folgte mit den Fußtruppen
nach. (7) Als Arruns an den Liktoren sah, daß der Konsul
heranziehe, und dann, schon mehr aus der Nähe, Brutus auch
deutlicher am Gesicht erkannte, rief er zornentbrannt aus:
»Das ist der Mann, der uns verbannt und aus der Heimat
vertrieben hat. Da zieht er großartig einher – mit unseren
Ehrenzeichen geschmückt! Ihr Götter, die ihr die Rächer der
Könige seid, steht mir bei!« (8) Er spornte sein Pferd und
lenkte es zum Angriff gegen den Konsul. Brutus merkte, daß
der Angriff ihm galt. Damals war es noch Ehrensache für die
Feldherrn, selber an der Schlacht teilzunehmen. Daher stellte
er sich begierig dem Kampf. (9) So erbittert stießen sie aufeinander, daß keiner an die eigene Deckung dachte, wenn er nur
dem Feind eine Verwundung beibringen konnte. So wurden
sie beide jeweils vom Stoß des Gegners durch den Schild
hindurch getroffen und sanken, von der feindlichen Lanze
durchbohrt, sterbend von den Pferden. (10) Zugleich begann
die übrige Reiterei die Schlacht, und kurz darauf griff auch
das Fußvolk ein. Man kämpfte mit wechselndem Kriegsglück; der Ausgang der Schlacht blieb unentschieden. Auf
beiden Seiten hatte der rechte Flügel gesiegt, der linke war
geschlagen worden. (11) Die Vejenter, an Niederlagen durch

fugatique: Tarquiniensis, novus hostis, non stetit solum sed
etiam ab sua parte Romanum pepulit.

7 (1) Ita cum pugnatum esset, tantus terror Tarquinium
atque Etruscos incessit ut omissa inrita re nocte ambo exercitus, Veiens Tarquiniensisque, suas quisque abirent domos.
(2) Adiciunt miracula huic pugnae: silentio proximae noctis
ex silva Arsia ingentem editam vocem; Silvani vocem eam
creditam: uno plus Tuscorum cecidisse in acie; vincere bello
Romanum. (3) Ita certe inde abiere, Romani ut victores,
Etrusci pro victis; nam postquam inluxit nec quisquam
hostium in conspectu erat, P. Valerius consul spolia legit
triumphansque inde Romam rediit. (4) Collegae funus
quanto tum potuit apparatu fecit; sed multo maius morti
decus publica fuit maestitia, eo ante omnia insignis quia
matronae annum ut parentem eum luxerunt, quod tam acer
ultor violatae pudicitiae fuisset.

(5) Consuli deinde qui superfuerat, ut sunt mutabiles volgi
animi, ex favore non invidia modo sed suspicio etiam cum
atroci crimine orta. (6) Regnum eum adfectare fama ferebat,
quia nec collegam subrogaverat in locum Bruti et aedificabat
in summa Velia: ibi alto atque munito loco arcem inexpugna-
bilem fieri. (7) Haec dicta volgo creditaque cum indignitate
angerent consulis animum, vocato ad concilium populo sub-
missis fascibus in contionem escendit. Gratum id multitudini

die Römer gewöhnt, ließen sich völlig aus dem Felde schlagen. Die Tarquinier als neue Feinde aber hielten stand, ja sie
schlugen sogar auf ihrer Seite die Römer.

7 (1) Als der Kampf so ausgegangen war, gerieten Tarquinius und die Etrusker in solchen Schrecken, daß sie ihren
Kriegszug als gescheitert aufgaben. Beide Heere, das der
Vejenter und das der Tarquinier, begaben sich in der Nacht
auf den Rückzug nach Hause. (2) Man erzählte auch von
einem Wunderzeichen bei dieser Schlacht. In der Stille der
nächsten Nacht ertönte aus dem Walde Arsia eine gewaltige
Stimme (man hielt sie für die Stimme des Silvanus): Bei den
Etruskern sei ein Mann mehr gefallen, also hätten die Römer
den Krieg gewonnen. (3) So zogen sie denn von hier ab, die
Römer als Sieger, die Etrusker als Besiegte. Denn als der Tag
anbrach und kein Feind mehr zu sehen war, ließ der Konsul
Publius Valerius die Kriegsbeute vom Schlachtfeld sammeln
und kehrte im Triumph nach Rom zurück. (4) Seinem Kollegen rüstete er ein Begräbnis mit aller Pracht, wie sie damals
möglich war. Aber eine noch weit größere Ehre für den Verstorbenen war die Trauer im Volk, vor allem bei den Frauen,
die um Brutus ein Jahr lang Trauer trugen wie um einen
Vater, weil er ein so entschiedener Rächer der verletzten
Frauenehre gewesen war.[17]

(5) Dem überlebenden Konsul gegenüber aber wandelte sich
die Liebe des Volkes – wankelmütig wie es ist – in Anfeindung, ja es erhob sich sogar ein Verdacht mit einer schlimmen
Beschuldigung. (6) Es verbreitete sich das Gerücht, er strebe
nach der Königswürde. Er habe nämlich noch keinen Kollegen an Brutus' Stelle nachwählen lassen, und er baue sich ein
Haus ganz oben auf der Velia. An diesem erhöhten und befe-
stigten Ort werde es zu einer unbezwinglichen Burg werden.
(7) Der Konsul sah es mit Unwillen und Betrübnis, daß ein
solches Gerücht beim Volke umging und sogar Glauben fand.
Daher berief er das Volk zu einer Versammlung und ließ die
Rutenbündel senken, als er vor die Menge trat. Das war ein
willkommener Anblick für die Leute: Man habe vor ihnen die

spectaculum fuit, submissa sibi esse imperii insignia confessionemque factam populi quam consulis maiestatem vimque maiorem esse. (8) Ibi audire iussis consul laudare fortunam collegae, quod liberata patria, in summo honore, pro re publica dimicans, matura gloria necdum se vertente in invidiam, mortem occubuisset: se superstitem gloriae suae ad crimen atque invidiam superesse; ex liberatore patriae ad Aquilios se Vitelliosque recidisse. (9) »Nunquamne ergo« inquit »ulla adeo vobis spectata virtus erit, ut suspicione violari nequeat? Ego me, illum acerrimum regum hostem, ipsum cupiditatis regni crimen subiturum timerem? (10) Ego si in ipsa arce Capitolioque habitarem, metui me crederem posse a civibus meis? Tam levi momento mea apud vos fama pendet? Adeone est fundata leviter fides ut ubi sim quam qui sim magis referat? (11) Non obstabunt Publi Valeri aedes libertati vestrae, Quirites; tuta erit vobis Velia; deferam non in planum modo aedes sed colli etiam subiciam, ut vos supra suspectum me civem habitetis; in Velia aedificent quibus melius quam P. Valerio creditur libertas.« (12) Delata confestim materia omnis infra Veliam et, ubi nunc Vicae Potae 〈aedes〉 est, domus in infimo clivo aedificata.

8 (1) Latae deinde leges, non solum quae regni suspicione consulem absolverent, sed quae adeo in contrarium verterent ut popularem etiam facerent; inde cognomen factum Publicolae est. (2) Ante omnes de provocatione adversus magistratus

Insignien der Amtsgewalt gesenkt und damit zugegeben, daß die Hoheit und Macht des Volkes über der eines Konsuls stehe. (8) Der Konsul bat um Gehör und pries seinen verstorbenen Kollegen glücklich: Nach der Befreiung des Vaterlandes habe er, aufs höchste geehrt, im Kampf für das Gemeinwesen den Tod gefunden. Sein ruhmvolles Ansehen habe in voller Blüte gestanden, ohne daß der Neid an ihm zehrte. Er selbst dagegen habe seinen Ruhm überlebt und sei nur noch am Leben, um beschuldigt und angefeindet zu werden. Von einem Befreier des Vaterlandes sei er nun auf die Stufe von Aquiliern und Vitelliern herabgesunken. (9) »Wird denn bei euch«, sagte er, »die Tüchtigkeit niemals als erprobt genug gelten, um über allen Verdacht erhaben zu sein? Soll ich, der erbittertste Feind des Königtums, die Beschuldigung zu fürchten haben, daß ausgerechnet ich nach dem Thron strebe? (10) Und selbst wenn ich auf der Burg und dem Kapitol wohnte – muß ich damit rechnen, daß meine Mitbürger mich fürchten? Von einer solchen Nebensächlichkeit hängt mein Ruf bei euch ab? Steht euer Vertrauen zu mir auf so schwachen Füßen, daß es euch wichtiger ist, wo ich bin, als wer ich bin? (11) Das Haus des Publius Valerius soll eurer Freiheit aber nicht im Wege stehen, Quiriten! Die Velia soll euch sicher sein. Ich werde mein Haus nicht nur in die Ebene hinab verlegen, sondern es sogar unterhalb des Hügels erbauen, damit ihr über mir, dem verdächtigen Mitbürger, wohnt. Auf der Velia sollen diejenigen bauen, denen man die Freiheit eher anvertraut als dem Publius Valerius.« (12) Er ließ sogleich das gesamte Baumaterial von der Velia hinunterschaffen und erbaute sein Haus ganz unten am Weg zur Anhöhe, wo jetzt der Tempel der Vica Pota steht.[18]

8 (1) Danach beantragte der Konsul Gesetze, die ihn nicht nur vom Verdacht befreiten, er strebe nach dem Thron. Sie wandten die öffentliche Meinung geradezu ins Gegenteil und machten ihn zum Liebling des Volkes. Davon erhielt er seinen Beinamen Publicola.[19] (2) Der Menge gefiel es vor allem, daß man gegen einen Spruch der Beamten an das Volk appel-

ad populum sacrandoque cum bonis capite eius qui regni occupandi consilia inisset gratae in volgus leges fuere. (3) Quas cum solus pertulisset, ut sua unius in his gratia esset, tum deinde comitia collegae subrogando habuit. (4) Creatus Sp. Lucretius consul, qui magno natu, non sufficientibus iam viribus ad consularia munera obeunda, intra paucos dies moritur. Suffectus in Lucreti locum M. Horatius Pulvillus. (5) Apud quosdam veteres auctores non invenio Lucretium consulem; Bruto statim Horatium suggerunt; credo, quia nulla gesta res insignem fecerit consulatum, memoriam intercidisse.

(6) Nondum dedicata erat in Capitolio Iovis aedes; Valerius Horatiusque consules sortiti uter dedicaret. Horatio sorte evenit: Publicola ad Veientium bellum profectus. (7) Aegrius quam dignum erat tulere Valeri necessarii dedicationem tam incliti templi Horatio dari. Id omnibus modis impedire conati, postquam alia frustra temptata erant, postem iam tenenti consuli foedum inter precationem deum nuntium incutiunt, mortuum eius filium esse, funestaque familia dedicare eum templum non posse. (8) Non crediderit factum an tantum animo roboris fuerit, nec traditur certum nec interpretatio est facilis. Nihil aliud ad eum nuntium a proposito aversus quam ut cadaver efferri iuberet, tenens postem precationem peragit et dedicat templum.

(9) Haec post exactos reges domi militiaeque gesta primo anno.

lieren könne und daß man jeden, der nach dem Throne strebe, samt seiner Habe mit dem Fluch belegen dürfe. (3) Diese Gesetze brachte er allein durch, um auch allein dafür den Dank zu haben. Dann aber hielt er eine Versammlung zur Wahl eines Kollegen ab. (4) Es wurde Spurius Lucretius zum Konsul gewählt, ein betagter Mann, dessen Kräfte für das Amt eines Konsuls nicht mehr ausreichten. Er starb innerhalb weniger Tage. An die Stelle des Lucretius wurde Marcus Horatius Pulvillus nachgewählt. (5) Bei einigen alten Geschichtsschreibern finde ich Lucretius gar nicht als Konsul erwähnt. Sie lassen Horatius unmittelbar auf Brutus folgen. Ich glaube, sie wußten nichts mehr von ihm, weil sich sein Konsulat durch keine Amtshandlung auszeichnete.

(6) Noch immer war der Jupitertempel auf dem Kapitol nicht eingeweiht. Die Konsuln Valerius und Horatius losten aus, wer von ihnen die Weihe vornehmen solle. Das Los traf Horatius; Publicola zog in den Krieg gegen die Vejenter. (7) Die Verwandten des Valerius waren maßlos verdrossen darüber, daß die Weihe eines so berühmten Tempels dem Horatius zufallen sollte. Sie suchten dies mit allen Mitteln zu verhindern, und nachdem so mancher Versuch vergeblich gewesen war, wollten sie den Konsul, der schon die Hand an den Torpfosten des Tempels gelegt hatte, mitten im Gebet an die Götter durch eine schreckliche Botschaft aus der Fassung bringen: Sein Sohn sei gestorben, und da er eine Leiche im Hause habe, dürfe er keine Tempelweihe vollziehen. (8) Ob er nun der Botschaft keinen Glauben schenkte, oder ob er soviel Geisteskraft besaß, geht aus der Überlieferung nicht mit Sicherheit hervor und ist auch nicht leicht zu entscheiden. Er ließ sich jedenfalls von dieser Botschaft nicht weiter in seiner Tätigkeit stören, sondern gab lediglich den Auftrag, den Toten zu bestatten. Dabei behielt er die Hand am Pfosten, fuhr im Gebet fort und vollendete die Tempelweihe.[20]

(9) Das waren die Ereignisse im Frieden und im Krieg im ersten Jahr nach der Vertreibung der Könige [509 v. Chr.].

9 (1) Inde P. Valerius iterum T. Lucretius consules facti. Iam Tarquinii ad Lartem Porsennam, Clusinum regem, perfugerant. Ibi miscendo consilium precesque nunc orabant, ne se, oriundos ex Etruscis, eiusdem sanguinis nominisque, egentes exsulare pateretur, (2) nunc monebant etiam ne orientem morem pellendi reges inultum sineret. satis libertatem ipsam habere dulcedinis. (3) nisi quanta vi civitates eam expetant tanta regna reges defendant, aequari summa infimis; nihil excelsum, nihil quod supra cetera emineat, in civitatibus fore; adesse finem regnis, rei inter deos hominesque pulcherrimae. (4) Porsenna cum regem esse Romae, tum Etruscae gentis regem, amplum Tuscis ratus, Romam infesto exercitu venit. (5) Non unquam alias ante tantus terror senatum invasit; adeo valida res tum Clusina erat magnumque Porsennae nomen. Nec hostes modo timebant sed suosmet ipsi cives, ne Romana plebs, metu perculsa, receptis in urbem regibus vel cum servitute pacem acciperet. (6) Multa igitur blandimenta plebi per id tempus ab senatu data. Annonae in primis habita cura, et ad frumentum comparandum missi alii in Volscos, alii Cumas. Salis quoque vendendi arbitrium, quia impenso pretio venibat, in publicum omne sumptum, ademptum privatis; portoriisque et tributo plebes liberata, ut divites conferrent qui oneri ferendo essent: pauperes satis stipendii pendere, si liberos educent. (7) Itaque haec indulgentia patrum asperis

9 (1) Darauf wurden Titus Lucretius und Publius Valerius –
dieser zum zweiten Mal – zu Konsuln gewählt [508]. Die
Tarquinier waren inzwischen zu Lar Porsenna, dem König
von Clusium, geflüchtet. Hier setzten sie ihm bald mit Rat-
schlägen, bald mit Bitten zu: Er möge sie, Abkömmlinge der
Etrusker, von gleichem Stamm und Namen, doch nicht als
Verbannte im Elend schmachten lassen. (2) Dann wieder
mahnten sie ihn, er dürfe diese neue Sitte, die Könige zu
vertreiben, nicht ohne Vergeltung hinnehmen. Die Freiheit
sei an und für sich schon verlockend genug. (3) Wenn die
Könige ihre Herrschaft nicht ebenso tatkräftig verteidigten,
wie die Bürgerschaft danach strebe, dann würde bald hoch
und niedrig über einen Kamm geschoren. Nichts Erhabenes
gäbe es mehr im Staat, nichts, was alles andere überrage. Das
sei das Ende der Königsherrschaft, die doch der herrlichste
Schmuck der Götter und Menschen sei. (4) Porsenna sah es
als eine Ehrensache für die Etrusker an, daß in Rom ein König
gebiete, vor allem aber einer aus etruskischem Geschlecht.
Daher zog er mit Heeresmacht gegen Rom. (5) Noch nie
zuvor war der Senat in solche Panik geraten: So mächtig war
damals das Reich von Clusium und so gewaltig der Name des
Porsenna. Die Senatoren fürchteten nicht nur die Feinde,
sondern auch die eigenen Mitbürger: Ob das Volk von Rom
nicht, ganz kopflos vor Furcht, die königliche Familie in die
Stadt einlasse und sich mit der Sklaverei seinen Frieden
erkaufe? (6) Daher erhielt das Volk vom Senat damals eine
Menge Zugeständnisse. Man sorgte besonders für die Getrei-
devorräte und schickte Leute zum Ankauf von Korn zu den
Volskern und nach Cumae. Der Salzhandel[21] wurde den privaten Händlern entzogen, da sie zu hohe Preise verlangten,
und kam unter staatliche Aufsicht. Das Volk wurde von Zöl-
len und Abgaben befreit, so daß diese nun von den Reichen
aufgebracht werden mußten, die solche Lasten tragen konnten. Die Armen, meinte man, steuerten genügend bei, wenn
sie Kinder aufzögen.[22] (7) Aus diesen Vergünstigungen von
seiten der Väter erwuchs daher für die folgende bittere Zeit

postmodum rebus in obsidione ac fame adeo concordem civitatem tenuit, ut regium nomen non summi magis quam infimi horrerent, (8) nec quisquam unus malis artibus postea tam popularis esset quam tum bene imperando universus senatus fuit.

10 (1) Cum hostes adessent, pro se quisque in urbem ex agris demigrant; urbem ipsam saepiunt praesidiis. Alia muris, alia Tiberi obiecto videbantur tuta: (2) pons sublicius iter paene hostibus dedit, ni unus vir fuisset, Horatius Cocles; id munimentum illo die fortuna urbis Romanae habuit. (3) Qui positus forte in statione pontis cum captum repentino impetu Ianiculum atque inde citatos decurrere hostes vidisset trepidamque turbam suorum arma ordinesque relinquere, reprehensans singulos, obsistens obtestansque deum et hominum fidem testabatur nequiquam deserto praesidio eos fugere; (4) si transitum pontem a tergo reliquissent, iam plus hostium in Palatio Capitolioque quam in Ianiculo fore. Itaque monere, praedicere ut pontem ferro, igni, quacumque vi possint, interrumpant: se impetum hostium, quantum corpore uno posset obsisti, excepturum. (5) Vadit inde in primum aditum pontis, insignisque inter conspecta cedentium pugnae terga obversis comminus ad ineundum proelium armis, ipso miraculo audaciae obstupefecit hostes. (6) Duos tamen cum eo pudor tenuit, Sp. Larcium ac T. Herminium, ambos claros genere factisque. (7) Cum his primam periculi procellam et quod tumultuosissimum pugnae erat parumper sustinuit;

der Belagerung und Hungersnot eine solche Eintracht in der Bevölkerung, daß bei hoch und nieder gleicher Abscheu vor dem Königsnamen herrschte. (8) Ja es konnte sich später kein einzelner auch mit Verführungskünsten solche Zuneigung beim Volk erwerben, wie sie der gesamte Senat damals aufgrund seines tüchtigen Regiments besaß.

10 (1) Als die Feinde heranrückten, zog die gesamte Landbevölkerung in die Stadt. Rund um die Stadt stellte man Posten auf. An einigen Stellen schienen die Mauern, an anderen wieder der Tiber genügend Schutz zu bieten. (2) Aber beinahe hätte die Pfahlbrücke den Feinden das Eindringen ermöglicht,[23] wäre nicht der eine Mann dagewesen: Horatius Cocles. An diesem Tag war er das Bollwerk für Roms Geschick. (3) Er befehligte den Posten auf der Brücke und sah, wie die Feinde in einem Blitzangriff das Janiculum eingenommen hatten und von dort herabstürmten, und wie seine Leute in Verwirrung gerieten und ihre Waffen und ihren Posten im Stich ließen. Da hielt er sie einen nach dem andern fest, stellte sich ihnen in den Weg und beschwor sie, indem er Götter und Menschen zu Zeugen anrief: Sobald sie erst einmal ihren Posten aufgegeben hätten, sei die Flucht sinnlos. (4) Wenn sie die Brücke frei zum Übergang hinter sich ließen,[24] seien bald mehr Feinde auf dem Palatin und dem Kapitol als jetzt auf dem Janiculum. So fordere er sie eindringlich auf, die Brücke mit Brecheisen, Feuer und aller Gewalt einzureißen. Er selbst werde den Ansturm der Feinde auffangen, soweit ein einzelner dies vermöge. (5) Dann schritt er nach vorn an den Aufgang zur Brücke und fiel schon dadurch in die Augen, weil er allein seine Waffen zum Angriff gegen den Feind richtete, während die anderen aus dem Kampf fliehend den Rücken boten. Staunend sahen die Feinde ein solches Wunder an Kühnheit. (6) Nur zwei Mann waren bei ihm, die ihr Ehrgefühl festhielt: Spurius Larcius und Titus Herminius, beide berühmt durch ihre Herkunft und ihre Waffentaten. (7) Mit ihnen hielt er dem ersten gefahrvollen Ansturm und dem heftigsten Kampfgewühl eine Zeitlang stand. Dann hieß er auch

deinde eos quoque ipsos exigua parte pontis relicta revocantibus qui rescindebant cedere in tutum coegit. (8) Circumferens inde truces minaciter oculos ad proceres Etruscorum nunc singulos provocare, nunc increpare omnes: servitia regum superborum, suae libertatis immemores alienam oppugnatum venire. (9) Cunctati aliquamdiu sunt, dum alius alium, ut proelium incipiant, circumspectant; pudor deinde commovit aciem, et clamore sublato undique in unum hostem tela coniciunt. (10) Quae cum in obiecto cuncta scuto haesissent, neque ille minus obstinatus ingenti pontem obtineret gradu, iam impetu conabantur detrudere virum, cum simul fragor rupti pontis, simul clamor Romanorum, alacritate perfecti operis sublatus, pavore subito impetum sustinuit. (11) Tum Cocles »Tiberine pater,« inquit, »te sancte precor, haec arma et hunc militem propitio flumine accipias.« Ita sic armatus in Tiberim desiluit multisque superincidentibus telis incolumis ad suos tranavit, rem ausus plus famae habituram ad posteros quam fidei. (12) Grata erga tantam virtutem civitas fuit; statua in comitio posita; agri quantum uno die circumaravit, datum. (13) Privata quoque inter publicos honores studia eminebant; nam in magna inopia pro domesticis copiis unusquisque ei aliquid, fraudans se ipse victu suo, contulit.

11 (1) Porsenna primo conatu repulsus, consiliis ab oppu-

sie, sich in Sicherheit zu begeben. Von der Brücke stand nur noch ein kleiner Teil, und die Soldaten, die sie abbrachen, riefen schon zum Rückzug. (8) Finster und drohend blickte er nun auf die Führer der Etrusker. Bald reizte er sie einzeln, dann schalt er sie alle zusammen: Sklaven der Tyrannenkönige seien sie, die ihre eigene Freiheit vergessen hätten und nun hierherkämen, um die Freiheit anderer zu bekämpfen. (9) Sie zögerten eine Weile, während einer zum andern blickte, wer wohl den Kampf beginnen würde. Ihr Ehrgefühl trieb sie schließlich zum Vorrücken, sie erhoben das Feldgeschrei und warfen von allen Seiten ihre Speere auf den einen Gegner. (10) Die Geschosse blieben sämtlich im Schild des Horatius stecken, er aber stellte sich dessen ungeachtet in breiter Schrittstellung hin und behauptete weiter die Brücke. Nun wollten sie durch einen Sturmangriff den Mann von der Brücke stoßen, gleichzeitig aber hörte man das Krachen der zusammenbrechenden Brücke und das Freudengeschrei, das die Römer anstimmten, weil ihnen ihr Werk so rasch geglückt war. Die Gegner gerieten sogleich in Bestürzung und hielten mit dem Angriff inne. (11) Da rief Cocles: »Vater Tiberinus, in frommer Gesinnung bitte ich dich, nimm diesen Soldaten mit seinen Waffen gnädig in deine Fluten auf!« [25] Und so sprang er in voller Rüstung in den Tiber und schwamm in einem Geschoßhagel, aber unversehrt zu seinen Kameraden hinüber. Seine kühne Tat sollte bei der Nachwelt eher Bewunderung als Glauben finden. (12) Die Bürgerschaft zeigte sich für eine solche Heldentat dankbar. Sie ließ ihm auf dem Platz der Volksversammlung eine Statue errichten. Auch teilte man ihm Ackerland zu, und zwar soviel, wie er an einem Tag mit dem Pflug umziehen konnte. (13) Neben diesen öffentlichen Ehrungen zeigte sich die Bevölkerung auch noch privat erkenntlich: Trotz der großen Not brachte ihm jeder etwas, das er sich, seinen Vorräten entsprechend, vom Munde abgespart hatte.

11 (1) Porsennas erster Vorstoß war also abgewiesen worden. Er änderte seinen Plan und ging vom Angriff zur Belage-

gnanda urbe ad obsidendam versis, praesidio in Ianiculo
locato, ipse in plano ripisque Tiberis castra posuit, (2) navi-
bus undique accitis et ad custodiam ne quid Romam frumenti
subvehi sineret, et ut praedatum milites trans flumen per
occasiones aliis atque aliis locis traiceret; (3) brevique adeo
infestum omnem Romanum agrum reddidit ut non cetera
solum ex agris sed pecus quoque omne in urbem compellere-
tur, neque quisquam extra portas propellere auderet. (4) Hoc
tantum licentiae Etruscis non metu magis quam consilio con-
cessum. Namque Valerius consul intentus in occasionem
multos simul et effusos improviso adoriundi, in parvis rebus
neglegens ultor, gravem se ad maiora vindicem servabat.
(5) Itaque ut eliceret praedatores, edicit suis postero die frequentes porta Esquilina, quae aversissima ab hoste erat,
expellerent pecus, scituros id hostes ratus, quod in obsidione
et fame servitia infida transfugerent. (6) Et sciere perfugae
indicio; multoque plures, ut in spem universae praedae, flumen traiciunt. (7) P. Valerius inde T. Herminium cum modi-
cis copiis ad secundum lapidem Gabina via occultum consi-
dere iubet, Sp. Larcium cum expedita iuventute ad portam
Collinam stare donec hostis praetereat; inde se obicere ne sit
ad flumen reditus. (8) Consulum alter T. Lucretius porta
Naevia cum aliquot manipulis militum egressus; ipse Valerius
Caelio monte cohortes delectas educit, hique primi apparuere

rung über. Er legte eine Besatzung auf das Janiculum und schlug im ebenen Gelände am Tiberufer sein Lager auf. (2) Von überallher hatte er Schiffe kommen lassen, um sicherzustellen, daß Rom keinerlei Getreidezufuhr erhielt, und außerdem sollten seine Soldaten, wenn am anderen Ufer Gelegenheit zum Beutemachen sei, an verschiedenen Stellen den Fluß überqueren können. (3) In kurzer Zeit hatte er das gesamte römische Gebiet so unsicher gemacht, daß man nicht nur alles übrige Hab und Gut, sondern sogar sämtliches Vieh vom Land in die Stadt brachte. Niemand wagte es mehr, die Herden vor die Stadt zu treiben. (4) Daß man den Etruskern soviel Spielraum ließ, geschah freilich nicht aus Furcht, sondern mit Absicht. Der Konsul Valerius wartete nämlich auf eine Gelegenheit, um möglichst viele frei umherschweifende Feinde unvermutet anzugreifen. So verzichtete er darauf, geringfügige Übergriffe zu ahnden, und behielt sich einen Vergeltungsschlag im großen vor. (5) Um Plünderer aus dem Lager zu locken, befahl er daher seinen Leuten folgendes: Am nächsten Tag sollten möglichst viele von ihnen Vieh aus dem Esquilinischen Tor ins Freie treiben. Dieses Tor lag am weitesten von den Feinden entfernt.[26] Der Konsul war sicher, daß die Feinde dies erfahren würden, denn es gab bei der Belagerung und Hungersnot treulose Sklaven, die zu ihnen überliefen. (6) Tatsächlich erfuhren es die Feinde auch durch den Hinweis eines Überläufers. In der Hoffnung, alles an sich raffen zu können, setzten sie in ziemlich großer Zahl über den Fluß. (7) Publius Valerius befahl daraufhin dem Titus Herminius, sich mit einer nicht zu großen Mannschaft am zweiten Meilenstein an der Gabinischen Straße in den Hinterhalt zu legen. Spurius Larcius sollte mit einer schlagkräftigen Truppe am Collinischen Tor halten, bis der Feind vorüberzöge. Dann sollte er sich ihm entgegenwerfen, um ihm den Rückzug zum Fluß abzuschneiden. (8) Der andere Konsul Titus Lucretius zog mit einer Anzahl Fußsoldaten aus dem Naevischen Tor. Valerius selbst rückte mit einer Elitetruppe vom Berg Caelius an; sie kamen zuerst ins Blickfeld der

hosti. (9) Herminius ubi tumultum sensit, concurrit ex insidiis, versisque in Valerium Etruscis terga caedit; dextra laevaque, hinc a porta Collina, illinc ab Naevia, redditus clamor; (10) ita caesi in medio praedatores, neque ad pugnam viribus pares et ad fugam saeptis omnibus viis. Finisque ille tam effuse vagandi Etruscis fuit.

12 (1) Obsidio erat nihilo minus et frumenti cum summa caritate inopia, sedendoque expugnaturum se urbem spem Porsenna habebat, (2) cum C. Mucius, adulescens nobilis, cui indignum videbatur populum Romanum servientem cum sub regibus esset nullo bello nec ab hostibus ullis obsessum esse, liberum eundem populum ab iisdem Etruscis obsideri quorum saepe exercitus fuderit – (3) itaque magno audacique aliquo facinore eam indignitatem vindicandam ratus, primo sua sponte penetrare in hostium castra constituit; (4) dein metuens ne si consulum iniussu et ignaris omnibus iret, forte deprehensus a custodibus Romanis retraheretur ut transfuga, fortuna tum urbis crimen adfirmante, senatum adit. (5) »Transire Tiberim,« inquit, »patres, et intrare, si possim, castra hostium volo, non praedo nec populationum in vicem ultor; maius si di iuvant in animo est facinus.« Adprobant patres; abdito intra vestem ferro proficiscitur. (6) Ubi eo venit, in confertissima turba prope regium tribunal constitit. (7) Ibi cum stipendium militibus forte daretur et scriba cum

Feinde. (9) Sobald Herminius Waffenlärm hörte, brach er aus dem Hinterhalt hervor und fiel den Etruskern, die sich gegen Valerius gewandt hatten, in den Rücken. Von rechts wie von links ertönte Kampfgeschrei, hier vom Collinischen, dort vom Naevischen Tor her. (10) So wurden die Plünderer von beiden Seiten eingeschlossen und niedergehauen. Ihre Kräfte reichten nicht aus zur Gegenwehr, und sämtliche Fluchtwege waren ihnen abgeschnitten. So fanden die ausgedehnten Streifzüge der Etrusker ein Ende.

12 (1) Dennoch ging die Belagerung weiter. Getreide gab es höchstens noch zu Wucherpreisen, und Porsenna war zuversichtlich, durch bloßes Dableiben die Stadt einnehmen zu können. (2) Aber Gaius Mucius, ein vornehmer junger Mann, sah diese Lage mit Empörung: Die Römer – einst in ihrer Knechtschaft unter den Königen in keinem Krieg und von keinem Feind belagert – wurden jetzt als freies Volk von ebendiesen Etruskern belagert, deren Heere sie so oft geschlagen hatten. (3) Er meinte daher, man müsse dieser Schmach und Schande durch eine kühne Tat ein Ende machen. Zunächst beschloß er, auf eigene Faust ins feindliche Lager einzudringen. (4) Dann kamen ihm jedoch Bedenken: Wenn er ohne Befehl der Konsuln ginge und ohne jemand eingeweiht zu haben, würde er vielleicht von den römischen Wachen ergriffen und als Überläufer zurückgebracht, ein Verdacht, der bei der gegenwärtigen Lage der Stadt durchaus berechtigt war. Deshalb wandte er sich an den Senat. (5) »Ich will über den Tiber gehen, ihr Väter«, sagte er, »und wenn ich kann, ins Lager der Feinde eindringen. Ich will aber keine Beute machen und ihnen auch nicht ihre Plünderungen vergelten. Mit der Hilfe der Götter plane ich eine größere Tat.« Die Väter gaben ihre Zustimmung, Mucius steckte einen Dolch in sein Gewand und machte sich auf den Weg.[27] (6) Dort angekommen, mischte er sich in die Menschenmenge, die dichtgedrängt den Stuhl des Königs umstand. (7) Es wurde gerade der Sold an die Soldaten ausgezahlt. Ein Schreiber saß neben dem König; er trug fast das gleiche

rege sedens pari fere ornatu multa ageret eum⟨que⟩ milites volgo adirent, timens sciscitari uter Porsenna esset, ne ignorando regem semet ipse aperiret quis esset, quo temere traxit fortuna facinus, scribam pro rege obtruncat. (8) Vadentem inde qua per trepidam turbam cruento mucrone sibi ipse fecerat viam, cum concursu ad clamorem facto comprehensum regii satellites retraxissent, ante tribunal regis destitutus, tum quoque inter tantas fortunae minas metuendus magis quam metuens, (9) »Romanus sum« inquit »civis; C. Mucium vocant. Hostis hostem occidere volui, nec ad mortem minus animi est quam fuit ad caedem; et facere et pati fortia Romanum est. (10) Nec unus in te ego hos animos gessi; longus post me ordo est idem petentium decus. Proinde in hoc discrimen, si iuvat, accingere, ut in singulas horas capite dimices tuo, ferrum hostemque in vestibulo habeas regiae. Hoc tibi iuventus Romana indicimus bellum. Nullam aciem, nullum proelium timueris; (11) uni tibi et cum singulis res erit.« (12) Cum rex simul ira incensus periculoque conterritus circumdari ignes minitabundus iuberet nisi expromeret propere quas insidiarum sibi minas per ambages iaceret, (13) »En tibi,« inquit, »ut sentias quam vile corpus sit iis qui magnam gloriam vident«; dextramque accenso ad sacrificium foculo inicit. Quam cum velut alienato ab sensu torreret animo, prope attonitus miraculo rex cum ab sede sua prosiluisset

Prunkgewand wie dieser und tat sehr geschäftig. Die Soldaten traten einer nach dem anderen vor ihn hin. Mucius hatte Bedenken, sich zu erkundigen, welcher von beiden Porsenna sei, um sich nicht dadurch zu verraten, daß er den König nicht kannte. So ließ er sich vom Schicksal die Hand führen und tötete statt des Königs den Schreiber. (8) Mit dem blutigen Dolch bahnte er sich den Weg durch die erschrocken zurückweichende Menge. Auf deren Geschrei lief die königliche Wache herbei, ergriff Mucius und brachte ihn zurück. Sie ließen ihn vor den Stuhl des Königs treten, er aber wirkte auch jetzt noch, angesichts seines drohenden Schicksals, eher furchterweckend als furchtsam. (9) »Ich bin ein römischer Bürger«, sagte er, »man nennt mich Gaius Mucius. Als Feind wollte ich einen Feind töten. Aber zum Sterben habe ich nicht weniger Mut als zum Töten. Tapfer zu sein im Handeln wie im Leiden zeichnet den Römer aus. (10) Ich habe auch nicht als einzelner diesen Anschlag auf dich geplant. Nach mir kommt eine lange Reihe junger Männer, die nach der gleichen Heldentat begierig sind. Also wappne dich, wenn es dir beliebt, gegen diese Gefahr, in jeder Stunde dein Leben aufs Spiel zu setzen und gewärtig zu sein, daß Dolch und Mord im Vorraum deines Königszeltes lauern. Wir, die Jugend von Rom, erklären dir diesen Krieg. (11) Du brauchst keine Schlacht, kein Gefecht zu fürchten. Du wirst es stets ganz allein nur mit einem einzelnen zu tun haben.« (12) Der König war von Zorn entbrannt und erschrocken über die Gefahr; er befahl drohend, Mucius mit Brandfackeln zu umstellen, wenn er nicht sogleich die drohenden Anschlagspläne näher erkläre, auf die er in dunklen Andeutungen hingewiesen habe. Da erwiderte Mucius: (13) »Schau her, damit du erkennst, wie wertlos der Körper für die ist, die großen Ruhm vor Augen haben.« Und er streckte die rechte Hand in das Feuer, das in einem Opferbecken brannte. Mit einer Festigkeit, als ob er keinerlei Empfindung habe, ließ er die Hand verbrennen. Da sprang der König, fast außer sich über diese unglaubliche Tat, von seinem Sitz auf, ließ den jungen Mann

amoverique ab altaribus iuvenem iussisset, (14) »Tu vero
abi«, inquit, »in te magis quam in me hostilia ausus. Iuberem
macte virtute esse, si pro mea patria ista virtus staret; nunc
iure belli liberum te, intactum inviolatumque hinc dimitto.«
(15) Tunc Mucius, quasi remunerans meritum, »Quando
quidem« inquit »est apud te virtuti honos, ut beneficio tuleris
a me quod minis nequisti, trecenti coniuravimus principes
iuventutis Romanae ut in te hac via grassaremur. (16) Mea
prima sors fuit; ceteri ut cuiusque ceciderit primi quoad te
opportunum fortuna dederit, suo quisque tempore ade-
runt.«

13 (1) Mucium dimissum, cui postea Scaevolae a clade dex-
trae manus cognomen inditum, legati a Porsenna Romam
secuti sunt; (2) adeo moverat eum et primi periculi casus, ⟨a⟩
quo nihil se praeter errorem insidiatoris texisset, et subeunda
dimicatio totiens quot coniurati superessent, ut pacis condiciones ultro ferret Romanis. (3) Iactatum in condicionibus
nequiquam de Tarquiniis in regnum restituendis, magis quia
id negare ipse nequiverat Tarquiniis quam quod negatum iri
sibi ab Romanis ignoraret. (4) De agro Veientibus restitu-
endo impetratum, expressaque necessitas obsides dandi
Romanis, si Ianiculo praesidium deduci vellent. His condicionibus composita pace, exercitum ab Ianiculo deduxit Porsenna et agro Romano excessit. (5) Patres C. Mucio virtutis
causa trans Tiberim agrum dono dedere, quae postea sunt
Mucia prata appellata.

vom Opferfeuer wegreißen und sprach: (14) »Geh du nur; du bist feindlicher gegen dich als gegen mich gewesen. Ich würde dich wahrhaftig zu deiner Tapferkeit beglückwünschen, wenn sie meinem Vaterland diente. Nun spreche ich dich frei vom Kriegsrecht und entlasse dich unangetastet und ungekränkt von hier.« (15) Darauf entgegnete Mucius, als wolle er sich für die ehrenvolle Behandlung erkenntlich zeigen: »Da du die Tapferkeit ehrst, sollst du zum Dank von mir erfahren, was du mit Drohungen nicht erreichen konntest. Wir sind 300 adlige junge Männer in Rom, die sich verschworen haben, auf diese Weise gegen dich vorzugehen. (16) Das erste Los fiel auf mich. Die übrigen werden sich – ganz gleich, wie es dem ersten ergangen sein mag – jeder zu seiner Zeit einfinden, bis dich das Schicksal einem von ihnen in die Hand gibt.«

13 (1) Mucius – er erhielt später wegen seiner verlorenen rechten Hand den Namen Scaevola – wurde entlassen, und Gesandte Porsennas folgten ihm nach Rom. (2) Die Lebensgefahr, aus der ihn beim ersten Male nur der Irrtum des Attentäters gerettet hatte und die so oft bestehen blieb, wie es Verschwörer gab, hatte den König derart beeindruckt, daß er von sich aus den Römern Friedensbedingungen unterbreiten ließ.[28] (3) In den Verhandlungen brachte er ohne Erfolg die Wiedereinsetzung der Tarquinier zur Sprache. Er tat dies mehr aus dem Grunde, weil er es den Tarquiniern nicht abschlagen konnte, als daß er sich über die Ablehnung der Römer nicht im klaren gewesen wäre. (4) Seine Forderung, das den Vejentern abgenommene Land wieder zurückzugeben, erfüllte man.[29] Für die Römer ergab sich die Notwendigkeit, Geiseln zu stellen, wenn sie wollten, daß der König seine Besatzung vom Janiculum abzöge. Unter diesen Bedingungen wurde der Friede geschlossen.[30] Porsenna zog seine Truppen vom Janiculum ab und räumte das römische Gebiet. (5) Die Väter schenkten Gaius Mucius für seine Tapferkeit ein Stück Land jenseits des Tibers, das später die »Mucische Wiese« genannt wurde.

(6) Ergo ita honorata virtute, feminae quoque ad publica decora excitatae, et Cloelia virgo una ex obsidibus, cum castra Etruscorum forte haud procul ripa Tiberis locata essent, frustrata custodes, dux agminis virginum inter tela hostium Tiberim tranavit, sospitesque omnes Romam ad propinquos restituit. (7) Quod ubi regi nuntiatum est, primo incensus ira oratores Romam misit ad Cloeliam obsidem deposcendam: alias haud magni facere. (8) Deinde in admirationem versus, supra Coclites Muciosque dicere id facinus esse, et prae se ferre quemadmodum si non dedatur obses, pro rupto foedus se habiturum, sic deditam ⟨intactam⟩ inviolatamque ad suos remissurum. (9) Utrimque constitit fides; et Romani pignus pacis ex foedere restituerunt, et apud regem Etruscum non tuta solum sed honorata etiam virtus fuit, laudatamque virginem parte obsidum se donare dixit; ipsa quos vellet legeret. (10) Productis omnibus elegisse impubes dicitur; quod et virginitati decorum et consensu obsidum ipsorum probabile erat eam aetatem potissimum liberari ab hoste quae maxime opportuna iniuriae esset. (11) Pace redintegrata Romani novam in femina virtutem novo genere honoris, statua equestri, donavere; in summa Sacra via fuit posita virgo insidens equo.

14 (1) Huic tam pacatae profectioni ab urbe regis Etrusci abhorrens mos traditus ab antiquis usque ad nostram aetatem

(6) Da nun die Tapferkeit so geehrt worden war, fühlten sich auch die Frauen zu einer glänzenden Tat im Dienste des Staates aufgerufen. Die Jungfrau Cloelia, eine der Geiseln, täuschte die Wachen,[31] als die Etrusker ihr Lager gerade nahe am Tiberufer hatten, und schwamm an der Spitze der Mädchen im Hagel der Geschosse durch den Tiber. Sie brachte alle ihre Gefährtinnen wohlbehalten nach Rom zu ihren Familien. (7) Als dies dem König gemeldet wurde, geriet er zunächst in Zorn und schickte Gesandte nach Rom, um Cloelia als Geisel zurückzufordern. Auf die anderen lege er keinen so großen Wert. (8) Dann aber erfaßte ihn Bewunderung: Diese Tat gehe noch über die eines Cocles und Mucius hinaus, sagte er und gab zu erkennen, daß er es als Bruch des Vertrages ansehen würde, falls man ihm die Geisel nicht zurücksende. Wenn man sie ihm aber bringe, werde er sie unberührt und unverletzt zu den Ihren zurücksenden. (9) Auf beiden Seiten hielt man Wort: Die Römer gaben dem Vertrag entsprechend das Friedensunterpfand zurück, und beim Etruskerkönig war die Hochherzigkeit nicht nur in guter Hut, sie wurde sogar geehrt. Er lobte das Mädchen und sagte, er mache ihr einen Teil der Geiseln zum Geschenk; sie dürfe sich selbst aussuchen, wen sie mitnehmen wolle. (10) Nachdem alle vorgeführt worden waren, soll sie die ganz Jungen ausgewählt haben. Dies gereichte ihrer Jungfräulichkeit zur Zierde, und auch die Geiseln mußten ihr einstimmig beipflichten, denn sie befreite gerade diejenigen aus der Hand der Feinde, die ihrem Alter entsprechend einer Entehrung am meisten ausgesetzt waren. (11) Nachdem der Friede wiederhergestellt war, belohnten die Römer die für eine Frau ungewöhnliche Tapferkeit mit einer ungewöhnlichen Ehrung, nämlich mit einer Reiterstatue. Am höchsten Punkt der Heiligen Straße wurde das Denkmal einer Jungfrau zu Pferde errichtet.[32]

14 (1) Mit diesem friedlichen Abzug des Etruskerkönigs von der Stadt steht ein Brauch im Widerspruch, der sich von altersher bis in unsere Zeit zusammen mit anderen altertümli-

inter cetera sollemnia manet, bona Porsennae regis vendendi.
(2) Cuius originem moris necesse est aut inter bellum natam
esse neque omissam in pace, aut a mitiore crevisse principio
quam hic prae se ferat titulus bona hostiliter vendendi.
(3) Proximum vero est ex iis quae traduntur Porsennam dis-
cedentem ab Ianiculo castra opulenta, convecto ex propinquis
ac fertilibus Etruriae arvis commeatu, Romanis dono dedisse,
inopi tum urbe ab longinqua obsidione; (4) ea deinde, ne
populo immisso diriperentur hostiliter, venisse, bonaque
Porsennae appellata, gratiam muneris magis significante
titulo quam auctionem fortunae regiae quae ne in potestate
quidem populi Romani esset.
(5) Omisso Romano bello Porsenna, ne frustra in ea loca
exercitus adductus videretur, cum parte copiarum filium
Arruntem Ariciam oppugnatum mittit. (6) Primo Aricinos
res necopinata perculerat; arcessita deinde auxilia et a Latinis
populis et a Cumis tantum spei fecere, ut acie decernere aude-
rent. Proelio inito, adeo concitato impetu se intulerant
Etrusci ut funderent ipso incursu Aricinos: (7) Cumanae
cohortes arte adversus vim usae declinavere paululum, effuse-
que praelatos hostes conversis signis ab tergo adortae sunt. Ita
in medio prope iam victores caesi Etrusci. (8) Pars perexigua,
duce amisso, quia nullum propius perfugium erat, Romam
inermes et fortuna et specie supplicum delati sunt. Ibi benigne

chen Sitten erhalten hat, nämlich ›die Güter des Königs Porsenna zum Verkauf anzubieten‹. (2) Dieser Brauch muß entweder im Krieg aufgekommen sein und wurde dann im Frieden beibehalten, oder er entstand aus einem freundlicheren Anlaß, als es der Ausdruck ›feindliche Güter verkaufen‹ andeutet. (3) Unter den verschiedenen Überlieferungen kommt diese der Wahrheit am nächsten: Als Porsenna vom Janiculum abzog, machte er die reichen Vorräte seines Lagers, mit der Getreidezufuhr aus den nahen fruchtbaren Feldern Etruriens, den Römern zum Geschenk. (4) Die Stadt litt ja damals Mangel durch die lange Belagerung. Diese Vorräte seien dann zum Verkauf gekommen, damit das Volk nicht darüber herfalle und sie wie Feindesgut plündere. Man habe sie Güter des Porsenna genannt; die Bezeichnung deutet also eher auf ein Geschenk in gutem Einvernehmen als auf eine Versteigerung königlicher Güter, die zudem gar nicht in der Hand der Römer waren.

(5) Porsenna hatte den Krieg gegen Rom aufgegeben. Um seinen Feldzug in jenes Gebiet aber nicht als völlig ergebnislos erscheinen zu lassen, entsandte er seinen Sohn Arruns mit einem Teil der Truppen zu einem Angriff auf die Stadt Aricia. (6) Sein unerwartetes Eintreffen versetzte die Ariciner zunächst in Verwirrung, dann aber erhielten sie Hilfstruppen von den Latinern und aus Cumae.[33] Dadurch faßten sie wieder soviel Mut, daß sie eine Schlacht wagten. Zu Beginn des Gefechts brachen die Etrusker mit einem solchen Ansturm los, daß sie die Ariciner sogleich im ersten Angriff in die Flucht schlugen. (7) Die Truppen aus Cumae aber gebrauchten gegen den Ansturm eine List. Sie unternahmen eine leichte Schwenkung und ließen den Feind in ungeordnetem Zug an sich vorbeistürmen. Dann machten sie Front, fielen ihm in den Rücken und griffen ihn an. So wurden die Etrusker, dem Sieg schon nahe, eingekreist und niedergehauen. (8) Nur ganz wenige retteten sich nach Rom – einen näheren Zufluchtsort hatten sie nicht – und zwar ohne Feldherrn, ohne Waffen, ihrem Zustand wie ihrem Aussehen nach als

excepti divisique in hospitia. (9) Curatis volneribus, alii profecti domos, nuntii hospitalium beneficiorum: multos Romae
hospitum urbisque caritas tenuit. His locus ad habitandum
datus quem deinde Tuscum vicum appellarunt.

15 (1) P. Lucretius inde et P. Valerius Publicola consules
facti. Eo anno postremum legati a Porsenna de reducendo in
regnum Tarquinio venerunt; quibus cum responsum esset
missurum ad regem senatum legatos, missi confestim honora-
tissimus quisque ex patribus. (2) non quin breviter reddi
responsum potuerit non recipi reges, ideo potius delectos
patrum ad eum missos quam legatis eius Romae daretur
responsum, sed ut in perpetuum mentio eius rei finiretur, neu
in tantis mutuis beneficiis in vicem animi sollicitarentur, cum
ille peteret quod contra libertatem populi Romani esset,
Romani, nisi in perniciem suam faciles esse vellent, negarent
cui nihil negatum vellent. (3) non in regno populum
Romanum sed in libertate esse. ita induxisse in animum,
hostibus potius quam portas regibus patefacere; ea esse vota
omnium ut qui libertati erit in illa urbe finis, idem urbi sit.
(4) proinde si salvam esse vellet Romam, ut patiatur liberam
esse orare. (5) Rex verecundia victus »Quando id certum
atque obstinatum est,« inquit, »neque ego obtundam saepius
eadem nequiquam agendo, nec Tarquinios spe auxilii, quod
nullum in me est, frustrabor. Alium hinc, seu bello opus est

Schutzflehende. Hier nahm man sie freundlich auf und verteilte sie auf Gastquartiere. (9) Als ihre Wunden geheilt waren, zogen einige nach Hause und berichteten, wie gastfreundlich sie behandelt worden waren. Viele aber blieben aus Liebe zu ihren Gastgebern und zur Stadt selbst in Rom. Ihnen wies man einen Wohnort an, der später Vicus Tuscus hieß.

15 (1) Hierauf wurden Publius Lucretius und Publius Valerius Publicola zu Konsuln gewählt. In diesem Jahr [507] kamen zum letzten Mal Gesandte von Porsenna, um über die Wiedereinsetzung der Tarquinier zu verhandeln. Man gab ihnen zur Antwort, der Senat werde selbst Gesandte zum König schicken. Sogleich wurden auch die angesehensten Männer unter den Vätern entsandt. (2) Sie legten folgendes dar: Zwar habe man sehr wohl kurz und bündig erklären können, man nehme die Königsfamilie nicht auf, aber man habe lieber einige der Väter ausgewählt und zu ihm geschickt, anstatt den Gesandten in Rom Bescheid zu geben, um die Sache ein für allemal zu Ende zu bringen. Bei einem so guten gegenseitigen Einvernehmen sollte es hüben wie drüben keinen Anlaß zur Beunruhigung mehr geben, indem nämlich der König etwas fordere, was sich gegen die Freiheit des römischen Volkes richte, und die Römer – nur zu ihrem Schaden könnten sie ja nachgeben – dem Mann etwas abschlagen müßten, dem sie gern gefällig wären. (3) Das römische Volk lebe nicht unter einer Königsherrschaft, sondern in Freiheit. So sei es entschlossen, lieber Feinden die Tore zu öffnen als den Königen. Es sei der heilige Wunsch aller, daß das Ende der Freiheit zugleich das Ende der Stadt sein solle. (4) Wenn der König Roms Heil wünsche, dann müsse er, so sagten sie, auch Roms Freiheit dulden. (5) Voller Hochachtung gab der König nach: »Wenn dies nun fest und unerschütterlich beschlossen ist, dann will ich euch nicht mehr behelligen, indem ich immer wieder vergeblich mein Anliegen vorbringe. Ich will aber auch die Tarquinier nicht mit der Hoffnung auf eine Hilfe täuschen, die ich nicht leisten kann.

seu quiete, exsilio quaerant locum, ne quid meam vobiscum
pacem distineat.« (6) Dictis facta amiciora adiecit; obsidum
quod reliquum erat reddidit; agrum Veientem, foedere ad
Ianiculum icto ademptum, restituit. (7) Tarquinius spe omni
reditus incisa exsulatum ad generum Mamilium Octavium
Tusculum abiit. Ita Romanis pax fida cum Porsenna fuit.

16 (1) Consules M. Valerius P. Postumius. Eo anno bene
pugnatum cum Sabinis; consules triumpharunt. Maiore inde
mole Sabini bellum parabant. (2) Adversus eos et ne quid
simul ab Tusculo, unde etsi non apertum, suspectum tamen
bellum erat, repentini periculi oreretur, P. Valerius quartum
T. Lucretius iterum consules facti. (3) Seditio inter belli
pacisque auctores orta in Sabinis aliquantum inde virium
transtulit ad Romanos. (4) Namque Attius Clausus, cui
postea Appio Claudio fuit Romae nomen, cum pacis ipse
auctor a turbatoribus belli premeretur nec par factioni esset,
ab Regillo, magna clientium comitatus manu, Romam trans-
fugit. (5) His civitas data agerque trans Anienem; Vetus
Claudia tribus, additis postea novis tribulibus qui ex eo veni-
rent agro, appellata. Appius inter patres lectus haud ita multo
post in principum dignationem pervenit. (6) Consules infesto
exercitu in agrum Sabinum profecti cum ita vastatione, dein

Sie sollen sich, ob sie nun Krieg führen oder friedlich bleiben wollen, einen anderen Exilort suchen, damit mein
Friede mit euch nicht gestört wird.« (6) Diesen Worten ließ
er noch einen größeren Freundschaftsbeweis in der Tat folgen: Er lieferte die restlichen Geiseln aus und gab das
Vejenterland, das er durch den Vertrag beim Janiculum
erhalten hatte, wieder zurück. (7) Tarquinius mußte nun
alle Hoffnung auf eine Rückkehr aufgeben; er zog sich zu
seinem Schwiegersohn Mamilius Octavius ins Exil nach
Tusculum zurück. So hatten die Römer einen sicheren Frieden mit Porsenna.

16 (1) Konsuln wurden jetzt Marcus Valerius[34] und Publius
Postumius. In diesem Jahr [505] kämpfte man siegreich gegen
die Sabiner; die Konsuln hielten einen Triumph ab. Darauf
rüsteten die Sabiner mit noch größerer Anstrengung zum
Kriege. (2) Man wählte nun Publius Valerius zum vierten Mal
und Titus Lucretius zum zweiten Mal zu Konsuln [504],
sowohl gegen die Sabiner wie auch gegen einen unerwarteten
Angriff aus Tusculum. Hier war der Krieg zwar noch nicht
offen erklärt, man rechnete aber mit ihm. (3) Bei den Sabinern entstand ein Zwist zwischen den Befürwortern des Krieges und denen des Friedens, ein Zwist, der Rom einen bedeu-
tenden Kräftezuwachs einbrachte. (4) Denn Attius Clausus,
der später in Rom den Namen Appius Claudius führte,
wurde als Befürworter des Friedens von den Kriegstreibern
verfolgt und konnte dieser Partei keinen Widerpart leisten.
Deshalb flüchtete er von Regillum mit einer großen Anzahl
seiner Gefolgsleute nach Rom. (5) Sie erhielten das Bürgerrecht und Ackerland jenseits des Anio. Der Bezirk hieß später
der Alte Claudische, als noch neue Mitglieder aus jener
Gegend hinzugekommen waren. Appius wurde unter die
Väter aufgenommen und gehörte schon bald zu den angesehensten Männern des Gemeinwesens. (6) Die Konsuln rückten zu einem Kriegszug ins Sabinerland aus. Sie verwüsteten
das Land, schlugen dann auch eine Schlacht und schwäch-
ten dadurch die Macht des Feindes so sehr, daß für lange Zeit

proelio adflixissent opes hostium ut diu nihil inde rebellionis
timere possent, triumphantes Romam redierunt.
(7) P. Valerius, omnium consensu princeps belli pacisque
artibus, anno post Agrippa Menenio P. Postumio consulibus
moritur, gloria ingenti, copiis familiaribus adeo exiguis, ut
funeri sumptus deesset; de publico est datus. Luxere matronae ut Brutum. (8) Eodem anno duae coloniae Latinae,
Pometia et Cora, ad Auruncos deficiunt. Cum Auruncis
bellum initum; fusoque ingenti exercitu, qui se ingredientibus
fines consulibus ferociter obtulerat, omne Auruncum bellum
Pometiam compulsum est. (9) Nec magis post proelium
quam in proelio caedibus temperatum est; et caesi aliquanto
plures erant quam capti, et captos passim trucidaverunt; ne ab
obsidibus quidem, qui trecenti accepti numero erant, ira belli
abstinuit. Et hoc anno Romae triumphatum.
17 (1) Secuti consules Opiter Verginius Sp. Cassius Pometiam primo vi, deinde vineis aliisque operibus oppugnarunt.
(2) In quos Aurunci magis iam inexpiabili odio quam spe
aliqua aut occasione coorti, cum plures igni quam ferro armati excurrissent, caede incendioque cuncta complent.
(3) Vineis incensis, multis hostium volneratis et occisis,
consulum quoque alterum – sed utrum auctores non adiciunt
– gravi volnere ex equo deiectum prope interfecerunt.
(4) Romam inde male gesta re reditum; inter multos saucios
consul spe incerta vitae relatus. Interiecto deinde haud magno

kein Einfall mehr zu befürchten war. Dann kehrten sie im Triumph nach Rom zurück.

(7) Im folgenden Jahr [503], unter den Konsuln Menenius Agrippa und Publius Postumius, starb Publius Valerius. Er war nach der Überzeugung aller der erste Mann im Krieg und Frieden.[35] Sein Ruhm war gewaltig, sein Vermögen aber so gering, daß es nicht für die Bestattungskosten ausreichte. Er wurde auf Staatskosten beigesetzt. Die Frauen betrauerten ihn wie Brutus. (8) Im gleichen Jahr gingen zwei latinische Kolonien, Pometia und Cora, zu den Aurunkern über. Gegen die Aurunker zog man in den Krieg, und ihr gewaltiges Heer, das sich den anrückenden Konsuln kampfesmutig zur Schlacht gestellt hatte, wurde geschlagen. Der gesamte Aurunkerkrieg verlagerte sich nach Pometia. (9) Nach dem Gefecht mäßigte man sich im Blutvergießen ebensowenig wie in der Schlacht. Es waren weit mehr Feinde gefallen, als gefangengenommen wurden, und man machte allenthalben auch die Gefangenen nieder. Nicht einmal vor den Geiseln, von denen 300 genommen worden waren, machte die Kriegswut Halt. Auch in diesem Jahr wurde in Rom ein Triumph abgehalten.

17 (1) Die folgenden Konsuln Opiter Verginius und Spurius Cassius [502] suchten Pometia erst im Sturmangriff zu nehmen, dann mit Hilfe von Schirmdächern und anderem Belagerungsgerät. (2) Die Aurunker gingen zum Gegenschlag über, mehr aus unversöhnlichem Haß als mit irgendeiner Hoffnung auf Erfolg oder aus einer günstigen Gelegenheit heraus. Da sie bei ihrem Ausfall mehr Feuerbrände als Schwerter einsetzten, erfüllten sie alles mit Mord und Brand. (3) Die Schutzdächer gingen in Flammen auf, viele Feinde wurden verwundet und getötet, den einen Konsul – welcher es war, erwähnen die Geschichtsschreiber nicht – stießen sie schwerverwundet vom Pferde und töteten ihn beinahe. (4) Nach diesem unglücklichen Ausgang kehrte man nach Rom zurück. Zusammen mit zahlreichen Verwundeten brachte man auch den Konsul heim; es war ungewiß, ob er

spatio, quod volneribus curandis supplendoque exercitui satis esset, cum ira maiore, tum viribus etiam auctis Pometiae arma inlata. (5) Et cum vineis refectis aliaque mole belli iam in eo ⟨res⟩ esset ut in muros evaderet miles, deditio est facta. (6) Ceterum nihilo minus foeda, dedita urbe, quam si capta foret, Aurunci passi; principes securi percussi, sub corona venierunt coloni alii, oppidum dirutum, ager veniit. (7) Consules magis ob iras graviter ultas quam ob magnitudinem perfecti belli triumpharunt.

18 (1) Insequens annus Postumum Cominium et T. Larcium consules habuit. (2) Eo anno Romae, cum per ludos ab Sabinorum iuventute per lasciviam scorta raperentur, concursu hominum rixa ac prope proelium fuit, parvaque ex re ad rebellionem spectare res videbatur. (3) Supra belli Latini metus quoque accesserat, quod triginta iam coniurasse populos concitante Octavio Mamilio satis constabat. (4) In hac tantarum exspectatione rerum sollicita civitate, dictatoris primum creandi mentio orta. Sed nec quo anno nec quibus consulibus quia ex factione Tarquiniana essent – id quoque enim traditur – parum creditum sit, nec quis primum dictator creatus sit, satis constat. (5) Apud veterrimos tamen auctores T. Larcium dictatorem primum, Sp. Cassium magistrum equitum creatos invenio. Consulares legere; ita lex iubebat de dictatore creando lata. (6) Eo magis adducor ut credam Lar-

überleben würde. Nach nur kurzer Zeit, die man zur Heilung der Wunden und zur Ergänzung des Heeres brauchte, griff man Pometia mit noch größerer Erbitterung und mit einer verstärkten Streitmacht erneut an. (5) Die Schirmdächer waren erneuert und das übrige Belagerungsgerät ebenso, und es war soweit, daß die Soldaten die Mauern ersteigen konnten: da ergab sich die Stadt. (6) Aber dennoch mußten die Aurunker Schlimmes erleiden, als ob die Stadt nicht übergeben, sondern erobert worden sei. Die führenden Männer wurden enthauptet, die anderen Bürger der Kolonie als Sklaven verkauft, die Stadt zerstört, die Ländereien zum Verkauf gebracht. (7) Die Konsuln erhielten einen Triumph, wohl eher, weil sie so grimmige Rache genommen hatten, als weil der beendete Krieg so gewaltig gewesen war.

18 (1) Im folgenden Jahr [501] waren Postumus Cominius und Titus Larcius Konsuln. (2) Als in diesem Jahr bei den öffentlichen Spielen in Rom junge Männer der Sabiner aus Mutwillen sich Dirnen raubten, kam es bei einem Volksauflauf zum Streit und beinahe zu einer bewaffneten Auseinandersetzung. Aus einer so geringfügigen Sache schien sich ein neuer Krieg zu entwickeln. (3) Dazu kam noch die Furcht vor einem Latinerkrieg, denn man wußte mit Sicherheit, daß sich schon dreißig Städte unter der Führung des Octavius Mamilius gegen Rom verschworen hatten.[36] (4) In der Erwartung entscheidender Ereignisse kam bei der besorgten Bevölkerung erstmals der Gedanke auf, einen Diktator[37] zu ernennen. Aber in welchem Jahr dies geschah, welchen Konsuln man zu wenig vertraute, weil sie zur Anhängerschaft der Tarquinier gehörten[38] – das ist nämlich auch überliefert –, und wer als erster zum Diktator ernannt wurde, das alles steht nicht fest. (5) Doch finde ich bei den ältesten Schriftstellern[39] die Angabe, Titus Larcius sei als erster zum Diktator, Spurius Cassius aber zum Reiteroberst ernannt worden. Man nahm ehemalige Konsuln; so bestimmte es das Gesetz über die Einsetzung eines Diktators. (6) Deshalb glaube ich auch eher, es sei Larcius gewesen, ein Konsular, dem man die Lenkung und

cium, qui consularis erat, potius quam M'. Valerium Marci
filium Volesi nepotem, qui nondum consul fuerat, moderato-
rem et magistrum consulibus appositum; (7) qui si maxime ex
ea familia legi dictatorem vellent, patrem multo potius M.
Valerium spectatae virtutis et consularem virum legissent.

(8) Creato dictatore primum Romae, postquam praeferri
secures viderunt, magnus plebem metus incessit, ut intentio-
res essent ad dicto parendum; neque enim ut in consulibus qui
pari potestate essent, alterius auxilium neque provocatio erat
neque ullum usquam nisi in cura parendi auxilium. (9) Sabinis
etiam creatus Romae dictator, eo magis quod propter se creatum crediderant, metum incussit. Itaque legatos de pace mittunt. (10) Quibus orantibus dictatorem senatumque ut
veniam erroris hominibus adulescentibus darent, responsum
ignosci adulescentibus posse, senibus non posse qui bella ex
bellis sererent. (11) Actum tamen est de pace, impetrataque
foret si, quod impensae factum in bellum erat, praestare
Sabini – id enim postulatum erat – in animum induxissent.
Bellum indictum: tacitae induitae quietum annum tenuere.

19 (1) Consules Ser. Sulpicius M'. Tullius. Nihil dignum
memoria actum. (2) T. Aebutius deinde et C. Vetusius. His
consulibus Fidenae obsessae, Crustumeria capta; Praeneste
ab Latinis ad Romanos descivit, nec ultra bellum Latinum,
gliscens iam per aliquot annos, dilatum. (3) A. Postumius
dictator, T. Aebutius magister equitum, magnis copiis pedi-

Aufsicht an der Seite der Konsuln übertragen habe, und nicht der Sohn des Marcus Valerius und Enkel des Volesus, Manius Valerius, der noch nicht Konsul gewesen war. (7) Wenn man unbedingt den Diktator aus dieser Familie wählen wollte, dann hätte man doch wohl viel eher den Vater Marcus Valerius genommen, einen Mann von bewährter Tüchtigkeit und einen ehemaligen Konsul.

(8) Es war nun zum ersten Mal in Rom ein Diktator ernannt worden, und als das Volk sah, wie ihm die aufgesteckten Beile vorangetragen wurden, geriet es in große Furcht, so daß es williger war, aufs Wort zu gehorchen. Denn hier gab es nicht, wie bei den Konsuln, die beide die gleiche Macht besaßen, jeweils Hilfestellung vom andern oder die Berufung ans Volk – es gab kein anderes Hilfsmittel als nur eifrigen Gehorsam. (9) Auch den Sabinern flößte der in Rom ernannte Diktator Furcht ein, zumal da sie überzeugt waren, er sei ihretwegen ernannt worden. Daher schickten sie Friedensunterhändler. (10) Sie baten den Diktator und den Senat, man möge den jungen Leuten ihre Übergriffe verzeihen, und erhielten zur Antwort, man könne den Jungen verzeihen, aber nicht den Alten, die einen Krieg an den andern reihten. (11) Es wurde dennoch über den Frieden verhandelt, und man hätte ihn auch erreicht, wenn die Sabiner sich bereitgefunden hätten, die schon entstandenen Kriegskosten zu erstatten. Das war nämlich gefordert worden. Man gab eine Kriegserklärung ab, es herrschte aber stillschweigend das ganze Jahr über Waffenruhe.

19 (1) Nun waren Servius Sulpicius und Manius Tullius Konsuln [500]. Es geschah nichts, was der Erinnerung wert war. (2) Darauf folgten Titus Aebutius und Gaius Vetusius [499]. In ihrem Konsulat wurde Fidenae belagert und Crustumeria eingenommen. Praeneste ging von den Latinern zu den Römern über, und der Latinische Krieg, der schon seit einigen Jahren schwelte, wurde nun nicht länger aufgeschoben. (3) Der Diktator Aulus Postumius und der Reiteroberst Titus Aebutius zogen mit einer großen Streitmacht von Fuß-

tum equitumque profecti, ad lacum Regillum in agro Tusculano agmini hostium occurrerunt, (4) et quia Tarquinios esse in exercitu Latinorum auditum est, sustineri ira non potuit quin extemplo confligerent. (5) Ergo etiam proelium aliquanto quam cetera gravius atque atrocius fuit. Non enim duces ad regendam modo consilio rem adfuere, sed suismet ipsi corporibus dimicantes miscuere certamina, nec quisquam procerum ferme hac aut illa ex acie sine volnere praeter dictatorem Romanum excessit. (6) In Postumium prima in acie suos adhortantem instruentemque Tarquinius Superbus, quamquam iam aetate et viribus erat gravior, equum infestus admisit, ictusque ab latere concursu suorum receptus in tutum est. (7) Et ad alterum cornu Aebutius magister equitum in Octavium Mamilium impetum dederat; nec fefellit veniens Tusculanum ducem, contra quem et ille concitat equum. (8) Tantaeque vis infestis venientium hastis fuit ut brachium Aebutio traiectum sit, Mamilio pectus percussum. (9) Hunc quidem in secundam aciem Latini recepere; Aebutius cum saucio brachio tenere telum non posset, pugna excessit: (10) Latinus dux nihil deterritus volnere proelium ciet et quia suos perculsos videbat, arcessit cohortem exsulum Romanorum, cui L. Tarquini filius praeerat. Ea quo maiore pugnabat ira ob erepta bona patriamque ademptam, pugnam parumper restituit.

20 (1) Referentibus iam pedem ab ea parte Romanis, M. Valerius Publicolae frater, conspicatus ferocem iuvenem Tarquinium ostentantem se in prima exsulum acie, domestica

soldaten und Reitern ins Feld. Beim See Regillus im Gebiet von Tusculum trafen sie auf den Feind, (4) und als man hörte, die Tarquinier seien im Heer, konnte man sich in der Erbitterung nicht länger des Kampfes enthalten. (5) So wurde das Gefecht weit härter und grausamer geführt als gewöhnlich. Die Feldherrn waren nämlich nicht nur dabei, um die Schlacht nach ihren taktischen Plänen zu lenken, sie schonten auch ihr Leben nicht und trafen selbst im Kampf aufeinander. Keiner der Anführer auf beiden Seiten kam unverwundet aus der Schlacht zurück, außer dem römischen Diktator. (6) Als Postumius gerade in vorderster Reihe seine Leute ermunterte und ordnete, ritt Tarquinius Superbus, obwohl er seinem Alter und seinen Kräften nach nicht mehr so gewandt war, im feindlichen Ansturm gegen ihn los. Tarquinius wurde von einem Stoß in die Seite getroffen und von den Seinen in Sicherheit gebracht. (7) Auf dem anderen Flügel aber hatte der Reiteroberst Aebutius einen Angriff auf Octavius Mamilius unternommen. Der Feldherr von Tusculum sah ihn kommen, spornte sein Pferd und ritt gegen ihn an. (8) Sie trafen mit stoßbereiter Lanze mit solcher Wucht aufeinander, daß dem Aebutius der Arm durchstochen und Mamilius in die Brust getroffen wurde. (9) Die Latiner zogen ihn ins zweite Glied zurück; Aebutius aber, der mit seinem verwundeten Arm keine Waffe mehr führen konnte, verließ das Treffen. (10) Der latinische Feldherr ließ sich durch seine Verwundung nicht abschrecken. Er lenkte weiterhin die Schlacht, und weil er sah, wie seine Reihen ins Wanken gerieten, ließ er die Abteilung heranrücken, die aus verbannten Römern bestand und vom Sohn des Lucius Tarquinius angeführt wurde. Diese kämpften, da sie ihrer Güter und ihres Vaterlandes beraubt waren, mit um so größerer Erbitterung und stellten das Treffen für kurze Zeit wieder her.

20 (1) Schon wichen die Römer auf dieser Seite zurück, als Marcus Valerius, der Bruder des Publicola, den kampflustigen jungen Tarquinius erblickte, wie er sich herausfordernd in der ersten Reihe der Verbannten zeigte. Valerius ließ sich

etiam gloria accensus ut cuius familiae decus eiecti reges erant, eiusdem interfecti forent, (2) subdit calcaria equo et Tarquinium infesto spiculo petit. (3) Tarquinius retro in agmen suorum infenso cessit hosti: Valerium temere invectum in exsulum aciem ex transverso quidam adortus transfigit, nec quicquam equitis volnere equo retardato, moribundus Romanus labentibus super corpus armis ad terram defluxit. (4) Dictator Postumius postquam cecidisse talem virum, exsules ferociter citato agmine invehi, suos perculsos cedere animadvertit, (5) cohorti suae, quam delectam manum praesidii causa circa se habebat, dat signum ut quem suorum fugientem viderint, pro hoste habeant. Ita metu ancipiti versi a fuga Romani in hostem et restituta acies. (6) Cohors dictatoris tum primum proelium iniit; integris corporibus animisque fessos adorti exsules caedunt. (7) Ibi alia inter proceres coorta pugna. Imperator Latinus, ubi cohortem exsulum a dictatore Romano prope circumventam vidit, ex subsidiariis manipulos aliquot in primam aciem secum rapit. (8) Hos agmine venientes T. Herminius legatus conspicatus, interque eos insignem veste armisque Mamilium noscitans, tanto vi maiore quam paulo ante magister equitum cum hostium duce proelium iniit, (9) ut et uno ictu transfixum per latus occiderit Mamilium et ipse inter spoliandum corpus hostis veruto percussus, cum victor in castra esset relatus, inter primam curationem exspiraverit. (10) Tum ad equites dictator advolat,

vom Ruhm seines Hauses entflammen: Seine Familie sollte sich nicht nur der Vertreibung, sondern auch der Tötung von Königen rühmen können. (2) So gab er seinem Pferd die Sporen und ritt mit stoßbereiter Lanze auf Tarquinius los. (3) Vor dem erbitterten Feind wich Tarquinius in die Reihen der Seinen zurück. Als Valerius blindlings in die Heerschar der Verbannten eindrang, griff ihn einer von der Seite her an und durchbohrte ihn. Sein Pferd ließ sich durch die Verwundung seines Reiters im Laufe nicht aufhalten, und der Römer sank sterbend zu Boden, während ihm die Waffen vom Leib glitten. (4) Der Diktator Postumius mußte sehen, daß ein solch tapferer Mann gefallen war, die Verbannten aber im Kampfeseifer eilends heranrückten, während seine eigenen Truppen mutlos zurückwichen. (5) Da gab er seiner Kohorte, die ihn als Elite- und Schutztruppe umgab, den Befehl, jeden eigenen Mann, den sie auf der Flucht sähen, als Feind zu behandeln. Nach beiden Seiten hin in Furcht, wandten sich die Römer von der Flucht gegen den Feind und stellten sich wieder in Reih und Glied auf. (6) Jetzt griff die Truppe des Diktators zum ersten Mal in den Kampf ein. Mit frischer Kraft und ungebrochenem Kampfgeist stürzte sie sich auf die ermatteten Verbannten und hieb sie nieder. (7) Hier trafen wieder zwei Heerführer im Kampf aufeinander. Als der latinische Feldherr die Truppen der Verbannten vom römischen Diktator fast eingekreist sah, zog er rasch eine Anzahl Soldaten aus den Reservetruppen an sich und warf sich mit ihnen in die vorderste Reihe. (8) Der Legat Titus Herminius sah sie in geschlossenem Zug heranrücken und erkannte unter ihnen den Mamilius an seiner hervorstechenden Kleidung und seinen Waffen. Mit noch größerer Wucht als zuvor der Reiteroberst begann er das Gefecht mit dem feindlichen Führer, (9) so daß er Mamilius mit einem einzigen Stoß tödlich in die Seite traf. Er selbst wurde, als er dem Feinde die Rüstung abzog, von einem Wurfspieß durchbohrt. Als Sieger trug man ihn ins Lager zurück, und er starb, während man gerade begann, seine Wunden zu versorgen. (10) Daraufhin eilte der

obtestans ut fesso iam pedite descendant ex equis et pugnam
capessant. Dicto paruere; desiliunt ex equis, provolant in primum et pro antesignanis parmas obiciunt. (11) Recipit
extemplo animum pedestris acies, postquam iuventutis proceres aequato genere pugnae secum partem periculi sustinen-
tes vidit. Tum demum impulsi Latini perculsaque inclinavit
acies. (12) Equiti admoti equi, ut persequi hostem posset;
secuta et pedestris acies. Ibi nihil nec divinae nec humanae
opis dictator praetermittens aedem Castori vovisse fertur ac
pronuntiasse militi praemia, qui primus, qui secundus castra
hostium intrasset; (13) tantusque ardor fuit ut eodem impetu
quo fuderant hostem Romani castra caperent. Hoc modo ad
lacum Regillum pugnatum est. Dictator et magister equitum
triumphantes in urbem rediere.

21 (1) Triennio deinde nec certa pax nec bellum fuit. Consules Q. Cloelius et T. Larcius, inde A. Sempronius et M.
Minucius. (2) His consulibus aedes Saturno dedicata, Saturnalia institutus festus dies. A. deinde Postumius et T. Verginius consules facti. (3) Hoc demum anno ad Regillum lacum
pugnatum apud quosdam invenio; A. Postumium, quia collega dubiae fidei fuerit, se consulatu abdicasse; dictatorem
inde factum. (4) Tanti errores res implicant temporum, aliter
apud alios ordinatis magistratibus, ut nec qui consules
secundum quos, nec quid quoque anno actum sit, in tanta

Diktator zur Reiterei und beschwor die Reiter, da die Fußtruppen erschöpft seien, abzusitzen und die Front zu stützen. Die Reiter gehorchten seinen Worten, sprangen von den Pferden, eilten nach vorn und deckten die erste Reihe mit ihren Schilden.[40] (11) Sogleich faßten die Fußsoldaten wieder Mut, als sie sahen, wie adlige junge Männer sich wie sie dem Kampfe stellten und mit ihnen die Gefahr teilten. Da wurden die Latiner endlich zum Weichen gebracht, die Reihen kamen ins Wanken und wandten sich zur Flucht. (12) Die Reiterei saß wieder auf, um den Feind verfolgen zu können, und die Fußtruppen rückten nach. Hier soll der Diktator, um weder eine göttliche noch eine menschliche Hilfe außer acht zu lassen, dem Castor einen Tempel gelobt[41] und Preise ausgesetzt haben für den, der als erster, und den, der als zweiter ins Lager der Feinde eindringen würde. (13) Nun wurde der Kampf so hitzig, daß die Römer im gleichen Ansturm, in dem sie den Feind schlugen, auch sein Lager eroberten. So kämpfte man am See Regillus. Der Diktator und der Reiteroberst kehrten im Triumph nach Rom zurück.

21 (1) In den nächsten drei Jahren gab es weder gesicherten Frieden noch offenen Krieg. Konsuln waren Quintus Cloelius und Titus Larcius [498], danach Aulus Sempronius und Marcus Minucius [497]. (2) Unter ihrem Konsulat wurden der Saturntempel geweiht und die Saturnalien als Fest eingeführt.[42] Darauf wählte man Aulus Postumius und Titus Verginius zu Konsuln [496]. (3) Bei einigen Autoren finde ich die Schlacht am See Regillus erst für dieses Jahr angegeben.[43] Aulus Postumius habe, da Zweifel an der Zuverlässigkeit seines Mitkonsuls bestanden, sein Konsulat niedergelegt. Daraufhin sei er zum Diktator ernannt worden. (4) Solche Unsicherheiten erschweren die Geschichtsschreibung: Man findet die Jahresbeamten hier so und dort anders angeführt. Auf diese Weise kann man, da nicht nur die Ereignisse, sondern auch die überliefernden Autoren einer weit zurückliegenden Zeit entstammen, weder angeben, wie jeweils die Konsuln

vetustate non rerum modo sed etiam auctorum digerere possis.
(5) Ap. Claudius deinde et P. Servilius consules facti. Insignis hic annus est nuntio Tarquini mortis. Mortuus Cumis, quo se post fractas opes Latinorum ad Aristodemum tyrannum contulerat. (6) Eo nuntio erecti patres, erecta plebes; sed patribus nimis luxuriosa ea fuit laetitia; plebi, cui ad eam diem summa ope inservitum erat, iniuriae a primoribus fieri coepere. (7) Eodem anno Signia colonia, quam rex Tarquinius deduxerat, suppleto numero colonorum iterum deducta est. Romae tribus una et viginti factae. Aedes Mercuri dedicata est idibus Maiis.

22 (1) Cum Volscorum gente Latino bello neque pax neque bellum fuerat; nam et Volsci comparaverant auxilia quae mitterent Latinis, ni maturatum ab dictatore Romano esset, et maturavit Romanus ne proelio uno cum Latino Volscoque contenderet. (2) Hac ira consules in Volscum agrum legiones duxere. Volscos consilii poenam non metuentes necopinata res perculit; armorum immemores obsides dant trecentos principum a Cora atque Pometia liberos. Ita sine certamine inde abductae legiones. (3) Nec ita multo post Volscis levatis metu suum rediit ingenium. Rursus occultum parant bellum, Hernicis in societatem armorum adsumptis. (4) Legatos quoque ad sollicitandum Latium passim dimittunt; sed recens ad

aufeinander folgten, noch was in welchem Jahr geschehen ist.

(5) Anschließend wurden Appius Claudius und Publius Servilius zu Konsuln gewählt [495]. Das besondere Ereignis dieses Jahres war die Nachricht vom Tode des Tarquinius. Er starb in Cumae; dort hatte er sich, nachdem die Macht der Latiner gebrochen war, unter den Schutz des Tyrannen Aristodemos begeben. (6) Diese Nachricht weckte Hochstimmung bei den Vätern wie beim Volk. Bei den Vätern führte diese Freude jedoch zu Übermut: Während sie dem Volk bis zu diesem Tage die allergrößten Gefälligkeiten erwiesen hatten, erlaubten sich die Adligen von jetzt an Willkürhandlungen gegen das Volk. (7) In diesem Jahr wurden auch neue Siedler nach Signia geschickt, einer von König Tarquinius angelegten Kolonie, um die Zahl der dortigen Einwohner zu ergänzen. In Rom wurde die Anzahl der Tribus[44] auf einundzwanzig erhöht. Am 15. Mai weihte man den Tempel des Merkur ein.

22 (1) Mit den Volskern hatte man während des Latinerkrieges weder Frieden noch offenen Krieg gehabt. Die Volsker hatten nämlich Hilfstruppen ausgerüstet, die sie zu den Latinern geschickt hätten, wenn der römische Diktator nicht zur Eile gedrängt hätte. Und die Römer beeilten sich, um nicht in einer Schlacht gegen Latiner und Volsker zugleich kämpfen zu müssen. (2) Erzürnt darüber rückten die Konsuln mit den Legionen ins volskische Gebiet ein. Die Volsker hatten für eine bloße Absicht keine Strafaktion befürchtet; der unerwartete Einmarsch versetzte sie in Panik. Ohne an Gegenwehr zu denken, gaben sie als Geiseln 300 Kinder der führenden Männer von Cora und Pometia. So zogen die Legionen ohne Blutvergießen wieder ab. (3) Kaum waren die Volsker von ihrer Furcht befreit, kehrten sie wieder zu ihrer früheren Sinnesart zurück. Sie rüsteten im geheimen abermals zum Krieg und schlossen Waffenbrüderschaft mit den Hernikern. (4) Auch schickten sie Gesandte überallhin, um Latium aufzuwiegeln. Die Latiner aber waren nach der gerade erlittenen Niederlage

Regillum lacum accepta clades Latinos ira odioque eius, qui-
cumque arma suaderet, ne ab legatis quidem violandis abstinuit; comprehensos Volscos Romam duxere. Ibi traditi consulibus indicatumque est Volscos Hernicosque parare bellum
Romanis. (5) Relata re ad senatum adeo fuit gratum patribus
ut et captivorum sex milia Latinis remitterent et de foedere,
quod prope in perpetuum negatum fuerat, rem ad novos
magistratus traicerent. (6) Enimvero tum Latini gaudere
facto; pacis auctores in ingenti gloria esse. Coronam auream
Iovi donum in Capitolium mittunt. Cum legatis donoque qui
captivorum remissi ad suos fuerant, magna circumfusa multitudo venit. (7) Pergunt domos eorum apud quem quisque
servierant; gratias agunt liberaliter habiti cultique in cala-
mitate sua; inde hospitia iungunt. Nunquam alias ante
publice privatimque Latinum nomen Romano imperio
coniunctius fuit.

23 (1) Sed et bellum Volscum imminebat et civitas secum ipsa
discors intestino inter patres plebemque flagrabat odio,
maxime propter nexos ob aes alienum. (2) Fremebant se, foris
pro libertate et imperio dimicantes, domi a civibus captos et
oppressos esse, tutioremque in bello quam in pace et inter
hostes quam inter cives libertatem plebis esse; invidiamque
eam sua sponte gliscentem insignis unius calamitas accendit.
(3) Magno natu quidam cum omnium malorum suorum insignibus se in forum proiecit. Obsita erat squalore vestis, foe-

am See Regillus so zornig und erbittert gegen jeden, der zum
Krieg riet, daß sie sich sogar an den Gesandten vergriffen. Sie
nahmen die Volsker fest und schickten sie nach Rom. Hier
wurden sie den Konsuln vorgeführt und gaben an, daß Volsker und Herniker zum Krieg gegen Rom rüsteten. (5) Als die
Sache vor den Senat kam, zeigten sich die Väter so zufrieden,
daß sie den Latinern 6000 Gefangene zurückgaben und die
Verhandlungen über ein Bündnis, das man ihnen sozusagen
für immer und ewig verweigert hatte, nur bis zur Wahl der
neuen Beamten aufschoben. (6) Um so erfreuter waren die
Latiner nun über ihr Vorgehen; die Befürworter des Friedens
ernteten großen Ruhm. Man schickte einen goldenen Kranz
als Geschenk für Jupiter auf das Kapitol. Mit den Gesandten
und dem Geschenk kam eine große Zahl der ehemaligen
Gefangenen, die man damals zu ihren Angehörigen entlassen
hatte. (7) Sie suchten nun die Häuser derjenigen auf, bei
denen sie gedient hatten, und bedankten sich für die freundliche Behandlung und Pflege in ihrem Unglück. Daraufhin
schlossen sie Gastfreundschaft miteinander. Noch nie zuvor
war – ob von Staats wegen oder privat – der Stamm der Latiner so eng mit Rom verbunden.

23 (1) Aber noch drohte der Krieg mit den Volskern, und in
der Bürgerschaft herrschte Zwietracht. Es war eine Feindschaft entbrannt zwischen Vätern und Volk, vor allem wegen
der Bürger, die in Schuldhaft geraten waren.[45] (2) Diese
empörten sich darüber, daß sie auf dem Schlachtfeld für die
Freiheit und Herrschaft Roms ihr Leben aufs Spiel gesetzt
hätten, zu Hause aber von den eigenen Mitbürgern in Haft
und Banden gehalten würden. Die Freiheit des Volkes sei im
Krieg sicherer als im Frieden, unter Feinden eher als unter
den eigenen Mitbürgern. Dieser ohnehin schon lange schwe-
lende Groll wurde durch das besonders auffallende unglück-
liche Schicksal eines einzelnen zur offenen Flamme der
Empörung angefacht. (3) Ein alter Mann kam mit deutlichen
Zeichen all seines Unglücks auf das Forum gestürzt. Seine
Kleider starrten vor Schmutz, noch kläglicher aber war

dior corporis habitus pallore ac macie perempti; (4) ad hoc promissa barba et capilli efferaverant speciem oris. Noscitabatur tamen in tanta deformitate, et ordines duxisse aiebant, aliaque militiae decora volgo miserantes eum iactabant; ipse testes honestarum aliquot locis pugnarum cicatrices adverso pectore ostentabat. (5) Sciscitantibus unde ille habitus, unde deformitas, cum circumfusa turba esset prope in contionis modum, Sabino bello ait se militantem, quia propter populationes agri non fructu modo caruerit, sed villa incensa fuerit, direpta omnia, pecora abacta, tributum iniquo suo tempore imperatum, aes alienum fecisse. (6) Id cumulatum usuris primo se agro paterno avitoque exuisse, deinde fortunis aliis; postremo velut tabem pervenisse ad corpus; ductum se ab creditore non in servitium sed in ergastulum et carnificinam esse. (7) Inde ostentare tergum foedum recentibus vestigiis verberum. Ad haec visa auditaque clamor ingens oritur. Non iam foro se tumultus tenet, sed passim totam urbem pervadit. (8) Nexi, vincti solutique, se undique in publicum proripiunt, implorant Quiritium fidem. Nullo loco deest seditionis voluntarius comes; multis passim agminibus per omnes vias cum clamore in forum curritur. (9) Magno cum periculo suo qui forte patrum in foro erant in eam turbam inciderunt; (10) nec temperatum manibus foret, ni propere consules, P. Servilius et Ap. Claudius, ad comprimendam seditionem intervenissent. At in eos multitudo versa os-

der Anblick seines bleichen und ausgemergelten Körpers.
(4) Sein lang herabhängender Bart und sein Haar gaben ihm
noch dazu ein verwildertes Aussehen. Man erkannte ihn trotz
seines entstellten Äußeren; es hieß, er sei Hauptmann gewesen, und man erzählte voller Mitleid im Volk, was er für
Heldentaten im Krieg vollbracht habe. Der Mann selbst wies
seine Narben auf der Brust vor als Zeichen so mancher ruhm-
voller Kämpfe. (5) Auf die Frage, warum er so herunterge-
kommen und entstellt sei, antwortete er der Menge, die ihn
wie bei einer Volksversammlung umringte, er sei Soldat im
Sabinerkrieg gewesen. Bei den Verwüstungen auf dem Lande
habe er nicht nur seine Ernte eingebüßt. Auch sein Hof sei
abgebrannt, all seine Habe geplündert, sein Vieh weggetrie-
ben worden. Zu dieser für ihn so ungünstigen Zeit sei die
Kriegssteuer eingefordert worden, und er habe Schulden
machen müssen. (6) Durch die Zinsen seien diese immer
mehr angewachsen und hätten ihm zuerst sein väterliches und
großväterliches Besitztum geraubt, dann all sein übriges Hab
und Gut. Schließlich sei er selbst wie von einer Seuche davon
ergriffen worden. Er sei von seinem Gläubiger nicht als
Sklave genommen, sondern in ein Arbeitshaus[46] gesteckt und
dort gefoltert worden. (7) Dann zeigte er seinen Rücken, der
mit frischen Peitschenstriemen einen schrecklichen Anblick
bot. Als man dies alles sah und hörte, erhob sich ein gewaltiges Geschrei. Der Lärm blieb nicht auf das Forum
beschränkt, sondern durchlief die ganze Stadt. (8) Alle
Schuldpflichtigen mit und ohne Fesseln stürzten von allen
Seiten ins Freie und erflehten den Schutz ihrer Mitbürger.
Überall schloß man sich bereitwillig dem allgemeinen Aufruhr an. Scharen von Menschen liefen schreiend auf allen
Straßen zum Forum. (9) Für die Senatoren, die sich gerade
dort befanden, bedeutete es Lebensgefahr, mit dieser Menge
zusammenzutreffen. (10) Sie hätte sich wohl an ihnen vergriffen, wenn die Konsuln Publius Servilius und Appius
Claudius nicht eilends eingeschritten wären, um den Aufruhr
zu dämpfen. Nun wandte sich die Menge an die Konsuln und

tentare vincula sua deformitatemque aliam. (11) Haec se
meritos dicere, exprobrantes suam quisque alius alibi mili-
tiam; postulare multo minaciter magis quam suppliciter ut
senatum vocarent; curiamque ipsi futuri arbitri moderatores-
que publici consilii circumsistunt. (12) Pauci admodum
patrum, quos casus obtulerat, contracti ab consulibus; cete-
ros metus non curia modo sed etiam foro arcebat, nec agi
quicquam per infrequentiam poterat senatus. (13) Tum vero
eludi atque extrahi se multitudo putare, et patrum qui abes-
sent, non casu, non metu, sed impediendae rei causa abesse, et
consules ipsos tergiversari, nec dubie ludibrio esse miserias
suas. (14) Iam prope erat ut ne consulum quidem maiestas
coerceret iras hominum, cum, incerti morando an veniendo
plus periculi contraherent, tandem in senatum veniunt. Fre-
quentique tandem curia non modo inter patres sed ne inter
consules quidem ipsos satis conveniebat. (15) Appius vehe-
mentis ingenii vir, imperio consulari rem agendam censebat;
uno aut altero arrepto, quieturos alios: Servilius, lenibus
remediis aptior, concitatos animos flecti quam frangi putabat
cum tutius tum facilius esse.
24 (1) Inter haec maior alius terror: Latini equites cum tu-
multuoso advolant nuntio Volscos infesto exercitu ad urbem
oppugnandam venire. Quae audita – adeo duas ex una civitate
discordia fecerat – longe aliter patres ac plebem adfecere.
(2) Exsultare gaudio plebes; ultores superbiae patrum adesse

sagten sie, um den Hochmut der Väter zu strafen. Einer bestärkte den anderen, sich nicht zu den Fahnen zu melden. Sie wollten lieber mit dem ganzen Staat als allein zugrunde gehen.[47] Die Väter sollten nun Kriegsdienst tun, die Väter sollten zu den Waffen greifen – wer die Kriegsbeute bekomme, der solle gleichermaßen auch die Gefahren zu tragen haben. (3) In der Kurie war man dagegen niedergeschlagen und ängstlich. Man fürchtete die Mitbürger ebenso wie die Feinde und bat den Konsul Servilius, der von seiner Wesensart her eher auf das Volk einzuwirken verstand, er solle den Staat aus seiner schrecklichen Bedrängnis erretten. (4) Daraufhin entließ der Konsul den Senat und trat vor die Volksversammlung. Hier erklärte er, die Väter seien wohl darauf bedacht, dem Volk zu helfen. Ihre Beratung über den größten Teil der Bürgerschaft – aber doch nur über einen Teil! – sei nun aber durch die Furcht um das Bestehen des ganzen Gemeinwesens unterbrochen worden. (5) Wenn der Feind fast vor den Toren stehe, könne unmöglich etwas anderes wichtiger sein als der Krieg. Selbst wenn noch eine Atempause bliebe, so würde es doch dem Volk keine Ehre machen, wenn es nur gegen Belohnungen im voraus die Waffen fürs Vaterland ergriffen habe. Und auch für die Väter sei es wenig ehrenhaft, wenn sie eher aus Furcht statt später aus eigenem Entschluß ihren bedrängten Mitbürgern geholfen hätten. (6) Er bekräftigte seine Rede noch durch folgendes Edikt: Niemand dürfe einen römischen Bürger in Fesseln oder in Gewahrsam halten, so daß dieser außerstande sei, sich bei den Konsuln zum Kriegsdienst zu melden. Auch dürfe niemand das Hab und Gut eines Soldaten, solange dieser im Krieg sei, in Besitz nehmen oder verkaufen, noch gegen dessen Kinder oder Enkel Ansprüche stellen.[48] (7) Nach der Verkündigung dieses Edikts ließen sich nicht nur die gerade anwesenden Schuldpflichtigen sogleich zum Kriegsdienst einschreiben. Von überallher aus der ganzen Stadt machten sie sich eilends aus ihrem Gewahrsam auf, da ihre Gläubiger nun kein Recht mehr hatten, sie zurückzuhalten. Alle kamen aufs Forum, um

mento dicerent fieri. (8) Magna ea manus fuit, neque aliorum
magis in Volsco bello virtus atque opera enituit.

Consul copias contra hostem educit; parvo dirimente intervallo castra ponit. **25** (1) Proxima inde nocte Volsci, discordia Romana freti, si qua nocturna transitio proditiove fieri
posset, temptant castra. Sensere vigiles; excitatus exercitus;
signo dato concursum est ad arma; ita frustra id inceptum
Volscis fuit. (2) Reliquum noctis utrimque quieti datum.
Postero die prima luce Volsci fossis repletis vallum invadunt.
(3) Iamque ab omni parte munimenta vellebantur, cum consul, quamquam cuncti undique et nexi ante omnes ut signum
daret clamabant, experiendi animos militum causa parumper
moratus, postquam satis apparebat ingens ardor, dato tandem
ad erumpendum signo militem avidum certaminis emittit.
(4) Primo statim incursu pulsi hostes; fugientibus, quoad
insequi pedes potuit, terga caesa; eques usque ad castra pavi-
dos egit. Mox ipsa castra legionibus circumdatis, cum Volscos
inde etiam pavor expulisset, capta direptaque. (5) Postero die
ad Suessam Pometiam quo confugerant hostes legionibus
ductis, intra paucos dies oppidum capitur; captum praedae
datum. Inde paulum recreatus egens miles; (6) consul cum
maxima gloria sua victorem exercitum Romam reducit. Decedentem Romam Ecetranorum Volscorum legati, rebus suis

den Fahneneid zu leisten. (8) Sie bildeten eine große Streitmacht, und im Volskerkrieg überstrahlten sie mit ihrer Tapferkeit und Einsatzbereitschaft alle anderen.

Der Konsul rückte mit den Truppen gegen den Feind aus und
schlug in einiger Entfernung von ihm sein Lager auf.
25 (1) In der folgenden Nacht unternahmen die Volsker
einen Angriff auf das Lager. Im Vertrauen auf die inneren
Zwistigkeiten der Römer rechneten sie im Schutze der Nacht
mit Überläufern oder mit Verrat. Die Wachen merkten es,
und das Heer wurde alarmiert. Als das Signal gegeben wurde,
griff man zu den Waffen. So wurde das Unternehmen der
Volsker vereitelt. (2) Den Rest der Nacht über herrschte auf
beiden Seiten Ruhe. Am folgenden Tag warfen die Volsker
beim ersten Morgenlicht die Gräben zu und stürmten gegen
den Wall. (3) Schon rissen sie von allen Seiten die Verschanzungen nieder, aber der Konsul wollte, obwohl alle und
besonders die Schuldpflichtigen allenthalben laut das Signal
forderten, noch ein wenig warten, um den Kampfgeist seiner
Soldaten zu erproben. Als ihr Eifer genügend entbrannt
schien, gab er endlich das Kommando zum Ausfall und
schickte die Soldaten hinaus, die schon begierig auf die
Schlacht waren. (4) Gleich im ersten Ansturm wurden die
Feinde geschlagen. Die Fußtruppen verfolgten die Fliehen-
den, soweit sie konnten, und hieben von hinten auf sie ein.
Die Reiterei trieb sie in angstvoller Flucht bis in ihr Lager
zurück. Bald war auch das Lager von Truppen umstellt, und
nachdem die Volsker vor Schrecken auch von hier geflohen
waren, wurde es eingenommen und geplündert. (5) Am folgenden Tag rückten die Legionen vor Suessa Pometia. Dorthin hatten sich die Feinde geflüchtet. Innerhalb weniger Tage
war die Stadt erobert.[49] Sie wurde zur Plünderung freigegeben, dadurch konnten die Ärmeren unter den Soldaten ihre
Verhältnisse ein wenig aufbessern. (6) Ruhmgekrönt führte
der Konsul sein siegreiches Heer nach Rom zurück. Auf seinem Rückmarsch kamen Gesandte aus der volskischen Stadt
Ecetra zu ihm. Nach der Eroberung von Pometia fürchteten

timentes post Pometiam captam, adeunt. His ex senatus consulto data pax, ager ademptus.

26 (1) Confestim et Sabini Romanos territavere; tumultus enim fuit verius quam bellum. Nocte in urbem nuntiatum est exercitum Sabinum praedabundum ad Anienem amnem pervenisse; ibi passim diripi atque incendi villas. (2) Missus extemplo eo cum omnibus copiis equitum A. Postumius, qui dictator bello Latino fuerat; secutus consul Servilius cum delecta peditum manu. (3) Plerosque palantes eques circumvenit, nec advenienti peditum agmini restitit Sabina legio. Fessi cum itinere tum populatione nocturna, magna pars in villis repleti cibo vinoque, vix fugae quod satis esset virium habuere.

(4) Nocte una audito perfectoque bello Sabino, postero die in magna iam spe undique partae pacis, legati Aurunci senatum adeunt, ni decedatur Volsco agro bellum indicentes. (5) Cum legatis simul exercitus Auruncorum domo profectus erat; cuius fama haud procul iam ab Aricia visi tanto tumultu concivit Romanos ut nec consuli ordine patres nec pacatum responsum arma inferentibus arma ipsi capientes dare possent. (6) Ariciam infesto agmine itur; nec procul inde cum Auruncis signa conlata, proelioque uno debellatum est.

27 (1) Fusis Auruncis, victor tot intra paucos dies bellis

sie für sich selber. Durch einen Senatsbeschluß wurde ihnen der Friede zugesichert, ein Stück Land aber genommen.

26 (1) Gleich darauf versetzten die Sabiner die Römer wieder in Schrecken. Es war freilich mehr ein Kriegslärm als ein wirklicher Krieg. Bei Nacht kam die Meldung in die Stadt, ein Heer der Sabiner sei auf einem Beutezug bis zum Anio gekommen. Dort würden überall die Gehöfte geplündert und in Brand gesteckt. (2) Sogleich entsandte man Aulus Postumius, den ehemaligen Diktator im Latinerkrieg, mit der gesamten Reiterei dorthin. Ihm folgte der Konsul Servilius mit einer Elitetruppe Fußsoldaten. (3) Die Reiterei überwältigte eine große Anzahl Sabiner bei ihren Streifzügen, und dem geschlossen heranrückenden Fußvolk konnten die sabinischen Truppen keinen Widerstand entgegensetzen. Sie waren von ihren nächtlichen Beutezügen ermüdet; viele hatten sich in den Gehöften mit Essen und Trinken überladen und hatten kaum noch Kraft zu fliehen.

(4) In der gleichen Nacht, in der man vom Krieg mit den Sabinern hörte, war er auch schon beendet, und man war recht zuversichtlich, sich nun allerseits Ruhe geschaffen zu haben. Da kamen am folgenden Tag Gesandte der Aurunker in den Senat. Sie erklärten den Römern den Krieg, falls sie nicht das Volskerland räumten.[50] (5) Zugleich mit den Gesandten war ein Heer der Aurunker von daheim aufgebrochen. Die Kunde, man habe die Truppen schon in der Nähe von Aricia gesehen, versetzte die Römer in eine solche Aufregung, daß die Väter dem Konsul nicht ordnungsgemäß ihre Stimme abgeben konnten, noch konnten die Römer, die selbst dabei waren, zu den Waffen zu greifen, den anderen, die bereits die Waffen ergriffen hatten, eine friedliche Antwort geben. (6) Man rückte kampfbereit nach Aricia aus, und nicht weit davon entfernt kam es zum Gefecht mit den Aurunkern. In einer einzigen Schlacht wurde der Krieg entschieden.

27 (1) Nach der Niederlage der Aurunker waren die Römer innerhalb weniger Tage zu Siegern über so viele Feinde

Romanus promissa consulis fidemque senatus exspectabat, cum Appius et insita superbia animo et ut collegae vanam faceret fidem, quam asperrime poterat ius de creditis pecuniis dicere. Deinceps et qui ante nexi fuerant creditoribus tradebantur et nectebantur alii. (2) Quod ubi cui militi inciderat, collegam appellabat. Concursus ad Servilium fiebat; illius promissa iactabant; illi exprobrabant sua quisque belli merita cicatricesque acceptas. Postulabant ut aut referret ad senatum, aut ut auxilio esset consul civibus suis, imperator militibus. (3) Movebant consulem haec, sed tergiversari res cogebat; adeo in alteram causam non collega solum praeceps erat sed omnis factio nobilium. Ita medium se gerendo nec plebis vitavit odium nec apud patres gratiam iniit. (4) Patres mollem consulem et ambitiosum rati, plebes fallacem, brevique apparuit aequasse eum Appi odium. (5) Certamen consulibus inciderat, uter dedicaret Mercuri aedem. Senatus a se rem ad populum reiecit: utri eorum dedicatio iussu populi data esset, eum praeesse annonae, mercatorum collegium instituere, sollemnia pro pontifice iussit suscipere. (6) Populus dedicationem aedis dat M. Laetorio, primi pili centurioni, quod facile appareret non tam ad honorem eius cui curatio altior fastigio suo data esset factum quam ad consulum ignominiam.

geworden und erwarteten nun, daß der Konsul sein Versprechen und der Senat seine Zusicherungen wahr machte. Aber
Appius bestätigte mit äußerster Härte das Recht der Gläubiger in Schuldklagen – einmal aus seiner starrsinnigen Wesensart heraus, zum andern aber, um seinen Mitkonsul um das
Vertrauen des Volkes zu bringen. In der Folge wurden nicht
nur die bisherigen Schuldpflichtigen wieder ihren Gläubigern
übergeben, es wurden auch andere in die Schuldknechtschaft
gebracht. (2) Wenn dies einen Soldaten traf, appellierte er an
den anderen Konsul. Eine Menge Leute liefen bei Servilius
zusammen; sie beriefen sich auf seine Versprechungen, wiesen vorwurfsvoll auf ihre Verdienste im Krieg hin und auf die
Narben, die sie davongetragen hatten. Sie forderten, er solle
die Angelegenheit entweder vor den Senat bringen oder als
Konsul seinen Mitbürgern, als Feldherr seinen Soldaten Beistand leisten. (3) Der Konsul war bewegt, die Umstände
zwangen ihn jedoch zur Zurückhaltung. Nicht nur sein Mitkonsul, sondern die gesamte Adelspartei war Hals über Kopf
zur Gegenseite übergegangen. So steuerte er einen mittleren
Kurs, entging damit aber weder dem Haß des Volkes, noch
gewann er sich das Wohlwollen der Väter. (4) Diese hielten
ihn für einen nachgiebigen und parteiischen Konsul, das Volk
aber sah sich von ihm betrogen. In kurzer Zeit erwies er sich
als ebenso verhaßt wie Appius. (5) Es war nämlich ein Streit
zwischen den Konsuln entbrannt, wer den Tempel des Merkur weihen solle. Der Senat lehnte eine Entscheidung ab und
verwies die Angelegenheit an die Volksversammlung. Er
bestimmte aber folgendes: Wer vom Volk mit der Weihe
beauftragt werde, der solle auch die Aufsicht über die Getrei-
deversorgung übernehmen, eine Kaufmannsgilde einrichten
sowie in Gegenwart des Pontifex maximus die Feierlichkeiten
vornehmen. (6) Das Volk übertrug die Tempelweihe dem
Marcus Laetorius, einem Hauptmann von erstem Rang.[51]
Man konnte leicht sehen, daß dies keine Ehrung für einen
Mann sein sollte, dem man ein Amt weit über seiner Stellung
aufgebürdet hatte, sondern eine Kränkung für die Konsuln.

(7) Saevire inde utique consulum alter patresque; sed plebi creverant animi et longe alia quam primo instituerant via grassabantur. (8) Desperato enim consulum senatusque auxilio, cum in ius duci debitorem vidissent, undique convolabant. Neque decretum exaudiri consulis prae strepitu et clamore poterat, neque cum decresset quisquam obtemperabat. (9) Vi agebatur, metusque omnis et periculum libertatis, cum in conspectu consulis singuli a pluribus violarentur, in creditores a debitoribus verterant. (10) Super haec timor incessit Sabini belli; dilectuque decreto nemo nomen dedit, furente Appio et insectante ambitionem collegae, qui populari silentio rem publicam proderet et ad id quod de credita pecunia ius non dixisset, adiceret ut ne dilectum quidem ex senatus consulto haberet; (11) non esse tamen desertam omnino rem publicam neque proiectum consulare imperium; se unum et suae et patrum maiestatis vindicem fore. (12) Cum circumstaret cottidiana multitudo licentia accensa, arripi unum insignem ducem seditionum iussit. Ille cum a lictoribus iam traheretur provocavit; nec cessisset provocationi consul, quia non dubium erat populi iudicium, nisi aegre victa pertinacia foret consilio magis et auctoritate principium quam populi clamore; adeo supererant animi ad sustinendam invidiam. (13) Crescere inde malum in dies, non clamoribus modo apertis sed, quod multo perniciosius erat, secessione occultis-

(7) Nun gerieten vor allem der andere Konsul wie auch die Väter in heftige Erregung, das Volk aber hatte Mut gefaßt und schlug einen ganz anderen Kurs ein als zu Anfang. (8) Auf die Hilfe der Konsuln und des Senats hofften sie nämlich nicht mehr. Sobald sie also sahen, daß ein Schuldpflichtiger vor Gericht geführt wurde, strömten sie von allen Seiten herbei. Sie schrien und lärmten so laut, daß man den Spruch des Konsuls nicht hören konnte. Und wenn er seinen Spruch gefällt hatte, gehorchte keiner der Entscheidung. (9) Es kam dabei zu Gewalttätigkeiten; alle Angst und die Gefahr, die Freiheit einzubüßen, waren nun nicht mehr auf Seiten der Schuldner, sondern der Gläubiger, von denen einzelne vor den Augen des Konsuls von der Menge mißhandelt wurden. (10) Dazu kam noch die Angst vor einem Sabinerkrieg. Bei den Truppenaushebungen meldete sich niemand. Appius geriet in Wut und beschuldigte seinen Mitkonsul, er strebe nach der Volksgunst. Indem er in seiner volksfreundlichen Art stillhalte, verrate er den Staat. Erst habe er in den Schuld-klagen kein Recht gesprochen, nun führe er überdies nicht einmal die vom Senat beschlossenen Truppenaushebungen durch. (11) Aber der Staat sei noch nicht ganz und gar verlas-sen und die konsularische Gewalt noch nicht preisgegeben. Er, Appius, werde ganz allein seine Amtswürde und die der Väter wahren. (12) Und als sich wie tagtäglich eine aufge-reizte Menge um seinen Richterstuhl drängte, befahl er, einen der lautesten Rädelsführer herauszugreifen. Schon schlepp-ten die Gerichtsdiener ihn hinweg, da appellierte er an das Volk. Der Konsul hätte der Berufung nicht stattgegeben – es war ja klar, wie das Volk entscheiden würde –, wenn sein Starrsinn nicht doch noch mit Mühe besiegt worden wäre, und zwar mehr durch Zureden und Einflußnahme der Väter als durch das Geschrei des Volkes. Appius hatte Mut mehr als genug, um dem Volkszorn die Stirn zu bieten. (13) Das Übel wuchs nun von Tag zu Tag, nicht nur in offenen Tumulten, sondern, was weitaus gefährlicher war, durch Parteiungen und geheime Zusammenkünfte. Endlich legten die beim Volk

que conloquiis. Tandem invisi plebi consules magistratu
abeunt, Servilius neutris, Appius patribus mire gratus.
28 (1) A. Verginius inde et T. Vetusius consulatum ineunt.
Tum vero plebs incerta quales habitura consules esset, coetus
nocturnos, pars Esquiliis, pars in Aventino facere, ne in foro
subitis trepidaret consiliis et omnia temere ac fortuito ageret.
(2) Eam rem consules rati, ut erat, perniciosam ad patres
deferunt, sed delatam consulere ordine non licuit; adeo tumultuose excepta est clamoribus undique et indignatione
patrum, si quod imperio consulari exsequendum esset, invidiam eius consules ad senatum reicerent: (3) profecto si essent
in re publica magistratus, nullum futurum fuisse Romae nisi
publicum concilium; nunc in mille curias contionesque
dispersam et dissipatam esse rem publicam. (4) unum hercule
virum – id enim plus esse quam consulem – qualis Ap. Claudius fuerit, momento temporis discussurum illos coetus
fuisse. (5) Correpti consules cum, quid ergo se facere vellent
– nihil enim segnius molliusve quam patribus placeat
acturos – percontarentur, decernunt ut dilectum quam acerrimum habeant: otio lascivire plebem. (6) Dimisso senatu consules in tribunal escendunt; citant nominatim iuniores. Cum
ad nomen nemo responderet, circumfusa multitudo in contionis modum negare ultra decipi plebem posse; (7) nunquam
unum militem habituros ni praestaretur fides publica; liberta-

so verhaßten Konsuln ihr Amt nieder. Servilius war überall
unbeliebt, Appius aber erfreute sich außerordentlicher Wert-
schätzung bei den Vätern.

28 (1) Aulus Verginius und und Titus Vetusius traten nun
das Konsulat an [494]. Die Bürger waren sich noch nicht im
klaren, was sie für Konsuln an ihnen haben würden, und
hielten nächtliche Zusammenkünfte ab. Sie taten dies teils auf
dem Esquilin, teils auf dem Aventin, damit sie auf dem
Forum nicht in ihrer Verwirrung unvorbereitet Beschlüsse
fassen müßten und alles übereilt und auf gut Glück abgehan-
delt werde.[52] (2) Die Konsuln hielten dies für gefährlich, verständlicherweise, und brachten die Sache vor den Senat. Aber
es war nicht möglich, darüber[53] ordnungsgemäß zu beraten,
so geräuschvoll ging es dabei zu. Von allen Seiten äußerten die
Väter mit Geschrei ihre Entrüstung: Was mit konsularischer
Amtsgewalt auszuführen sei, das hätten die Konsuln, da es
Grund zur Anfeindung bot, auf den Senat abgeschoben.
(3) Wenn der Staat wirklich noch leitende Beamte hätte, dann
gäbe es in Rom nur die von Staats wegen einberufene Volksversammlung. Nun aber sei das Gemeinwesen in tausenderlei
Kurien und Volksversammlungen aufgesplittert und aufge-
spalten. (4) Ein einziger Mann – bei Gott, dies heiße mehr als
ein Konsul – wie Appius Claudius hätte diese Zusammenrot-
tungen in einem Augenblick auseinandergesprengt. (5) Auf
diesen scharfen Tadel hin fragten die Konsuln, was sie denn
tun sollten. Sie wollten ja keineswegs nachgiebiger und milder verfahren als die Väter. Man beschloß also, sie sollten mit
aller Strenge eine Truppenaushebung veranstalten: Das
Nichtstun mache das Volk so übermütig. (6) Der Senat
wurde entlassen, die Konsuln bestiegen das Tribunal und riefen die Wehrfähigen[54] namentlich auf. Niemand antwortete
auf seinen Namen, und die Menge, die wie bei einer Volksversammlung das Tribunal umstand, rief, das Volk lasse sich
nicht länger hinters Licht führen. (7) Wenn die Konsuln ihr
öffentlich gegebenes Wort nicht hielten, würden sie keinen
einzigen Soldaten bekommen. Zunächst müßten sie jedem

tem unicuique prius reddendam esse quam arma danda, ut
pro patria civibusque, non pro dominis pugnent. (8) Consules quid mandatum esset a senatu videbant, sed eorum, qui
intra parietes curiae ferociter loquerentur, neminem adesse
invidiae suae participem; et apparebat atrox cum plebe certamen. (9) Prius itaque quam ultima experirentur senatum
iterum consulere placuit. Tum vero ad sellas consulum prope
convolare minimus quisque natu patrum, abdicare consulatum iubentes et deponere imperium, ad quod tuendum animus deesset.

29 (1) Utraque re satis experta tum demum consules: »Ne
praedictum negetis, patres conscripti, adest ingens seditio.
Postulamus ut hi qui maxime ignaviam increpant adsint nobis
habentibus dilectum. Acerrimi cuiusque arbitrio, quando ita
placet, rem agemus.« (2) Redeunt in tribunal; citari nominatim unum ex iis qui in conspectu erant dedita opera iubent.
Cum staret tacitus et circa eum aliquot hominum, ne forte
violaretur, constitisset globus, lictorem ad eum consules mittunt. (3) Quo repulso, tum vero indignum facinus esse cla-
mitantes qui patrum consulibus aderant, devolant de tribunali
ut lictori auxilio essent. (4) Sed ab lictore nihil aliud quam
prendere prohibito cum conversus in patres impetus esset,
consulum intercursu rixa sedata est, in qua tamen sine lapide,
sine telo plus clamoris atque irarum quam iniuriae fuerat.

einzelnen seine Freiheit wiedergeben, bevor sie ihm Waffen
in die Hand drückten, damit er für das Vaterland und die
Mitbürger – aber nicht für seine Herren! – kämpfe. (8) Die
Konsuln sahen, was ihnen vom Senat aufgetragen worden
war; von denen aber, die sich hinter den sicheren Wänden der
Kurie dafür so stark gemacht hatten, sahen sie nun keinen
einzigen, der sich mit ihnen gemeinsam dem Volkszorn stellen wollte. Dabei drohte ganz offensichtlich ein blutiger
Zusammenstoß mit dem Volk. (9) Bevor sie aber zu den
äußersten Mitteln griffen, wollten sie noch einmal den Senat
befragen. Dort drängten sich die Jüngeren unter den Vätern
um die Sitze der Konsuln und forderten sie auf, das Konsulat
niederzulegen und ihre Befehlsgewalt abzugeben: Sie besäßen
ja keinen Mut, um sie zu behaupten.

29 (1) Nun hatten die Konsuln die Stimmung beiderseits
deutlich kennengelernt. Schließlich sprachen sie: »Sagt nein,
versammelte Väter, wir hätten euch nicht gewarnt. Es droht
ein großer Aufruhr. Wir fordern, daß diejenigen, die uns am
lautesten der Feigheit beschuldigen, uns bei der Truppenaushebung zur Seite stehen. Wir wollen den Kurs auch des
Strengsten unter euch befolgen, wenn ihr es einmal so
beschlossen habt.« (2) Sie kehrten zum Tribunal zurück und
ließen mit Absicht einen von denen namentlich aufrufen, die
ihnen am nächsten standen. Dieser blieb stehen und antwortete nicht; eine Menge anderer stellte sich im Kreis um ihn
herum, damit man ihn nicht mit Gewalt fortreißen könne. Da
schickten die Konsuln einen Gerichtsdiener zu ihm hin.
(3) Als man diesen wegjagte, riefen die Väter, die als Beisitzer
bei den Konsuln waren, das sei wahrhaftig eine Schmach und
Schande. Sie eilten vom Tribunal herab dem Gerichtsdiener
zu Hilfe. (4) Diesen hatte man nur daran gehindert, den
Mann festzunehmen, jetzt aber wandte man sich zum Angriff
gegen die Väter. Die Konsuln traten dazwischen und machten
dem Streit ein Ende. Es hatte dabei freilich, ohne Steinwürfe
und ohne Gebrauch von Waffen, mehr Geschrei und zornige
Erbitterung als Tätlichkeiten gegeben. (5) Mit viel Lärm

(5) Senatus tumultuose vocatus tumultuosius consulitur, quaestionem postulantibus iis qui pulsati fuerant, decernente ferocissimo quoque non sententiis magis quam clamore et strepitu. (6) Tandem cum irae resedissent, exprobrantibus consulibus nihilo plus sanitatis in curia quam in foro esse, ordine consuli coepit. Tres fuere sententiae. (7) P. Verginius rem non volgabat; de iis tantum qui fidem secuti P. Servili consulis Volsco Aurunco Sabinoque militassent bello, agendum censebat. (8) T. Larcius, non id tempus esse ut merita tantummodo exsolverentur; totam plebem aere alieno demersam esse, nec sisti posse ni omnibus consulatur; quin si alia aliorum sit condicio, accendi magis discordiam quam sedari. (9) Ap. Claudius, et natura immitis et efferatus hinc plebis odio, illinc patrum laudibus, non miseriis ait sed licentia tantum concitum turbarum et lascivire magis plebem quam saevire. (10) id adeo malum ex provocatione natum; quippe minas esse consulum, non imperium, ubi ad eos qui una peccaverint provocare liceat. (11) »Agedum,« inquit, »dictatorem, a quo provocatio non est, creemus; iam hic quo nunc omnia ardent conticescet furor. (12) Pulset tum mihi lictorem qui sciet ius de tergo vitaque sua penes unum illum esse cuius maiestatem violarit.«

30 (1) Multis, ut erat, horrida et atrox videbatur Appi sen-

wurde der Senat einberufen, und mit noch mehr Lärm tagte
er. Die Senatoren, die einige Püffe abbekommen hatten,
drangen auf eine Untersuchung, und die am meisten erbittert
waren, gaben ihre Meinung nicht durch ein Votum, sondern
eher durch lärmende Zurufe kund. (6) Die Konsuln bemerk-
ten tadelnd, es gäbe in der Kurie ebenso wenig Vernunft und
Besonnenheit wie auf dem Forum. Als sich daraufhin die
aufgeregten Gemüter endlich wieder beruhigt hatten, begann
man mit der ordnungsgemäßen Stimmabgabe. Es gab drei
verschiedene Meinungen. (7) Publius Verginius[55] machte
eine Einschränkung: Hilfsmaßnahmen sollten nur denjenigen
zugute kommen, die auf das Versprechen des Konsuls
Publius Servilius hin am Krieg gegen die Volsker, Aurunker
und Sabiner teilgenommen hätten. (8) Titus Larcius meinte,
es sei nicht an der Zeit, nur Verdienste zu belohnen. Die
gesamte Bürgerschaft gehe unter in einem Meer von Schulden, und man könne diesem Übel nur Einhalt gebieten, wenn
man allen Hilfe zukommen lasse. Im Gegenteil: Wenn man
den einen so und den andern anders behandle, dann werde die
Zwietracht mehr geschürt als eingedämmt. (9) Appius Claudius, schon von Natur aus schroff, war durch die Anfeindung
des Volkes wie durch die Lobsprüche der Väter in solch grim-
migem Hochmut, daß er sagte, an diesen Unruhen sei nicht
das Elend des Volkes schuld, sondern sein Übermaß an Freiheit. Das Volk sei eher zügellos als erbittert. (10) Das ganze
Übel sei nur aus dem Berufungsrecht erwachsen; die Konsuln
könnten ja nur drohen und keine Strafgewalt ausüben,
solange ein Übeltäter bei seinen Mittätern Berufung einlegen
könne. (11) »Wir wollen also«, sagte er, »einen Diktator
wählen, unter dem es kein Berufungsrecht gibt. Diese Wut,
die nun alles in Brand setzt, wird dann schon wieder verrauchen. (12) Dann soll sich nur einmal einer am Gerichtsdiener
vergreifen, wenn er weiß, daß eben der eine ihn an Leib und
Leben strafen kann, dessen Amtswürde er damit verletzt
hat.«
30 (1) Vielen erschien die Meinung des Appius streng und

tentia, rursus Vergini Larcique exemplo haud salubres; utique Larci putabant sententiam ⟨eam esse⟩ quae totam fidem
tolleret. Medium maxime et moderatum utroque consilium
Vergini habebatur; (2) sed factione respectuque rerum priva-
tarum, quae semper offecere officientque publicis consiliis,
Appius vicit, ac prope fuit ut dictator ille idem crearetur;
(3) quae res utique alienasset plebem periculosissimo tempore, cum Volsci Aequique et Sabini forte una omnes in armis
essent. (4) Sed curae fuit consulibus et senioribus patrum, ut
imperium sua vi vehemens mansueto permitteretur ingenio:
(5) M'. Valerium dictatorem Volesi filium creant. Plebes etsi
adversus se creatum dictatorem videbat, tamen cum provoca-
tionem fratris lege haberet, nihil ex ea familia triste nec
superbum timebat; (6) edictum deinde a dictatore proposi-
tum confirmavit animos, Servili fere consulis edicto conve-
niens; sed et homini et potestati melius rati credi, omisso
certamine nomina dedere. (7) Quantus nunquam ante exercitus, legiones decem effectae; ternae inde datae consulibus,
quattuor dictator usus.
(8) Nec iam poterat bellum differri. Aequi Latinum agrum
invaserant. Oratores Latinorum ab senatu petebant ut aut
mitterent subsidium aut se ipsos tuendorum finium causa
capere arma sinerent. (9) Tutius visum est defendi inermes
Latinos quam pati retractare arma. Vetusius consul missus

unbarmherzig, verständlicherweise, die Meinungen des Verginius und Larcius aber hielten sie für nachteilig, weil dadurch ein Präzedenzfall geschaffen werde. Das galt besonders für den Vorschlag des Larcius, der jegliches Kreditwesen aufhebe.[56] Am ehesten schien Verginius mit seinem Vorschlag einen Mittelweg und nach beiden Seiten hin eine maßvolle Lösung zu bieten. (2) Aber Parteigeist und Eigennutz, wie sie immer im Widerstreit mit dem öffentlichen Interesse standen und stehen werden, verhalfen Appius zum Sieg. Und er wäre sogar beinahe selbst zum Diktator gewählt worden. (3) Doch dies hätte das Volk zu sehr aufgebracht, zumal die Lage gerade äußerst gefährlich war. Denn die Volsker, die Aequer und die Sabiner standen alle zugleich unter Waffen. (4) Die Konsuln und die Älteren unter den Vätern sorgten jedoch dafür, daß ein Amt mit einer solch strengen Befehlsgewalt in mildere Hände kam: (5) Sie wählten Manius Valerius, den Sohn des Volesus, zum Diktator. Zwar sahen die Bürger, daß die Ernennung eines Diktators gegen sie gerichtet war, aber da sie das Berufungsrecht dem Bruder des Diktators verdankten, befürchteten sie von dieser Familie keine Kränkung oder Willkür. (6) Das bald darauf vom Diktator erlassene Edikt bestärkte sie in ihrer Zuversicht. Es war fast gleichlautend mit dem des Konsuls Servilius, sie waren aber überzeugt, diesem Manne und seinem Amt größeres Vertrauen schenken zu können. Daher gaben sie den Streit auf und meldeten sich zu den Waffen. (7) Es kam ein größeres Heer zusammen als je zuvor, mit zehn Legionen: drei erhielt jeder Konsul und vier der Diktator.

(8) Der Krieg ließ sich nun nicht länger aufschieben. Die Aequer waren in latinisches Gebiet eingefallen. Gesandte der Latiner forderten vom Senat, Rom solle entweder Hilfstruppen entsenden oder ihnen selbst gestatten, zum Schutz ihrer Grenzen die Waffen zu ergreifen. (9) Es erschien sicherer, die Latiner unbewaffnet zu lassen und sie zu verteidigen, als zu dulden, daß sie sich wieder bewaffneten. Man entsandte den Konsul Vetusius, und damit hörten die Raubzüge auf. Die

est; is finis populationibus fuit. Cessere Aequi campis, loco-
que magis quam armis freti summis se iugis montium tutaban-
tur. (10) Alter consul in Volscos profectus, ne et ipse tereret
tempus, vastandis maxime agris hostem ad conferenda propius castra dimicandumque acie excivit. (11) Medio inter
castra campo ante suum quisque vallum infestis signis consti-
tere. (12) Multitudine aliquantum Volsci superabant; itaque
effusi et contemptim pugnam iniere. Consul Romanus nec
promovit aciem, nec clamorem reddi passus defixis pilis stare
suos iussit: ubi ad manum venisset hostis, tum coortos tota vi
gladiis rem gerere. (13) Volsci cursu et clamore fessi cum se
velut stupentibus metu intulissent Romanis, postquam
impressionem sensere ex adverso factam et ante oculos micare
gladios, haud secus quam si in insidias incidissent, turbati
vertunt terga; et ne ad fugam quidem satis virium fuit, quia
cursu in proelium ierant. (14) Romani contra, quia principio
pugnae quieti steterant, vigentes corporibus, facile adepti fessos, et castra impetu ceperunt et castris exutum hostem Velitras persecuti uno agmine victores cum victis in urbem inru-
pere; (15) plusque ibi sanguinis promiscua omnium generum
caede quam in ipsa dimicatione factum. Paucis data venia, qui
inermes in deditionem venerunt.

31 (1) Dum haec in Volscis geruntur, dictator Sabinos, ubi
longe plurimum belli fuerat, fundit fugatque; exuit castris.

Aequer räumten das flache Land; sie setzten mehr Vertrauen auf eine sichere Stellung als in ihre Streitmacht und zogen sich daher in den Schutz der Bergeshöhen zurück. (10) Der andere Konsul war gegen die Volsker ins Feld gezogen, und um seinerseits keine Zeit zu verlieren, nötigte er den Feind, vor allem durch Verwüstung der Äcker, sein Lager näher heranzurücken und die Schlacht anzunehmen. (11) In der Mitte zwischen beiden Lagern standen die Heere gefechtsbereit vor ihren Wällen. (12) Die Volsker waren erheblich in der Überzahl; daher begannen sie weit auseinandergezogen und lässig mit dem Angriff. Der römische Konsul aber ließ weder das Heer vorrücken noch das Feldgeschrei erwidern. Er befahl den Soldaten, bei ihren aufgepflanzten Wurfspießen stehenzubleiben. Sobald der Feind in Reichweite gekommen sei, sollten sie mit voller Kraft den Angriff mit den Schwertern führen. (13) Die Volsker waren, vom Lauf und vom Geschrei schon ermattet, auf die scheinbar von Furcht gelähmten Römer losgegangen. Als sie nun merkten, wie sich auf der Gegenseite der Widerstand formierte, und sie vor ihren Augen Schwerter blitzen sahen, da wandten sie sich in Verwirrung zur Flucht, als seien sie in einen Hinterhalt geraten. Und selbst zum Fliehen hatten sie nicht genügend Kraft, da sie in vollem Lauf ins Gefecht gestürmt waren. (14) Die Römer aber, die zu Beginn der Schlacht ruhig gestanden hatten, waren noch bei frischen Kräften. Sie holten die Erschöpften mühelos ein, nahmen das Lager im Sturmangriff, jagten den Feind aus dem Lager und verfolgten ihn bis nach Velitrae. In einem Zug drangen Sieger und Besiegte zugleich in die Stadt ein. (15) Hier gab es, weil unterschiedslos alles niedergemacht wurde, mehr Blutvergießen als in der Schlacht selbst. Man verschonte nur wenige, die sich unbewaffnet ergeben hatten.

31 (1) Während dies bei den Volskern geschah, errang der Diktator einen vollständigen Sieg über die Sabiner, die bei weitem die stärksten Kriegsgegner gewesen waren. Er schlug sie in die Flucht und nahm ihr Lager ein. (2) Er hatte die

(2) Equitatu immisso mediam turbaverat hostium aciem, qua, dum se cornua latius pandunt, parum apte introrsus ordinibus aciem firmaverant; turbatos pedes invasit. Eodem impetu castra capta debellatumque est. (3) Post pugnam ad Regillum lacum non alia illis annis pugna clarior fuit. Dictator triumphans urbem invehitur. Super solitos honores locus in circo ipsi posterisque ad spectaculum datus; sella in eo loco curulis posita. (4) Volscis devictis Veliternus ager ademptus; Velitras coloni ab urbe missi et colonia deducta. Cum Aequis post aliquanto pugnatum est, invito quidem consule quia loco iniquo subeundum erat ad hostes; (5) sed milites extrahi rem criminantes ut dictator priusquam ipsi redirent in urbem magistratu abiret inritaque, sicut ante consulis, promissa eius caderent, perpulere ut forte temere in adversos montes agmen erigeret. (6) Id male commissum ignavia hostium in bonum vertit, qui, priusquam ad coniectum teli veniretur, obstupefacti audacia Romanorum, relictis castris quae munitissimis tenuerant locis, in aversas valles desiluere; ibi satis praedae et victoria incruenta fuit.

(7) Ita trifariam re bello bene gesta, de domesticarum rerum eventu nec patribus nec plebi cura decesserat: tanta cum gratia tum arte praeparaverant feneratores quae non modo plebem sed ipsum etiam dictatorem frustrarentur. (8) Namque Vale-

Reiterei gegen die Feinde geschickt und ihr Zentrum ins Wanken gebracht. Dort hatten sie, bei einer zu weiten Ausdehnung auf den Flügeln, die Glieder nach innen hin nicht genügend verstärkt.[57] Wo sie ins Wanken geraten waren, brach das römische Fußvolk durch. Im gleichen Ansturm wurde das Lager eingenommen, und der Feldzug war beendet. (3) Seit der Schlacht am See Regillus hatte es in jenen Jahren kein Gefecht gegeben, das so glänzend ausgegangen war. Der Diktator zog im Triumph in Rom ein. Zu den üblichen Ehren erhielt er für sich und seine Nachkommen noch einen Ehrenplatz im Circus bei den Spielen. Man stellte auf diesem Platz einen kurulischen Sessel[58] auf. (4) Den besiegten Volskern wurde das Gebiet von Velitrae abgenommen. Man schickte von Rom aus Siedler dorthin und machte es zu einer Kolonie. Mit den Aequern kam es erst später zur Schlacht. Nur ungern ließ sich der Konsul darauf ein, da man den Feind in ungünstigem Gelände von unten her angreifen mußte. (5) Die Soldaten warfen dem Konsul jedoch Verzögerungstaktik vor: Der Diktator könne, bevor sie nach Rom zurückgekehrt seien, sein Amt niederlegen, und die Versprechungen, die er ihnen gemacht habe, blieben dann unerfüllt, ebenso wie zuvor die des Konsuls. Dadurch brachten sie ihn so weit, daß er sie auf gut Glück in die Berge hinaufmarschieren ließ. (6) Das unüberlegte Unternehmen ging durch die Feigheit der Feinde gut aus: Denn bevor man noch auf Wurfweite herangekommen war, gaben die Aequer, ganz verstört durch die Kühnheit der Römer, ihr Lager auf, das ihnen eine äußerst sichere Stellung geboten hatte, und stiegen eilends hinab in die rückwärtigen Täler. Da gab es genügend Beute und einen unblutigen Sieg.

(7) Nach drei Seiten hin war der Krieg erfolgreich geführt worden, die Sorgen im Innern aber ließen Väter und Volk nicht los. Die Geldverleiher hatten nämlich all ihren Einfluß und ihre Geschäftstüchtigkeit aufgeboten, um nicht nur die Erwartungen des Volkes, sondern sogar die des Diktators zunichte zu machen. (8) Nach der Rückkehr des Konsuls

rius post Vetusi consulis reditum omnium actionum in senatu primam habuit pro victore populo, rettulitque quid de nexis fieri placeret. (9) Quae cum reiecta relatio esset, »Non placeo« inquit »concordiae auctor. Optabitis, mediusfidius, propediem, ut mei similes Romana plebes patronos habeat. Quod ad me attinet, neque frustrabor ultra cives meos neque ipse frustra dictator ero. (10) Discordiae intestinae, bellum externum fecere, ut hoc magistratu egeret res publica: pax foris parta est, domi impeditur; privatus potius quam dictator seditioni interero.« Ita curia egressus dictatura se abdicavit. (11) Apparuit causa plebi, suam vicem indignantem magistratu abisse; itaque velut persoluta fide, quoniam per eum non stetisset quin praestaretur, decedentem domum cum favore ac laudibus prosecuti sunt.

32 (1) Timor inde patres incessit ne, si dimissus exercitus foret, rursus coetus occulti coniurationesque fierent. Itaque quamquam per dictatorem dilectus habitus esset, tamen quoniam in consulum verba iurassent sacramento teneri militem rati, per causam renovati ab Aequis belli educi ex urbe legiones iussere. Quo facto maturata est seditio. (2) Et primo agitatum dicitur de consulum caede, ut solverentur sacramento; doctos deinde nullam scelere religionem exsolvi, Sicinio quodam auctore iniussu consulum in Sacrum montem secessisse. Trans Anienem amnem est, tria ab urbe milia passuum.

Vetusius stellte Valerius nämlich sogleich den ersten Antrag
zugunsten des siegreichen Volkes; er forderte eine Entscheidung über die Behandlung der Schuldpflichtigen. (9) Als sein
Antrag abgewiesen wurde, sagte er: »Ich finde keine Zustimmung als Befürworter der Eintracht. Ihr werdet bei Gott
nächstens noch wünschen, daß das römische Volk solche
Fürsprecher hat, wie ich es bin. Was mich betrifft, so werde
ich weder meinen Mitbürgern länger vergebliche Hoffnungen
machen noch selbst vergebens Diktator sein. (10) Innere
Zwietracht und auswärtiger Krieg haben dazu geführt, daß
der Staat dieses Amt nötig hatte. Den Frieden nach außen
haben wir erreicht, im Innern verhindert man ihn. So will ich,
wenn ich einen Aufruhr miterleben muß, lieber Privatmann
als Diktator sein.« Mit diesen Worten verließ er die Kurie und
legte die Diktatur nieder. (11) Den Bürgern war es klar, daß
er aus Entrüstung über ihre Lage sein Amt niedergelegt hatte.
Deshalb gaben sie ihm mit Beifall und Lob das Geleit nach
Hause, so als ob er sein Versprechen eingelöst hätte. Denn es
sei ja nicht seine Schuld gewesen, daß es unerfüllt geblieben
war.

32 (1) Nun gerieten die Väter in Furcht, es könne nach der
Entlassung des Heeres wieder zu geheimen Versammlungen
und Verschwörungen kommen. Obwohl der Diktator die
Truppenwerbung durchgeführt hatte, erklärten sie daher die
Soldaten weiterhin für zum Kriegsdienst verpflichtet, da sie ja
den Fahneneid vor den Konsuln abgelegt hätten. Mit der
Begründung, die Aequer hätten erneut Krieg angefangen,
gaben sie den Legionen den Befehl, aus der Stadt abzumar-
schieren. Das brachte die Empörung beschleunigt zum Ausbruch. (2) Zuerst soll man darüber beraten haben, sich durch
die Ermordung der Konsuln vom Fahneneid zu befreien. Als
die Bürger aber belehrt wurden, man könne eine religiöse
Verpflichtung nicht durch ein Verbrechen lösen, seien sie auf
den Rat eines gewissen Sicinius ohne Befehl der Konsuln auf
den Heiligen Berg hinausgezogen. Dieser liegt jenseits des
Flusses Anio, drei Meilen von der Stadt entfernt. (3) Diese

(3) Ea frequentior fama est quam cuius Piso auctor est, in Aventinum secessionem factam esse. (4) Ibi sine ullo duce vallo fossaque communitis castris quieti, rem nullam nisi necessariam ad victum sumendo, per aliquot dies neque lacessiti neque lacessentes sese tenuere. (5) Pavor ingens in urbe, metuque mutuo suspensa erant omnia. Timere relicta ab suis plebes violentiam patrum; timere patres residem in urbe plebem, incerti manere eam an abire mallent: (6) quamdiu autem tranquillam quae secesserit multitudinem fore? quid futurum deinde si quod externum interim bellum exsistat? (7) Nullam profecto nisi in concordia civium spem reliquam ducere; eam per aequa, per iniqua reconciliandam civitati esse.
(8) Sic placuit igitur oratorem ad plebem mitti Menenium Agrippam, facundum virum et, quod inde oriundus erat, plebi carum. Is intromissus in castra prisco illo dicendi et horrido modo nihil aliud quam hoc narrasse fertur: (9) tempore quo in homine non ut nunc omnia in unum consentiant, sed singulis membris suum cuique consilium, suus sermo fuerit, indignatas reliquas partes sua cura, suo labore ac ministerio ventri omnia quaeri, ventrem in medio quietum nihil aliud quam datis voluptatibus frui; (10) conspirasse inde ne manus ad os cibum ferrent, nec os acciperet datum, nec dentes conficerent. hac ira, dum ventrem fame domare vellent, ipsa una membra totumque corpus ad extremam tabem venisse.

Angabe findet sich öfter als die von Piso überlieferte, wonach der Auszug auf den Aventin erfolgt sei.[59] (4) Hier schlugen sie ohne Anführer ein festes Lager mit Wall und Graben auf. Mehrere Tage hielten sie sich ruhig dort auf, wurden von niemand angegriffen und griffen auch selbst keinen an und nahmen sich nichts als nur das Nötigste zum Lebensunterhalt. (5) In der Stadt herrschte gewaltiger Schrecken; alles schwebte in gegenseitiger Furcht. Die Bürger fürchteten, von den Ihrigen verlassen, Gewaltmaßnahmen von Seiten der Väter, die Väter fürchteten sich vor den in der Stadt zurückgebliebenen Bürgern. Sie wußten nicht, was sie lieber wollten: Sollten diese bleiben oder auch abziehen? (6) Wie lange würde die Volksmenge, die fortgezogen war, sich noch ruhig verhalten? Was würde dann geschehen, wenn inzwischen ein auswärtiger Krieg ausbrechen sollte? (7) Die einzige Hoffnung schien ihnen in der Eintracht zwischen den Bürgern zu bestehen; sie müsse man dem Staat wiedergewinnen, koste es, was es wolle.

(8) Man beschloß also, Menenius Agrippa als Unterhändler zum Volk zu schicken. Er war ein redegewandter Mann und, weil er selbst aus dem Volk stammte, bei diesem beliebt. Er wurde ins Lager eingelassen und soll in der altertümlich-schlichten Art von damals einfach folgendes erzählt haben: (9) Einst, als im Menschen noch nicht wie heute alles einheitlich verbunden war, als jedes der einzelnen Glieder des Körpers seinen Willen, seine eigene Sprache hatte, empörten sich die übrigen Glieder, daß sie ihre Sorge und Mühe und ihre Dienste nur aufwendeten, um alles für den Magen herbeizuschaffen. Der Magen aber liege ruhig mittendrin und tue nichts anderes, als sich an den dargebotenen Genüssen zu sättigen. (10) Sie verabredeten sich also folgendermaßen: Die Hände sollten keine Speise mehr zum Munde führen, der Mund nichts Angebotenes mehr annehmen, die Zähne nichts mehr zerkleinern. Während sie nun in ihrer Erbitterung den Magen durch Aushungern bezwingen wollten, kamen die einzelnen Glieder alle zugleich mit dem ganzen Körper an

(11) inde apparuisse ventris quoque haud segne ministerium esse, nec magis ali quam alere eum, reddentem in omnes corporis partes hunc quo vivimus vigemusque, divisum pariter in venas maturum confecto cibo sanguinem. (12) Comparando hinc quam intestina corporis seditio similis esset irae plebis in patres, flexisse mentes hominum.

33 (1) Agi deinde de concordia coeptum, concessumque in condiciones ut plebi sui magistratus essent sacrosancti quibus auxilii latio adversus consules esset, neve cui patrum capere eum magistratum liceret. (2) Ita tribuni plebei creati duo, C. Licinius et L. Albinius; hi tres collegas sibi creaverunt. In his Sicinium fuisse, seditionis auctorem; de duobus, qui fuerint, minus convenit. (3) Sunt qui duos tantum in Sacro monte creatos tribunos esse dicant, ibique sacratam legem latam.

Per secessionem plebis Sp. Cassius et Postumus Cominius consulatum inierunt. (4) Iis consulibus cum Latinis populis ictum foedus. Ad id feriendum consul alter Romae mansit: alter ad Volscum bellum missus Antiates Volscos fundit fugatque; compulsos in oppidum Longulam persecutus moenibus potitur. (5) Inde protinus Poluscam, item Volscorum, cepit; tum magna vi adortus est Coriolos. Erat tum in castris inter primores iuvenum Cn. Marcius, adulescens et consilio et manu promptus, cui cognomen postea Coriolano fuit. (6) Cum subito exercitum Romanum Coriolos obsiden-

den Rand völliger Entkräftung. (11) Da sahen sie ein, daß sich auch die Aufgabe des Magens durchaus nicht in faulem Nichtstun erschöpfte, daß er ebensosehr andere ernähre, wie er selbst ernährt werde. Er bringe ja das Blut, das durch die Verarbeitung der Speisen gebildet wird und durch das wir leben und bei Kräften bleiben, gleichmäßig auf die Adern verteilt in alle Glieder des Körpers.[60] (12) Indem er durch den Vergleich zeigte, wie dieser Aufruhr im Körper Ähnlichkeit hatte mit der Erbitterung des Volkes gegen die Väter,[61] soll er die Gemüter umgestimmt haben.

33 (1) Man begann nun, über eine Aussöhnung zu verhandeln, und es wurden den Bürgern eigene Beamte zugestanden. Diese sollten unverletzlich sein und das Recht zur Hilfeleistung gegen die Konsuln besitzen. Keiner der Väter dürfe dieses Amt übernehmen. (2) So wurden zwei Volkstribunen gewählt, Gaius Licinius und Lucius Albinius; diese wieder wählten sich noch zwei Amtskollegen. Unter diesen soll auch Sicinius gewesen sein, der zum Auszug aus der Stadt geraten hatte. Wer die beiden anderen waren, darüber ist man sich nicht einig. (3) Es heißt auch, man habe auf dem Heiligen Berg nur zwei Tribunen gewählt,[62] und es sei dort auch ein feierlich beschworenes Gesetz gegeben worden.[63] Während das Volk auf den Heiligen Berg ausgezogen war, hatten Spurius Cassius und Postumus Cominius das Konsulat angetreten [493]. (4) Unter diesen Konsuln wurde ein Bündnis mit den Völkern Latiums abgeschlossen.[64] Zum Vertragsschluß blieb einer der Konsuln in Rom, der andere wurde zum Feldzug gegen die Volsker entsandt. Er schlug die Volsker von Antium vernichtend, verfolgte die Geschlagenen bis nach Longula und eroberte die Stadt. (5) Darauf nahm er Polusca ein, ebenfalls eine Stadt der Volsker. Dann sammelte er alle Kraft zum Angriff auf Corioli. Unter den adligen Jungmannschaft im Lager befand sich damals Gnaeus Marcius, ein junger Mann, rasch entschlossen zu Rat und Tat, der später den Beinamen Coriolanus erhielt. (6) Das römische Heer, das Corioli belagerte, richtete all seine Aufmerksamkeit auf

tem atque in oppidanos quos intus clausos habebat intentum,
sine ullo metu extrinsecus imminentis belli, Volscae legiones
profectae ab Antio invasissent, eodemque tempore ex oppido
erupissent hostes, forte in statione Marcius fuit. (7) Is cum
delecta militum manu non modo impetum erumpentium ret-
tudit, sed per patentem portam ferox inrupit caedeque in proxima urbis facta ignem temere arreptum imminentibus muro
aedificiis iniecit. (8) Clamor inde oppidanorum mixtus
muliebri puerilique ploratu ad terrorem, ut solet, primum
ortus et Romanis auxit animum et turbavit Volscos utpote
capta urbe qui ad ferendam opem venerant. (9) Ita fusi Volsci
Antiates, Corioli oppidum captum: tantumque sua laude
obstitit famae consulis Marcius ut, nisi foedus cum Latinis
⟨in⟩ columna aenea insculptum monumento esset ab Sp. Cas-
sio uno, quia collega afuerat, ictum, Postumum Cominium
bellum gessisse cum Volscis memoria cessisset.

(10) Eodem anno Agrippa Menenius moritur, vir omni vita
pariter patribus ac plebi carus, post secessionem carior plebi
factus. (11) Huic interpreti arbitroque concordiae civium,
legato patrum ad plebem, reductori plebis Romanae in urbem
sumptus funeri defuit; extulit eum plebs sextantibus conlatis
in capita.

34 (1) Consules deinde T. Geganius P. Minucius facti. Eo

die in der Stadt eingeschlossenen Feinde und fürchtete keinerlei Angriffe von außen her. Da wurden sie plötzlich von einem Volskerheer aus Antium angegriffen, und zum gleichen Zeitpunkt machten auch die Feinde aus der Stadt einen Ausfall. Dort stand Marcius gerade auf Posten. (7) Mit einer ausgewählten Mannschaft schlug er nicht nur den Ausfall der Feinde zurück, sondern drang in seinem Kampfeseifer sogar durch das offenstehende Tor in die Stadt ein. Er richtete in den nächstgelegenen Stadtteilen ein Blutbad an, dann riß er im Vorübereilen einen Feuerbrand an sich und warf ihn in die Häuser an der Mauer. (8) Darauf erhob sich, wie dies im ersten Schrecken gewöhnlich geschieht, ein Geschrei unter den Stadtbewohnern, in das sich das Jammern von Frauen und Kindern mischte. Dies stärkte den Mut der Römer, die Volsker aber gerieten in Bestürzung, war doch die Stadt, die sie retten wollten, bereits erobert. (9) So wurden die Volsker von Antium geschlagen und die Stadt Corioli erobert. Marcius stellte durch seine Ruhmestat den Konsul völlig in den Schatten.[65] Man wüßte jetzt gar nicht mehr, daß Postumus Cominius den Krieg mit den Volskern geführt hat, wenn das Bündnis mit den Latinern nicht in einer Inschrift auf einer ehernen Säule festgehalten worden wäre. Dort heißt es, Spurius Cassius habe dieses Bündnis allein abgeschlossen, weil sein Kollege im Feld war.

(10) Im gleichen Jahr starb Agrippa Menenius, ein Mann, der während seines ganzen Lebens bei den Vätern wie beim Volk gleichermaßen geschätzt wurde. Nach dem Auszug des Volkes genoß er noch größere Liebe beim Volk. (11) Er hatte die Eintracht unter den Bürgern befürwortet und vermittelt, er hatte als Abgesandter der Väter an das Volk dieses wieder in die Stadt zurückgeführt – und nun hinterließ er nicht einmal genügend Geld für sein Leichenbegängnis. Die Bürger bestatteten ihn auf ihre Kosten, wobei jeder sein Scherflein beitrug.

34 (1) Darauf wurden Titus Geganius und Publius Minucius zu Konsuln gewählt [492]. In diesem Jahr hatte man von

anno cum et foris quieta omnia a bello essent et domi sanata
discordia, aliud multo gravius malum civitatem invasit,
(2) caritas primum annonae ex incultis per secessionem plebis
agris, fames deinde, qualis clausis solet. (3) Ventumque ad
interitum servitiorum utique et plebis esset, ni consules pro-
vidissent dimissis passim ad frumentum coemendum, non in
Etruriam modo dextris ab Ostia litoribus laevoque per Volscos mari usque ad Cumas, sed quaesitum in Siciliam quoque;
adeo finitimorum odia longinquis coegerant indigere auxiliis.
(4) Frumentum Cumis cum coemptum esset, naves pro bonis
Tarquiniorum ab Aristodemo tyranno, qui heres erat, reten-
tae sunt; in Volscis Pomptınoque ne emi quidem potuit; periculum quoque ab impetu hominum ipsis frumentatoribus
fuit; ex Tuscis frumentum Tiberi venit; (5) eo sustentata est
plebs. Incommodo bello in tam artis commeatibus vexati
forent, ni Volscos iam moventes arma pestilentia ingens inva-
sisset. (6) Ea clade conterritis hostium animis, ut etiam, ubi ea
remisisset, terrore aliquo tenerentur, et Velitris auxere
numerum colonorum Romani, et Norbam in montes novam
coloniam, quae arx in Pomptino esset, miserunt.
(7) M. Minucio deinde et A. Sempronio consulibus magna vis
frumenti ex Sicilia advecta, agitatumque in senatu quanti plebi
daretur. (8) Multi venisse tempus premendae plebis putabant
reciperandique iura quae extorta secessione ac vi patribus

auswärtigen Kriegen überall Ruhe, und im Innern waren die
Wunden der Zwietracht geheilt – da traf das Gemeinwesen
ein anderes, weit schlimmeres Übel: (2) zunächst eine Ver-
teuerung der Lebensmittel, da die Äcker während des Aus-
zugs des Volkes nicht bebaut worden waren, und dann eine
Hungersnot, wie man sie nur von Belagerungen her kennt.
(3) Die Sklaven und auch Teile des Volkes wären sicherlich
umgekommen, wenn die Konsuln nicht vorgesorgt und überall Abgesandte hingeschickt hätten, um Getreide aufzukau-
fen, und zwar nicht nur nach Etrurien, nordwärts an der
Küste von Ostia hin, und ins Volskerland südwärts am Meer
bis hin nach Cumae, ja man fragte sogar in Sizilien nach. Die
Feindschaft mit den nächsten Nachbarn zwang sie, so weit
entfernt Hilfe zu suchen. (4) Als man in Cumae Getreide
gekauft hatte, beschlagnahmte der Tyrann Aristodemos die
Schiffe als Ersatz für das Vermögen der Tarquinier, deren
Erbe er war. Bei den Volskern und im Pomptinischen Gebiet
gestattete man erst gar keinen Ankauf; ja es drohte den
Getreideaufkäufern Gefahr, von der Menge tätlich angegriffen zu werden.[66] Aus Etrurien kam Getreide den Tiber hinab;
(5) dadurch wurde der Lebensunterhalt der Bürger gesichert.
Sie hätten bei dieser knappen Versorgung noch sehr zur
Unzeit einen Krieg zu erleiden gehabt, wenn bei den Volskern, die schon rüsteten, nicht eine schwere Seuche ausgebro-
chen wäre. (6) Dieses Unglück verstörte die Feinde so sehr,
daß sie auch, als die Seuche nachgelassen hatte, weiterhin in
Schrecken lebten. So konnten die Römer die Zahl ihrer Siedler in Velitrae vermehren und auf den Höhen von Norba eine
neue Kolonie einrichten, die wie eine Burg das Pomptinische
Gebiet beherrschen sollte.
(7) Unter den nun folgenden Konsuln Marcus Minucius und
Aulus Sempronius [491] traf eine große Menge Getreide aus
Sizilien ein. Im Senat verhandelte man darüber, zu welchem
Preis man es den Bürgern abgeben sollte.[67] (8) Viele hielten
nun den Zeitpunkt für gekommen, Druck auf die Bürgerschaft auszuüben und die Vorrechte wiederzugewinnen, die

essent. In primis Marcius Coriolanus, hostis tribuniciae potestatis, (9) »Si annonam« inquit »veterem volunt, ius pristinum reddant patribus. Cur ego plebeios magistratus, cur Sicinium potentem video, sub iugum missus, tamquam ab latronibus redemptus? (10) Egone has indignitates diutius patiar quam necesse est? Tarquinium regem qui non tulerim, Sicinium feram? Secedat nunc; avocet plebem; patet via in Sacrum montem aliosque colles; rapiant frumenta ex agris nostris, quemadmodum tertio anno ⟨ante⟩ rapuere. Utantur annona quam furore suo fecere. (11) Audeo dicere hoc malo domitos ipsos potius cultores agrorum fore quam ut armati per secessionem coli prohibeant.« (12) Haud tam facile dictu est faciendumne fuerit quam potuisse arbitror fieri ut condicionibus laxandi annonam et tribuniciam potestatem et omnia invitis iura imposita patres demerent sibi.

35 (1) Et senatui nimis atrox visa sententia est et plebem ira prope armavit. Fame se iam sicut hostes peti, cibo victuque fraudari; peregrinum frumentum, quae sola alimenta ex insperato fortuna dederit, ab ore rapi nisi Cn. Marcio vincti dedantur tribuni, nisi de tergo plebis Romanae satisfiat; eum sibi carnificem novum exortum, qui aut mori aut servire

den Vätern durch den Auszug des Volkes und mit Gewalt abgetrotzt worden waren. Diese Ansicht vertrat vor allem Marcius Coriolanus, ein erklärter Gegner der tribunizischen Gewalt. (9) Er sagte: »Wenn sie einen Kornpreis wie früher haben wollen, dann müssen sie auch den Vätern ihre früheren Rechte zurückgeben. Warum muß ich Bürgerbeamte und einen Sicinius an der Macht sehen, während ich so gedemütigt bin, als ob ich mich von Räubern freigekauft hätte?[68] (10) Soll ich diese unwürdigen Zustände länger als nötig hinnehmen? Ich habe den König Tarquinius nicht ertragen können – soll ich einen Sicinius dulden? Er mag nur hinausziehen, er mag das Volk mit sich nehmen: Der Weg ist frei zum Heiligen Berg und zu den anderen Hügeln. Sollen sie das Korn von unseren Feldern rauben, wie sie es vor zwei Jahren taten. Sie sollen nun die Teuerung des Getreides auskosten, die sie durch ihr Wahnsinnsunternehmen selbst herbeigeführt haben. (11) Ich bin sicher, sie werden durch dieses Übel so zahm werden, daß sie lieber wieder selbst die Äcker bebauen, als durch einen bewaffneten Auszug die Feldbestellung zu verhindern.« (12) Ob man dementsprechend hätte handeln sollen oder nicht, das ist nicht so leicht zu entscheiden. Man kann es, meine ich, aber durchaus für möglich halten, daß sich die Väter mit der Herabsetzung des Kornpreises von der tribunizischen Gewalt und allen ihnen gegen ihren Willen auferlegten Rechtsbeschränkungen hätten freikaufen können.

35 (1) Dem Senat erschien diese Meinung jedoch zu hart, und das Volk war vor Erbitterung nahe daran, zu den Waffen zu greifen. Nun wolle man sie aushungern wie Feinde, ihnen Speise und Lebensunterhalt entziehen. Das vom Ausland gesandte Getreide, dies einzige Nahrungsmittel, das ein unverhofftes Glück ihnen beschert habe, solle ihnen vom Munde weggerissen werden, wenn man dem Gnaeus Marcius nicht die Volkstribunen gefesselt ausliefere, wenn er sich nicht auf dem Rücken römischer Bürger Genugtuung verschaffen könne. Da sei ihnen ein neuer Bedrücker erstanden,

iubeat. (2) In exeuntem e curia impetus factus esset, ni peropportune tribuni diem dixissent. Ibi ira est suppressa; se iudicem quisque, se dominum vitae necisque inimici factum videbat. (3) Contemptim primo Marcius audiebat minas tribunicias: auxilii, non poenae ius datum illi potestati, plebisque, non patrum tribunos esse. Sed adeo infensa erat coorta plebs ut unius poena defungendum esset patribus. (4) Restiterunt tamen adversa invidia, usique sunt qua suis quisque, qua totius ordinis viribus. Ac primo temptata res est si dispositis clientibus absterrendo singulos a coitionibus conciliisque disicere rem possent. (5) Universi deinde processere – quidquid erat patrum, reos diceres – precibus plebem exposcentes, unum sibi civem, unum senatorem, si innocentem absolvere nollent, pro nocente donarent. (6) Ipse cum die dicta non adesset, perseveratum in ira est. Damnatus absens in Volscos exsulatum abiit, minitans patriae hostilesque iam tum spiritus gerens.

Venientem Volsci benigne excepere, benigniusque in dies colebant, quo maior ira in suos eminebat crebraeque nunc querellae, nunc minae percipiebantur. (7) Hospitio utebatur Atti Tulli. Longe is tum princeps Volsci nominis erat Romanisque semper infestus. Ita cum alterum vetus odium, alterum ira recens stimularet, consilia conferunt de Romano bello. (8) Haud facile credebant plebem suam impelli posse, ut

der ihnen nur die Wahl lasse zwischen Hungertod und Sklaverei. (2) Als er aus der Kurie kam, hätte man ihn tätlich
angegriffen, wenn nicht gerade im rechten Augenblick die
Tribunen ihn vor Gericht geladen hätten. Da legte sich der
Zorn; jeder fühlte sich zum Richter, zum Herrn über Leben
und Tod seines Feindes ernannt. (3) Anfangs hörte Marcius
die Anklagen der Tribunen[69] voller Geringschätzung an. Das
Recht des Beistandes gehöre zu diesem Amt, nicht das Recht
zur Bestrafung. Sie seien Tribunen des Volkes, nicht der
Väter. Aber die Bürger erhoben sich mit solcher Erbitterung,
daß sich die Väter nur durch die Verurteilung des einen retten
konnten. (4) Dennoch leisteten sie nach Kräften Widerstand,
soweit jeder einzelne und der gesamte Stand es vermochten,
so sehr sie sich damit auch dem Haß aussetzten. Zunächst
suchten sie die Anklage dadurch zu hintertreiben, daß sie
durch ihre Klienten[70] die Bürger einzeln vom Besuch der
Versammlungen und Zusammenkünfte abzuhalten trachte-
ten. (5) Dann traten sie alle gemeinsam auf – man hätte sämtliche Väter für Angeklagte halten können – und forderten
unter Bitten vom Volk, diesem einen Bürger, diesem einen,
der zudem Senator sei, wenn sie ihn schon nicht für unschul-
dig erklären wollten, ihnen zuliebe die Strafe zu erlassen.
(6) Als Marcius dem Gerichtstag fernblieb, verhärtete man
sich im Groll. Er wurde in Abwesenheit verurteilt und ging
zu den Volskern ins Exil, unter Drohungen gegen sein Vaterland und schon jetzt in feindseligem Trotz.
Die Volsker nahmen ihn bei seiner Ankunft freundlich auf
und wurden von Tag zu Tag freundlicher zu ihm, je mehr er
sich durch zornige Reden gegen seine Landsleute hervortat
und häufig bald Klagen, bald Drohungen vernehmen ließ.
(7) Er genoß die Gastfreundschaft des Attius Tullius. Dieser
war damals der weitaus angesehenste Mann unter den Volskern und schon immer ein entschiedener Gegner der Römer.
Da den einen also sein alter Haß, den anderen sein frischer
Grimm anstachelte, schmiedeten sie gemeinsam Pläne zum
Krieg gegen Rom. (8) Freilich waren sie überzeugt, daß es

totiens infeliciter temptata arma caperent: multis saepe bellis,
pestilentia postremo amissa iuventute fractos spiritus esse;
arte agendum in exoleto iam vetustate odio, ut recenti aliqua
ira exacerbarentur animi.

36 (1) Ludi forte ex instauratione magni Romae parabantur.
Instaurandi haec causa fuerat. Ludis mane servum quidam
pater familiae, nondum commisso spectaculo, sub furca ⟨vir-
gis⟩ caesum medio egerat circo; coepti inde ludi, velut ea res
nihil ad religionem pertinuisset. (2) Haud ita multo post T.
Latinio, de plebe homini, somnium fuit; visus Iuppiter dicere
sibi ludis praesultatorem displicuisse, nisi magnifice instau-
rarentur ii ludi, periculum urbi fore; iret, ea consulibus nun-
tiaret. (3) Quamquam haud sane liber erat religione animus,
verecundia tamen maiestatis magistratuum timorem vicit, ne
in ora hominum pro ludibrio abiret. (4) Magno illi ea cunc-
tatio stetit; filium namque intra paucos dies amisit. Cuius
repentinae cladis ne causa dubia esset, aegro animi eadem illa
in somnis obversata species visa est rogitare, satin magnam
spreti numinis haberet mercedem; maiorem instare ni eat propere ac nuntiet consulibus. (5) Iam praesentior res erat.
Cunctantem tamen ac prolatantem ingens vis morbi adorta est
debilitate subita. (6) Tunc enimvero deorum ira admonuit.
Fessus igitur malis praeteritis instantibusque, consilio pro-
pinquorum adhibito, cum visa atque audita et obversatum

schwer sein würde, die Volsker nach so vielen unglücklichen
Versuchen zu einem neuen Waffengang zu bewegen. In vielen
Kriegen und zuletzt bei der Seuche hatten sie ihre wehrfähi-
gen Bürger eingebüßt und damit jeden Kampfgeist verloren.
Ihr Haß sei im Lauf der Zeit erloschen, und man müsse zur
List greifen, um die Gemüter durch einen neuen Streitpunkt
wieder in Erbitterung zu versetzen.

36 (1) In Rom war man gerade dabei, die Großen Spiele[71]
zum zweiten Mal zu veranstalten. Der Grund für diese Wie-
derholung war folgender: Am Morgen des Festtags, vor
Beginn der Veranstaltungen, hatte ein Hausvater seinen Sklaven ins Gabelkreuz gesteckt und unter Schlägen mitten durch
den Circus getrieben. Man begann die Spiele, als ob dieser
Vorfall keinerlei Folgen für die heilige Feier hätte. (2) Bald
darauf hatte Titus Latinus, ein Mann aus dem Volk, einen
Traum. Jupiter erschien ihm und erklärte, der Vortänzer bei
den Spielen habe ihm mißfallen. Falls die Spiele nicht mit aller
Pracht von neuem gefeiert würden, drohe der Stadt Gefahr.
Der Mann solle gehen und dies den Konsuln melden. (3) Er
war zwar durchaus von frommer Gesinnung, aber der
Respekt vor der Würde der hohen Amtsträger war größer als
seine Scheu vor den Göttern, fürchtete er doch, von der
Menge verlacht zu werden. (4) Sein Zaudern kam ihn teuer zu
stehen: Innerhalb weniger Tage verlor er seinen Sohn. Damit
er über die Ursache seines plötzlichen Verlustes nicht im
Unklaren bliebe, erschien dem Mann in seiner Trauer das
gleiche Traumbild abermals und fragte, ob er nun ausrei-
chend belohnt sei für seine Mißachtung des göttlichen Auf-
trags. Es drohe ihm noch größeres Unheil, wenn er nicht
eilends zu den Konsuln gehe und ihnen das Geschehene
melde. (5) Nun war die Sache noch weit dringender. Aber der
Mann zögerte dennoch und schob alles hinaus. Da befiel ihn
eine heftige Krankheit mit einer plötzlichen Lähmung.
(6) Nun endlich ließ er sich vom göttlichen Zorn mahnen.
Erschöpft von der Last der bereits erduldeten und noch drohenden Leiden berief er einen Familienrat ein. Er erzählte,

totiens somno Iovem, minas irasque caelestes repraesentatas
casibus suis exposuisset, consensu inde haud dubio omnium
qui aderant, in forum ad consules lectica defertur. (7) Inde in
curiam iussu consulum delatus, eadem illa cum patribus
ingenti omnium admiratione enarrasset, ecce aliud mira-
culum: (8) qui captus omnibus membris delatus in curiam
esset, eum functum officio pedibus suis domum redisse traditum memoriae est.

37 (1) Ludi quam amplissimi ut fierent senatus decrevit. Ad
eos ludos auctore Attio Tullio vis magna Volscorum venit.
(2) Priusquam committerentur ludi, Tullius, ut domi compo-
situm cum Marcio fuerat, ad consules venit; dicit esse quae
secreto agere de re publica velit. (3) Arbitris remotis, »Invi-
tus,« inquit, »quod sequius sit, de meis civibus loquor. Non
tamen admissum quicquam ab iis criminatum venio, sed cautum ne admittant. (4) Nimio plus quam velim nostrorum
ingenia sunt mobilia. (5) Multis id cladibus sensimus, quippe
qui non nostro merito sed vestra patientia incolumes simus.
Magna hic nunc Volscorum multitudo est; ludi sunt; spectaculo intenta civitas erit. (6) Memini quid per eandem occasionem ab Sabinorum iuventute in hac urbe commissum sit;
horret animus, ne quid inconsulte ac temere fiat. Haec nostra
vestraque causa prius dicenda vobis, consules, ratus sum.
(7) Quod ad me attinet, extemplo hinc domum abire in animo

was er gehört und gesehen hatte: wie Jupiter ihm mehrmals im Traum erschienen sei und wie sich in seinem eigenen Schicksal die drohenden Voraussagen erfüllt und der Zorn des Himmels offenbart habe. Unter einmütiger Zustimmung aller Anwesenden brachte man ihn mit einer Tragbahre aufs Forum vor die Konsuln. (7) Auf Geheiß der Konsuln wurde er in die Kurie getragen, und als er zum großen Erstaunen aller den Konsuln seine Geschichte erzählt hatte, geschah ein neues Wunder: (8) An allen Gliedern gelähmt war der Mann in die Kurie getragen worden, und nachdem er seinen Auftrag ausgeführt hatte, ging er, so heißt es, selber zu Fuß wieder nach Hause.[72]

37 (1) Der Senat beschloß, die Spiele mit größter Pracht abermals zu feiern. Zu diesen Spielen kam auf Betreiben des Attius Tullius auch eine große Menge Volsker. (2) Vor der Eröffnung der Spiele begab sich Tullius, wie er es zu Hause mit Marcius abgesprochen hatte, zu den Konsuln. Er sagte, er wolle mit ihnen allein eine politische Angelegenheit besprechen. (3) Nachdem sich alle Zeugen entfernt hatten, begann er: »Ungern sage ich etwas Nachteiliges über meine Mitbürger. Immerhin komme ich nicht, um sie wegen einer bereits begangenen Tat anzuklagen, ich will vielmehr verhüten, daß sie etwas Derartiges begehen. (4) Bei uns sind die Gemüter viel leichter erregbar, als mir lieb ist. (5) In vielen Niederlagen haben wir dies zu spüren bekommen. Daß wir noch als Staat existieren, beruht ja nicht auf unserem Verdienst, sondern auf eurer Nachsicht. Jetzt ist eine große Menge Volsker hier, es finden Spiele statt, die gesamte Bürgerschaft blickt mit Spannung auf die Wettkämpfe. (6) Ich erinnere mich, was junge Männer der Sabiner hier bei der gleichen Gelegenheit verübt haben. Mich schaudert bei dem Gedanken, es könne etwas Unvernünftiges und Unüberlegtes geschehen. Meiner Ansicht nach mußte ich euch, ihr Konsuln, in unserem wie in eurem Interesse vorher darauf aufmerksam machen. (7) Was mich betrifft, so bin ich entschlossen, mich augenblicklich auf den Heimweg zu machen, um nicht hier in das, was etwa in

est, ne cuius facti dictive contagione praesens violer.« Haec
locutus abiit. (8) Consules cum ad patres rem dubiam sub
auctore certo detulissent, auctor magis, ut fit, quam res ad
praecavendum vel ex supervacuo movit, factoque senatus
consulto ut urbe excederent Volsci, praecones dimittuntur
qui omnes eos proficisci ante noctem iuberent. (9) Ingens
pavor primo discurrentes ad suas res tollendas in hospitia
perculit; proficiscentibus deinde indignatio oborta, se ut
consceleratos contaminatosque ab ludis, festis diebus, coetu
quodam modo hominum deorumque abactos esse.

38 (1) Cum prope continuato agmine irent, praegressus Tullius ad caput Ferentinum, ut quisque veniret, primores eorum
excipiens querendo indignandoque, et eos ipsos, sedulo
audientes secunda irae verba, et per eos multitudinem aliam in
subiectum viae campum deduxit. (2) Ibi in contionis modum
orationem exorsus ⟨exsecrandam⟩ veteres populi Romani
iniurias cladesque gentis Volscorum, »Ut omnia« inquit
»obliviscamini alia, hodiernam hanc contumeliam quo tandem animo fertis, qua per nostram ignominiam ludos commi-
sere? (3) An non sensistis triumphatum hodie de vobis esse?
vos omnibus, civibus, peregrinis, tot finitimis populis, spectaculo abeuntes fuisse? vestras coniuges, vestros liberos tra-
ductos per ora hominum? (4) Quid eos qui audivere vocem
praeconis, quid ⟨eos⟩ qui nos videre abeuntes, quid eos qui

Wort und Tat geschieht, zu meinem Schaden hineingezogen zu werden.« Mit diesen Worten ging er. (8) Die Konsuln brachten diese Sache, die, so unsicher sie war, doch einen zuverlässigen Gewährsmann hatte, vor den Senat. Es war mehr die Person als die Sache selbst – wie es so geht –, was die Väter zu Vorsichtsmaßnahmen veranlaßte, selbst wenn diese sich als überflüssig herausstellen sollten. Es erging ein Senatsbeschluß, daß die Volsker die Stadt zu verlassen hatten. Herolde wurden ausgeschickt, die bekanntgaben, alle hätten noch vor Anbruch der Nacht abzureisen. (9) Zuerst waren sie ungeheuer bestürzt und eilten davon, um ihre Sachen aus ihren Quartieren zu holen. Auf ihrem Weg nach Hause aber brachen sie in Entrüstung aus: Wie Verbrecher und Aussätzige habe man sie von den Spielen davongetrieben, von einer Festfeier, bei der sich gleichsam Götter und Menschen zusammenfänden.

38 (1) Als sie so in fast ununterbrochenem Zuge dahinwanderten, nahm Tullius – er war bis zur Ferentinischen Quelle vorausgegangen – die führenden Männer, wie sie gerade ankamen, in Empfang. Er äußerte sein Bedauern und seinen Unwillen, und während sie in ihrer Erbitterung seinen Worten die entsprechende Aufmerksamkeit schenkten, führte er sie und mit ihnen die übrige Volksmenge auf einen freien Platz an der Straße. (2) Hier begann er wie in einer Volksversammlung eine Rede zu halten und erinnerte an die früheren Kränkungen durch das römische Volk und die Niederlagen des Volskerstammes. »Wenn ihr auch«, sagte er, »alles übrige vergessen wolltet – wie wollt ihr die Schmach des heutigen Tages ertragen, als sie ihre Spiele mit eurer Demütigung eröffneten? (3) Oder habt ihr nicht gespürt, daß man heute einen Triumph über euch gefeiert hat? Daß ihr mit eurem Abzug allen, den Bürgern wie den Fremden, so vielen Völkern im nächsten Umkreis, zum Schauspiel gedient habt? Eure Frauen und Kinder sind vor aller Augen abgeführt worden! (4) Was glaubt ihr denn, was sie alle gedacht haben, die die Worte des Herolds hörten, die uns abziehen sahen oder

huic ignominioso agmini fuere obvii existimasse putatis nisi
aliquod profecto nefas esse quo, si intersimus spectaculo, vio-
laturi simus ludos piaculumque merituri; ideo nos ab piorum
coetu concilioque abigi? (5) Quid deinde? illud non succurrit, vivere nos quod maturarimus proficisci? si hoc profectio
et non fuga est. Et hanc urbem vos non hostium ducitis, ubi si
unum diem morati essetis, moriendum omnibus fuit? Bellum
vobis indictum est, magno eorum malo qui indixere si viri
estis.« (6) Ita et sua sponte irarum pleni et incitati domos inde
digressi sunt, instigandoque suos quisque populos effecere ut
omne Volscum nomen deficeret.

39 (1) Imperatores ad id bellum de omnium populorum sententia lecti Attius Tullius et Cn. Marcius, exsul Romanus, in
quo aliquanto plus spei repositum. (2) Quam spem nequaquam fefellit, ut facile appareret ducibus validiorem quam
exercitu rem Romanam esse. Circeios profectus primum
colonos inde Romanos expulit liberamque eam urbem Volscis
tradidit; inde in Latinam viam transversis tramitibus trans-
gressus, (3) Satricum, Longulam, Poluscam, Coriolos, Mu-
gillam, haec Romanis oppida ademit; inde Lavinium recepit;
(4) tunc deinceps Corbionem, Veteliam, Tolerium, Labicos,
Pedum cepit. (5) Postremum ad urbem a Pedo ducit, et ad
fossas Cluilias quinque ab urbe milia passuum castris posi-
tis, populatur inde agrum Romanum, custodibus inter po-
pulatores missis qui patriciorum agros intactos servarent,
(6) sive infensus plebi magis, sive ut discordia inde inter pat-

die euch hier auf eurem schmachvollen Zug begegnet sind?
Was anders als dieses: Wir müßten wohl irgendeine Freveltat
begangen haben, so daß wir durch unsere Gegenwart die
Spiele entweiht und ein Sühneopfer nötig gemacht hätten.
Daher hätte man uns aus der Versammlung und Vereinigung
der Frommen davongetrieben! (5) Und weiter: Kommt es
euch gar nicht in den Sinn, daß wir nur noch leben, weil wir so
rasch aufgebrochen sind? Wenn es denn ein Aufbruch war
und nicht eher eine Flucht! Und ihr seht diese Stadt nicht als
Feindesstadt an, in der ihr alle umgekommen wärt, falls ihr
noch einen Tag gezögert hättet? Man hat euch den Krieg
erklärt, aber das sollen die dafür Verantwortlichen noch bit-
ter bereuen – wenn ihr Männer seid.« (6) So machten sie sich
nun, in ihrem eigenen Groll noch mehr angestachelt, auf den
Weg nach Hause. Und da jeder seine Landsleute aufwiegelte,
kam es soweit, daß der gesamte Volskerstamm gegen Rom zu
den Waffen griff.

39 (1) Nach dem Beschluß sämtlicher Volskerstädte wählte
man als Feldherrn für diesen Krieg Attius Tullius und Gnaeus
Marcius, den verbannten Römer, und auf ihn setzte man die
weitaus größere Hoffnung. (2) Diese Hoffnung enttäuschte
er auch nicht; man konnte daraus leicht erkennen, daß die
Stärke der Römer mehr auf ihren Feldherrn als auf ihrer Heeresmacht beruhte. Er zog zuerst gegen Circei, vertrieb die
römischen Siedler von dort und übergab die befreite Stadt den
Volskern. Von hier aus zog er auf Nebenwegen zur Via
Latina (3) und nahm den Römern die Städte Satricum, Longula, Polusca, Corioli und Mugilla.[73] Dann eroberte er Lavinium. (4) Danach nahm er Corbio, Vetelia, Tolerium, Labici
und Pedum.[74] (5) Schließlich marschierte er von Pedum aus
auf Rom und schlug bei den Cluilischen Gräben ein Lager
auf, fünf Meilen von der Stadt entfernt. Von hier aus verwüstete er das römische Gebiet, aber er schickte den Plünderern
Wachen mit, die aufpassen mußten, daß die Ländereien der
Patrizier geschont würden. (6) Er tat dies entweder, weil er
einen größeren Haß auf das Volk hatte, oder weil er Zwie-

res plebemque oreretur. (7) Quae profecto orta esset – adeo
tribuni iam ferocem per se plebem criminando in primores
civitatis instigabant – sed externus timor, maximum concordiae vinculum, quamvis suspectos infensosque inter se iunge-
bat animos. (8) Id modo non conveniebat quod senatus con-
sulesque nusquam alibi spem quam in armis ponebant, plebes
omnia quam bellum malebat. (9) Sp. Nautius iam et Sex.
Furius consules erant. Eos recensentes legiones, praesidia
per muros aliaque in quibus stationes vigiliasque esse placu-
erat loca distribuentes, multitudo ingens pacem poscentium
primum seditioso clamore conterruit, deinde vocare senatum, referre de legatis ad Cn. Marcium mittendis coegit.
(10) Acceperunt relationem patres, postquam apparuit labare
plebis animos; missique de pace ad Marcium oratores atrox
responsum rettulerunt: (11) si Volscis ager redderetur, posse
agi de pace: si praeda belli per otium frui velint, memorem se
et civium iniuriae et hospitum beneficii adnisurum, ut appa-
reat exsilio sibi inritatos, non fractos animos esse. (12) Iterum
deinde iidem missi non recipiuntur in castra. Sacerdotes quoque suis insignibus velatos isse supplices ad castra hostium
traditum est; nihilo magis quam legatos flexisse animum.
40 (1) Tum matronae ad Veturiam matrem Coriolani Vo-
lumniamque uxorem frequentes coeunt. Id publicum con-

tracht zwischen den Vätern und dem Volk säen wollte.[75]
(7) Das wäre ihm sicher auch gelungen – so sehr hetzten die
Tribunen mit ihren Anschuldigungen das von sich aus schon
erbitterte Volk gegen die führenden Männer des Staates auf.
Aber die Furcht vor dem auswärtigen Feind – das stärkste
Band der Eintracht – ließ sie bei allem gegenseitigen Mißtrauen und Haß schließlich doch zusammenhalten. (8) Nur
in einem Punkt blieben sie uneins: Der Senat und die Konsuln
setzten ihre Hoffnung einzig auf die Waffen, das Volk aber
wollte alles andere lieber als einen Krieg. (9) Spurius Nautius
und Sextus Furius waren inzwischen Konsuln geworden
[488]. Sie musterten die Legionen und verteilten Schutztruppen auf die Mauern und andere Stützpunkte, für die sie
Posten und Wachen vorgesehen hatten. Da versetzte sie eine
große Volksmenge in Schrecken, die den Frieden forderte.
Zuerst veranstaltete sie ein aufrührerisches Geschrei, dann
erzwang sie, daß der Senat einberufen und eine Gesandtschaft
an Gnaeus Marcius beantragt würde (10) Die Väter nahmen
den Antrag an, nachdem offenkundig war, daß das Volk den
Mut verliere. Sie schickten Gesandte an Marcius, die mit einer
schroffen Antwort zurückkehrten: (11) Wenn man den Volskern ihr Gebiet zurückgäbe, dann könne über einen Frieden
verhandelt werden. Wollten die Römer aber ihren Raub aus
dem Krieg behaglich genießen, dann würde er sich auf die
ungerechte Behandlung durch seine Mitbürger sowie die
freundliche Aufnahme von Seiten seiner Gastfreunde besin-
nen. Er würde alles daransetzen, um ihnen zu beweisen, daß
sein Mut durch das Exil gestählt und nicht gebrochen sei.
(12) Als dieselben Gesandten ein zweites Mal abgeschickt
worden waren, ließ man sie gar nicht ins Lager ein. Sogar die
Priester, heißt es, zogen in feierlichem Ornat bittflehend zum
Lager der Feinde. Aber sie rührten Marcius ebensowenig wie
die Gesandten.
40 (1) Darauf versammelten sich viele vornehme Frauen bei
Coriolans Mutter Veturia und seiner Gattin Volumnia. Ob
sie dies auf öffentliches Anraten hin oder aus weiblicher

silium an muliebris timor fuerit, parum invenio: (2) pervicere
certe, ut et Veturia, magno natu mulier, et Volumnia duos
parvos ex Marcio ferens filios secum in castra hostium irent
et, quoniam armis viri defendere urbem non possent, mulie-
res precibus lacrimisque defenderent. (3) Ubi ad castra ventum est nuntiatumque Coriolano est adesse ingens mulierum
agmen, is primo, ut qui nec publica maiestate in legatis nec in
sacerdotibus tanta offusa oculis animoque religione motus
esset, multo obstinatior adversus lacrimas muliebres erat;
(4) dein familiarium quidam qui insignem maestitia inter
ceteras cognoverat Veturiam, inter nurum nepotesque stan-
tem, »Nisi me frustrantur« inquit »oculi, mater tibi coniunx-
que et liberi adsunt.« (5) Coriolanus prope ut amens conster-
natus ab sede sua cum ferret matri obviae complexum, mulier
in iram ex precibus versa »Sine, priusquam complexum acci-
pio, sciam« inquit »ad hostem an ad filium venerim, captiva
materne in castris tuis sim. (6) In hoc me longa vita et infelix
senecta traxit ut exsulem te deinde hostem viderem? Potuisti
populari hanc terram quae te genuit atque aluit? (7) Non tibi,
quamvis infesto animo et minaci perveneras, ingredienti fines
ira cecidit? Non, cum in conspectu Roma fuit, succurrit: intra
illa moenia domus ac penates mei sunt, mater coniunx libe-
rique? (8) Ergo ego nisi peperissem, Roma non oppugnaretur;
nisi filium haberem, libera in libera patria mortua essem. Sed

Furcht taten, konnte ich nicht herausfinden. (2) Jedenfalls
erreichten sie es, daß Veturia – trotz ihres hohen Alters – und
auch Volumnia, die beiden kleinen Söhne des Marcius an der
Hand, mit ihnen zum Lager der Feinde gingen.[76] Da die
Männer die Stadt mit Waffengewalt nicht verteidigen konnten, wollten sie, die Frauen, sie nun mit ihren Bitten und
Tränen verteidigen. (3) Als sie zum Lager gekommen waren,
meldete man Coriolanus, ein langer Zug von Frauen sei ein-
getroffen. Coriolanus aber – ihn hatten ja weder die Hoheit
des Staates rühren können, verkörpert in den Gesandten,
noch die Heiligkeit der Religion, wie sie seinem Auge und
Sinn in den Priestern entgegentrat – er zeigte sich zunächst
Frauentränen gegenüber noch viel abweisender. (4) Dann
aber hatte einer seiner Freunde unter den übrigen Frauen
Veturia entdeckt, die zwischen ihrer Schwiegertochter und
ihren Enkeln stand und durch ihre traurige Haltung auffiel.
»Wenn mich meine Augen nicht täuschen«, sagte er, »sind
deine Mutter und deine Gattin mit deinen Kindern hier.«
(5) Ganz betroffen und fast wie von Sinnen sprang Coriolan
von seinem Sitz auf und eilte seiner Mutter mit ausgebreiteten
Armen entgegen.[77] Sie aber gab ihre bittende Haltung auf und
zeigte sich voller Zorn: »Laß mich«, sagte sie, »bevor ich
mich von dir umarmen lasse, erst wissen, ob ich zum Landesfeind oder zu meinem Sohn gekommen bin, ob ich mich in
deinem Lager als Mutter oder als Gefangene aufhalte.
(6) Dahin hat mich also mein langes Leben und mein elendes
Greisenalter gebracht, daß ich dich als Verbannten und nun
als Landesfeind sehen muß? Du konntest diese Erde verwüsten, die dich gezeugt und genährt hat? (7) Wenn du auch
noch so erbittert und wütend hierherkamst, mußte nicht dein
Zorn schwinden, als du die Grenzen überschritten hast? Kam
dir beim Anblick Roms nicht der Gedanke: Hier in diesen
Mauern habe ich mein Haus und meine Hausgötter, meine
Mutter und Gattin, meine Kinder? (8) Hätte ich dich also
nicht geboren, dann würde Rom jetzt nicht belagert; hätte ich
keinen Sohn, könnte ich in Freiheit in einem freien Vaterland

ego nihil iam pati nec tibi turpius quam mihi miserius possum, (9) nec ut sum miserrima, diu futura sum: de his videris, quos, si pergis, aut immatura mors aut longa servitus manet.« Uxor deinde ac liberi amplexi, fletusque ab omni turba mulierum ortus et comploratio sui patriaeque fregere tandem virum. (10) Complexus inde suos dimittit et ipse retro ab urbe castra movit. Abductis deinde legionibus ex agro Romano, invidia rei oppressum perisse tradunt, alii alio leto. Apud Fabium, longe antiquissimum auctorem, usque ad senectutem vixisse eundem invenio; (11) refert certe hanc saepe eum exacta aetate usurpasse vocem multo miserius seni exsilium esse. Non inviderunt laude sua mulieribus viri Romani – adeo sine obtrectatione gloriae alienae vivebatur. (12) Monumento quoque quod esset, templum Fortunae muliebri aedificatum dedicatumque est.

Rediere deinde Volsci adiunctis Aequis in agrum Romanum; sed Aequi Attium Tullium haud ultra tulere ducem. (13) Hinc ex certamine Volsci Aequine imperatorem coniuncto exercitui darent, seditio, deinde atrox proelium ortum. Ibi fortuna populi Romani duos hostium exercitus haud minus pernicioso quam pertinaci certamine confecit.

(14) Consules T. Sicinius et C. Aquilius. Sicinio Volsci, Aquilio Hernici – nam ii quoque in armis erant – provincia

sterben. Aber mich kann schon nichts mehr treffen, was dir noch mehr Schande und mir noch mehr Kummer bringt. (9) Denn wie elend ich auch bin, es wird doch nicht mehr lange dauern. Schau aber auf diese hier: Wenn du so fort-fährst, dann bleibt ihnen nur ein früher Tod oder eine lange Knechtschaft.« Dann umarmten ihn Gattin und Kinder, die ganze Schar der Frauen vergoß Tränen und beklagte ihr eige-nes Schicksal und das des Vaterlandes. Dadurch wurde end-lich der Starrsinn des Mannes gebrochen. (10) Er umarmte die Seinen und schickte sie wieder nach Hause. Dann zog er sich mit seinem Heer von der Stadt zurück. Als er darauf die Legionen gänzlich aus dem römischen Gebiet abzog, brachte ihm, so heißt es, die daraus entstandene Feindschaft den Tod.[78] Über sein Ende gibt es aber auch noch andere Berichte. Bei Fabius, dem weitaus ältesten Gewährsmann, finde ich die Nachricht, Coriolan habe ein hohes Alter erreicht. (11) Fabius zitiert folgenden Ausspruch, den er, schon hochbetagt, oft getan habe: Für einen alten Mann sei die Verbannung ein ganz besonders elendes Schicksal. Die Männer Roms mißgönnten den Frauen ihren Ruhm keines-wegs. Man lebte damals durchaus ohne das Verdienst anderer zu schmälern. (12) Ja, man setzte der Tat sogar ein Denkmal, indem man der Glücksgöttin der Frauen einen Tempel er-baute.

Kurze Zeit später drangen die Volsker zusammen mit den Aequern abermals ins römische Gebiet ein. Die Aequer woll-ten jedoch Attius Tullius nicht länger als ihren Führer aner-kennen. (13) Daraus entwickelte sich ein Streit, ob Volsker oder Aequer den Oberbefehlshaber für das Gesamtheer stel-len sollten. Es kam zu einer heftigen Auseinandersetzung und schließlich zu einem erbitterten Gefecht. Hierbei vernichtete Fortuna, die dem römischen Volk zur Seite steht, in einem ebenso mörderischen wie verbissenen Kampf gleich zwei feindliche Heere.

(14) Als Konsuln folgten nun Titus Sicinius und Gaius Aqui-lius [487]. Sicinius fiel die Aufgabe zu, gegen die Volsker zu

evenit. Eo anno Hernici devicti: cum Volscis aequo Marte discessum est.

41 (1) Sp. Cassius deinde et Proculus Verginius consules facti. Cum Hernicis foedus ictum; agri partes duae ademptae. Inde dimidium Latinis, dimidium plebi divisurus consul Cassius erat. (2) Adiciebat huic muneri agri aliquantum, quem publicum possideri a privatis criminabatur. Id multos quidem patrum, ipsos possessores, periculo rerum suarum terrebat; sed et publica patribus sollicitudo inerat largitione consulem periculosas libertati opes struere. (3) Tum primum lex agraria promulgata est, nunquam deinde usque ad hanc memoriam sine maximis motibus rerum agitata. (4) Consul alter largitioni resistebat auctoribus patribus nec omni plebe adversante, quae primo coeperat fastidire munus volgatum a civibus ipsis in socios; (5) saepe deinde et Verginium consulem in contionibus velut vaticinantem audiebat pestilens collegae munus esse; agros illos servitutem iis qui acceperint laturos; (6) regno viam fieri. quid ita enim adsumi socios et nomen Latinum, quid attinuisse Hernicis, paulo ante hostibus, capti agri partem tertiam reddi, nisi ut hae gentes pro Coriolano duce Cassium habeant? (7) Popularis iam esse dissuasor et intercessor legis agrariae coeperat. Uterque deinde consul, ut

Felde zu ziehen, Aquilius erhielt den Krieg gegen die Herniker zugewiesen, denn auch diese hatten sich wieder gerüstet. In diesem Jahr wurden die Herniker völlig besiegt; der Krieg gegen die Volsker blieb ohne Entscheidung.

41 (1) Darauf wurden Spurius Cassius und Proculus Verginius Konsuln [486]. Mit den Hernikern schloß man ein Bündnis; sie mußten zwei Drittel ihres Ackerlandes abtreten. Hiervon wollte der Konsul Cassius die eine Hälfte an die Latiner und die andere an das Volk verteilen. (2) Diese Schenkung gedachte er noch zu vergrößern durch Ländereien, die zwar Staatsland waren, aber, so lautete sein Vorwurf, von Privatleuten bewirtschaftet würden. Dadurch gerieten viele der Väter – die sich nämlich jene Ländereien angeeignet hatten – in Furcht, ihren Besitz einzubüßen. Ihre Besorgnis richtete sich aber auch auf das Gemeinwesen: daß sich der Konsul nämlich durch diese Schenkung eine Machtstellung aufbaue, die der Freiheit gefährlich werde. (3) Damals wurde zum erstenmal ein Ackergesetz[79] eingebracht, und bis auf unsere Zeit ging dies niemals ohne die größten Unruhen ab. (4) Der andere Konsul widersetzte sich der Schenkung. Er hatte die Väter auf seiner Seite und durchaus nicht alle Bürger gegen sich. Sie nahmen zunächst Anstoß an einem Geschenk, das nicht nur den Bürgern, sondern auch den Bundesgenossen zugute kommen sollte. (5) Sodann hörten sie auch den Konsul Verginius öfters gleichsam prophetisch in den Volksversammlungen sagen, das Geschenk des Konsuls werde ihr Verderben sein. Diese Äcker würden allen, die sie annähmen, die Knechtschaft bringen, ja sie würden den Weg zum Thron freimachen. (6) Warum würden denn sonst die Bundesgenossen und sämtliche Latiner einbezogen? Wozu gäbe man den Hernikern, die kurz zuvor noch Feinde waren, ein Drittel ihres eroberten Landes wieder – doch nur damit diese Völkerschaften anstatt des Coriolanus nun einen Cassius zum Führer hätten! (7) Allmählich fand Verginius, obwohl er gegen das Ackergesetz war und Einspruch dagegen erhob, den Beifall des Volkes. Daraufhin wetteiferten beide Kon-

certatim, plebi indulgere. Verginius dicere passurum se adsignari agros, dum ne cui nisi civi Romano adsignentur: (8) Cassius, quia in agraria largitione ambitiosus in socios eoque civibus vilior erat, ut alio munere sibi reconciliaret civium animos, iubere pro Siculo frumento pecuniam acceptam retribui populo. (9) Id vero haud secus quam praesentem mercedem regni aspernata plebes; adeo propter suspicionem in animis hominum insitam regni, velut abundarent omnia, munera eius respuebantur. (10) Quem ubi primum magistratu abiit damnatum necatumque constat. Sunt qui patrem auctorem eius supplicii ferant: eum cognita domi causa verberasse ac necasse peculiumque filii Cereri consecravisse; signum inde factum esse et inscriptum: »Ex Cassia familia datum.« (11) Invenio apud quosdam, idque propius fidem est, a quaestoribus Caesone Fabio et L. Valerio diem dictam perduellionis, damnatumque populi iudicio, dirutas publice aedes. Ea est area ante Telluris aedem. (12) Ceterum sive illud domesticum sive publicum fuit iudicium, damnatur Servio Cornelio Q. Fabio consulibus.

42 (1) Haud diuturna ira populi in Cassium fuit. Dulcedo agrariae legis ipsa per se, dempto auctore, subibat animos, accensaque ea cupiditas est malignitate patrum, qui devictis

suln, sich den Bürgern gefällig zu zeigen. Verginius erklärte sich mit der Landverteilung einverstanden, vorausgesetzt, es kämen nur römische Bürger in Betracht. (8) Cassius hatte sich bei seinem Antrag zur Äckerverteilung für die Bundesgenossen stark gemacht und dadurch bei seinen Mitbürgern an Einfluß verloren. Um ihre Gunst durch ein anderes Geschenk wiederzugewinnen, beantragte er, man solle das Geld, das man für das Getreide aus Sizilien eingenommen habe, dem Volk zurückerstatten. (9) Die Bürger wiesen dies jedoch mit Verachtung zurück, nicht anders, als ob man ihnen damit den Kaufpreis für den Thron auszahlen wolle. Das Mißtrauen vor der Königsherrschaft war in ihnen so tiefverwurzelt, daß sie die Geschenke des Cassius verschmähten – gerade so, als ob sie dergleichen im Überfluß hätten. (10) Es steht fest, daß Cassius, gleich nachdem er sein Amt niedergelegt hatte, verurteilt und getötet worden ist. Einigen Berichten zufolge war es sein eigener Vater, der die Todesstrafe an ihm vollstreckte. Er soll zu Hause eine gerichtliche Untersuchung abgehalten haben, dann habe er ihn auspeitschen und töten lassen und das Vermögen des Sohnes der Ceres geweiht. Aus dem Ertrag habe er ein Bildnis machen lassen mit der Inschrift: »Aus dem Besitztum des Cassius.«[80] (11) Bei einigen Autoren finde ich folgendes – und das ist glaubwürdiger –: Spurius Cassius sei von den Quästoren[81] Caeso Fabius und Lucius Valerius wegen Hochverrats angeklagt und nach dem Spruch des Volkes verurteilt worden. Sein Haus sei auf staatlichen Befehl niedergerissen worden. Das ist der freie Platz vor dem Tempel der Tellus. (12) Mag das Gericht über ihn nun in seinem Hause oder von Staats wegen erfolgt sein, verurteilt wurde er jedenfalls unter den Konsuln Servius Cornelius und Quintus Fabius [485].

42 (1) Der Haß der Bürger gegen Cassius war nicht von langer Dauer. Das Ackergesetz übte seinen eigenen Reiz auf sie aus, auch wenn ihnen der Befürworter genommen war. Ihre Begierde wurde noch verstärkt durch die mißgünstige Haltung der Väter: Nach dem großen Sieg dieses Jahres über

eo anno Volscis Aequisque, militem praeda fraudavere.
(2) Quidquid captum ex hostibus est, vendidit Fabius consul
ac redegit in publicum.

Invisum erat Fabium nomen plebi propter novissimum consulem; tenuere tamen patres ut cum L. Aemilio K. Fabius
consul crearetur. (3) Eo infestior facta plebes seditione domestica bellum externum excivit. Bello deinde civiles discordiae
intermissae; uno animo patres ac plebs rebellantes Volscos et
Aequos duce Aemilio prospera pugna vicere. (4) Plus tamen
hostium fuga quam proelium absumpsit; adeo pertinaciter
fusos insecuti sunt equites. (5) Castoris aedes eodem anno
idibus Quintilibus dedicata est; vota erat Latino bello ⟨a⟩
Postumio dictatore; filius eius duumvir ad id ipsum creatus
dedicavit. (6) Sollicitati et eo anno sunt dulcedine agrariae
legis animi plebis. Tribuni plebi popularem potestatem lege
populari celebrabant; patres, satis superque gratuiti furoris in
multitudine credentes esse, largitiones temeritatisque invita-
menta horrebant. Acerrimi patribus duces ad resistendum
consules fuere. (7) Ea igitur pars rei publicae vicit, nec in
praesens modo sed in venientem etiam annum M. Fabium,
Caesonis fratrem, et magis invisum alterum plebi accusatione
Sp. Cassi, L. Valerium, consules dedit.
(8) Certatum eo quoque anno cum tribunis est. Vana lex vani-

Volsker und Aequer brachten sie die Soldaten um ihren
Anteil an der Beute. (2) Alles, was man den Feinden abgenommen hatte, ließ der Konsul Fabius zugunsten der Staatskasse verkaufen.

Den Bürgern war der Name der Fabier wegen des letzten
Konsuls verhaßt. Die Väter setzten es aber dennoch durch,
daß mit Lucius Aemilius zusammen Caeso Fabius zum Konsul gewählt wurde. (3) Die Erbitterung der Bürger steigerte
sich dadurch noch mehr, und die inneren Unruhen boten
Anreiz zu einem auswärtigen Krieg. Der Kriegszustand
brachte eine Atempause in den inneren Zwistigkeiten; einmütig wandten sich Väter und Volk gegen Volsker und Aequer,
die wieder zu den Waffen gegriffen hatten. Unter der Führung des Aemilius errangen sie einen Sieg. (4) Doch kamen
noch mehr Feinde auf der Flucht um als in der Schlacht, so
hartnäckig verfolgte die Reiterei die Geschlagenen. (5) Am
15. Quintilis [Juli] desselben Jahres wurde der Tempel des
Castor geweiht, den der Diktator Postumius im Latinerkrieg
gelobt hatte. Sein Sohn wurde hierzu zum Duumvir[82]
ernannt und weihte den Tempel. (6) Auch in diesem Jahr bot
das Ackergesetz wieder Anreiz, die Gemüter der Bürger in
Erregung zu versetzen. Die Volkstribunen versuchten,
anhand dieses volksfreundlichen Gesetzes darzutun, wie
volkstümlich ihr Amt sei. Die Väter aber waren überzeugt,
die Volksmasse sei auch ohne in Aussicht gestellten Lohn
schon mehr als genug in Aufruhrstimmung. Schenkungen als
Lockmittel zur Aufsässigkeit wiesen sie weit von sich. Den
härtesten Widerstand unter den Vätern leisteten die Konsuln.
(7) So behielt also diese Partei im Gemeinwesen die Oberhand, und nicht nur für den gegenwärtigen Zeitpunkt; sie
stellte auch für das kommende Jahr die Konsuln, nämlich
Marcus Fabius, den Bruder des Caeso, und Lucius Valerius,
der den Bürgern als Ankläger des Spurius Cassius noch mehr
verhaßt war [483].
(8) Auch in diesem Jahr gab es wieder Streit mit den Tribunen. Ihr Gesetzesantrag blieb erfolglos, und erfolglos blieben

que legis auctores iactando inritum munus facti. Fabium inde
nomen ingens post tres continuos consulatus unoque velut
tenore omnes expertos tribuniciis certaminibus habitum; itaque, ut bene locatus, mansit in ea familia aliquamdiu honos.
(9) Bellum inde Veiens initum, et Volsci rebellarunt; sed ad
bella externa prope supererant vires, abutebanturque iis inter
semet ipsos certando. Accessere ad aegras iam omnium mentes prodigia caelestia, prope cottidianas in urbe agrisque ost-
entantia minas; (10) motique ita numinis causam nullam
aliam vates canebant publice privatimque nunc extis, nunc per
aves consulti, quam haud rite sacra fieri; (11) qui terrores
tamen eo evasere ut Oppia virgo Vestalis damnata incesti poe-
nas dederit.

43 (1) Q. Fabius inde et C. Iulius consules facti. Eo anno non
segnior discordia domi et bellum foris atrocius fuit. Ab
Aequis arma sumpta; Veientes agrum quoque Romanorum
populantes inierunt. Quorum bellorum crescente cura, K.
Fabius et Sp. Furius consules fiunt. (2) Ortonam, Latinam
urbem, Aequi oppugnabant: Veientes, pleni iam populationum, Romam ipsam se oppugnaturos minabantur. (3) Qui
terrores cum compescere deberent, auxere insuper animos
plebis, redibatque non sua sponte plebi mos detractandi mili-
tiam, sed Sp. Licinius tribunus plebis, venisse tempus ratus

auch die Antragsteller, die sich eines Geschenkes rühmten, das nie zustande kam. Die Fabier aber errangen durch drei aufeinanderfolgende Konsulate großes Ansehen, und sie erwarben sich den Ruf, gleichsam alle in Reih und Glied in den Kämpfen mit den Tribunen ihre Bewährungsprobe abgelegt zu haben. Daher blieb dieses Ehrenamt, da es in guten Händen schien, noch einige Zeit in dieser Familie. (9) Nun begann der Krieg gegen Veji, und auch die Volsker standen wieder unter Waffen. Doch hatte man für auswärtige Kriege geradezu Kräfte im Übermaß, aber man mißbrauchte sie zu inneren Streitigkeiten. Die allgemeine Mißstimmung wurde noch verstärkt durch Zeichen vom Himmel, die sich fast täglich in der Stadt wie auf dem Land drohend offenbarten. (10) Die Priester suchten auf öffentliches wie privates Anliegen hin bald mit Hilfe der Eingeweideschau, bald durch den Vogelflug den Götterzorn zu ergründen; sie konnten aber keine andere Ursache angeben als diese: Die Opfer seien nicht ordnungsgemäß vollzogen worden. (11) Die Beunruhigung ging aber doch so weit, daß man die Vestalin Oppia wegen Verletzung des Keuschheitsgelübdes verurteilte und ihrer Strafe zuführte.

43 (1) Darauf wurden Quintus Fabius und Gaius Julius Konsuln [482]. In diesem Jahr waren die inneren Streitigkeiten keineswegs abgeflaut und die auswärtige Kriegsgefahr noch bedrohlicher. Die Aequer rüsteten sich, die Vejenter brachen sogar verheerend ins römische Gebiet ein. Während die Besorgnis über diese Kriegslage noch wuchs, traten Caeso Fabius und Spurius Furius ihr Konsulat an [481]. (2) Die Aequer bestürmten Ortona, eine latinische Stadt. Die Vejenter, die schon genug hatten vom Plündern, drohten damit, Rom selbst anzugreifen. (3) Diese Schreckensmeldungen hätten die Gemüter der Bürger eigentlich abkühlen sollen, sie erhitzten sie jedoch noch mehr. Die Bürger verfielen wieder in ihre alte Gewohnheit, den Kriegsdienst zu verweigern. Sie taten dies freilich nicht auf eigene Faust, vielmehr glaubte der Volkstribun Spurius Licinius, die Zeit sei gekommen, um den

per ultimam necessitatem legis agrariae patribus iniungendae, susceperat rem militarem impediendam. (4) Ceterum tota invidia tribuniciae potestatis versa in auctorem est, nec in eum consules acrius quam ipsius collegae coorti sunt, auxilioque eorum dilectum consules habent.

(5) Ad duo simul bella exercitus scribitur; ducendus Fabio in Veientes, in Aequos Furio datur. Et in Aequis quidem nihil dignum memoria gestum est; (6) Fabio aliquanto plus negotii cum civibus quam cum hostibus fuit. Unus ille vir, ipse consul, rem publicam sustinuit, quam exercitus odio consulis, quantum in se fuit, prodebat. (7) Nam cum consul praeter ceteras imperatorias artes, quas parando gerendoque bello edidit plurimas, ita instruxisset aciem ut solo equitatu emisso exercitum hostium funderet, insequi fusos pedes noluit; (8) nec illos, etsi non adhortatio invisi ducis, suum saltem flagitium et publicum in praesentia dedecus, postmodo periculum, si animus hosti redisset, cogere potuit gradum adcelerare aut, si aliud nihil, stare instructos. (9) Iniussu signa referunt, maestique – crederes victos – exsecrantes nunc imperatorem, nunc navatam ab equite operam, redeunt in castra. (10) Nec huic tam pestilenti exemplo remedia ulla ab imperatore quaesita sunt; adeo excellentibus ingeniis citius defuerit ars qua civem regant quam qua hostem superent. (11) Consul Romam rediit non tam belli gloria aucta quam inritato exacerbatoque in se militum odio. Obtinuere tamen patres ut in

Vätern in der höchsten Not das Ackergesetz aufzuzwingen. Daher hatte er es unternommen, die Aushebung von Soldaten zu verhindern. (4) Allerdings hatte er als Anstifter den ganzen Groll gegen die Tribunengewalt allein zu tragen, denn nicht weniger hart als die Konsuln schritten seine eigenen Amtskollegen gegen ihn ein, und mit ihrer Unterstützung konnten die Konsuln die Rekrutierung vornehmen.

(5) Es wurden für beide Kriege zugleich Heere aufgestellt. Den Oberbefehl gegen die Vejenter erhielt Fabius, den gegen die Aequer Furius. Bei den Aequern ereignete sich nichts Erwähnenswertes; (6) Fabius aber hatte mit seinen eigenen Mitbürgern mehr Schwierigkeiten als mit den Feinden. Dieser eine Mann, der Konsul, hielt den Staat aufrecht, während das Heer in seinem Haß auf den Konsul alle Anstrengungen machte, um ihn dem Feind auszuliefern. (7) Als der Konsul nämlich – unter anderen Beweisen seiner Feldherrnkunst, von denen er bei der Vorbereitung und Führung dieses Krieges so viele gab – die Schlachtreihe so aufgestellt hatte, daß er allein durch einen Angriff der Reiterei das Heer des Feindes zurückschlug, da wollte das Fußvolk die Geschlagenen nicht verfolgen. (8) Weder die Ermahnung des verhaßten Feldherrn, noch wenigstens der Gedanke an ihre gegenwärtige Schmach und die Schande vor aller Augen, dazu die später drohende Gefahr, sobald der Feind wieder Mut faßte – nichts konnte sie dazu bewegen, ihren Schritt zu beschleunigen oder wenigstens in Reih und Glied zu bleiben. (9) Ohne Befehl machten sie kehrt und zogen niedergeschlagen – man hätte sie für die Besiegten halten können – ins Lager zurück. Dabei fluchten sie bald auf ihren Feldherrn, bald über den Einsatz der Reiterei. (10) Und gegen ein so unheilstiftendes Beispiel fand der Feldherr kein Gegenmittel: So sind hervorragende Männer eher am Ende mit ihrer Kunst, Bürger zu lenken, als mit der, den Feind zu schlagen. (11) Der Konsul kehrte nach Rom zurück. Er hatte den Kriegsruhm nicht gemehrt, vielmehr hatte er die Soldaten in ihrer Feindschaft gegen ihn noch mehr gereizt und erbittert. Dennoch setzten es die Väter

Fabia gente consulatus maneret: M. Fabium consulem creant;
Fabio collega Cn. Manlius datur.

44 (1) Et hic annus tribunum auctorem legis agrariae habuit.
Ti. Pontificius fuit. Is eandem viam, velut processisset Sp.
Licinio, ingressus dilectum paulisper impediit. (2) Perturba-
tis iterum patribus Ap. Claudius victam tribuniciam potestatem dicere priore anno, in praesentia re, exemplo in perpetuum, quando inventum sit suis ipsam viribus dissolvi.
(3) neque enim unquam defuturum qui et ex collega victoriam
sibi et gratiam melioris partis bono publico velit quaesitam; et
plures, si pluribus opus sit, tribunos ad auxilium consulum
paratos fore, et unum vel adversus omnes satis esse. (4) darent
modo et consules et primores patrum operam ut, si minus
omnes, aliquos tamen ex tribunis rei publicae ac senatui con-
ciliarent. (5) Praeceptis Appi moniti patres et universi comi-
ter ac benigne tribunos appellare, et consulares ut cuique
eorum privatim aliquid iuris adversus singulos erat, partim
gratia, partim auctoritate obtinuere ut tribuniciae potestatis
vires salubres vellent rei publicae esse, (6) quattuorque tribunorum adversus unum moratorem publici commodi auxilio
dilectum consules habent.

(7) Inde ad Veiens bellum profecti, quo undique ex Etruria
auxilia convenerant, non tam Veientium gratia concitata
quam quod in spem ventum erat discordia intestina dissolvi

durch, daß das Konsulat in der Familie der Fabier blieb. Sie wählten Marcus Fabius zum Konsul und gaben ihm Gnaeus Manlius zum Kollegen [480].

44 (1) Auch in diesem Jahr gab es einen Tribunen, der für das Ackergesetz eintrat. Es war Tiberius Pontificius. Er schlug denselben Weg ein wie vorher Spurius Licinius, gerade so, als ob dieser damit Erfolg gehabt hätte, und verhinderte die Truppenaushebung, allerdings nur für kurze Zeit. (2) Als die Väter wieder in große Bestürzung gerieten, erklärte Appius Claudius folgendes: Die tribunizische Gewalt sei im vorigen Jahr der Sache nach einmal, als Präzedenzfall gesehen aber ein für allemal besiegt worden. Man habe dabei herausgefunden, wie man sie mit ihren eigenen Waffen schlagen könne. (3) Es werde immer einen Tribunen geben, der sich wünsche, einen Sieg über seine Amtskollegen zu erringen und zum Wohl des Staates die Gunst des besseren Teils der Bürgerschaft zu gewinnen. Auch mehrere Tribunen würden, falls man mehrere brauche, zur Unterstützung der Konsuln bereit sein; dabei genüge ja schon einer gegen alle.[83] (4) Die Konsuln und die führenden Männer unter den Vätern sollten sich nur Mühe geben, wenn nicht alle, so doch einige der Tribunen für die Sache des Staates und des Senats zu gewinnen. (5) Auf diese Vorschläge des Appius hin verkehrten die Väter insgesamt leutselig und freundlich mit den Tribunen. Und die Konsulare erreichten es teils durch ihren persönlichen Einfluß, teils durch die Autorität ihres Amtes – je nachdem was jeder für persönliche Ansprüche an den einzelnen hatte –, daß sich die Träger der Tribunengewalt zum Wohl des Staates einsetzen wollten. (6) Und schließlich führten die Konsuln mit Unterstützung von vier Tribunen gegen einen, der sich dem Gemeinwohl widersetzte, die Truppenaushebung durch.

(7) Darauf brach man zum Krieg gegen die Vejenter auf. Bei ihnen waren überall aus Etrurien Hilfstruppen zusammengekommen, nicht so sehr aus Freundschaft zu den Vejentern, als vielmehr in der Hoffnung, infolge ihrer inneren Zwie-

rem Romanam posse. (8) Principesque in omnium Etruriae
populorum conciliis fremebant aeternas opes esse Romanas
nisi inter semet ipsi seditionibus saeviant; id unum venenum,
(9) eam labem civitatibus opulentis repertam ut magna imperia mortalia essent. diu sustentatum id malum, partim patrum
consiliis, partim patientia plebis, iam ad extrema venisse. duas
civitates ex una factas; suos cuique parti magistratus, suas
leges esse. (10) primum in dilectibus saevire solitos, eosdem
in bello tamen paruisse ducibus. qualicumque urbis statu,
manente disciplina militari sisti potuisse; iam non parendi
magistratibus morem in castra quoque Romanum militem
sequi. (11) proximo bello in ipsa acie, in ipso certamine, con
sensu exercitus traditam ultro victoriam victis Aequis, signa
deserta, imperatorem in acie relictum, iniussu in castra reditum. (12) profecto si instetur, suo milite vinci Romam posse.
nihil aliud opus esse quam indici ostendique bellum; cetera
sua sponte fata et deos gesturos. Hae spes Etruscos armaver-
ant, multis in vicem casibus victos victoresque.
45 (1) Consules quoque Romani nihil praeterea aliud quam
suas vires, sua arma horrebant; memoria pessimi proximo
bello exempli terrebat ne rem committerent eo ubi duae simul
acies timendae essent. (2) Itaque castris se tenebant, tam anci-

tracht könne man die Römer vernichten. (8) Auf allen Bundesversammlungen Etruriens erklärten die Führer mit Nachdruck, die Macht der Römer werde ewig dauern, wenn sie nicht in inneren Streitigkeiten gegeneinander wüteten. Das sei für mächtige Staatswesen das einzige Gift, (9) der Krebsschaden, durch den auch große Reiche sterblich würden. Dieses Übel hätten die Römer lange ferngehalten, teils durch die Klugheit der Väter, teils durch die Duldsamkeit der Bürger, nun aber sei es zum Äußersten gekommen. Es gebe zwei Bürgerschaften statt einer; jede Partei habe ihre Beamten und ihre eigenen Gesetze. (10) Zuerst hätten sie sich nur bei den Truppenaushebungen immer wieder aufsässig benommen, im Kriege aber hätten sie doch ihren Feldherrn gehorcht. Mochte es in der Stadt auch schlimm zugehen, solange die militärische Disziplin bestehen blieb, habe man sich noch halten können. Jetzt aber hätten die römischen Soldaten ihre Angewohnheit, den Vorgesetzten den Gehorsam zu verweigern, auch im Feldlager beibehalten. (11) Im letzten Krieg habe das Heer, schon in Kampfstellung, schon mitten im Gefecht, von sich aus einmütig den Sieg an die bereits besiegten Aequer verschenkt. Sie hätten ihre Stellung geräumt, den Feldherrn auf dem Schlachtfeld im Stich gelassen und seien ohne Befehl ins Lager zurückgekehrt. (12) Man könne Rom wahrhaftig, wenn man ihm nur zusetze, mit seinen eigenen Truppen schlagen. Es sei nichts weiter nötig, als den Krieg zu erklären und sich im Felde sehen zu lassen; das Schicksal und die Götter würden dann schon alles weitere seinen Gang gehen lassen. In dieser Hoffnung hatten die Etrusker, die so oft bei wechselndem Kriegsglück Sieger und Besiegte gewesen waren, wieder zu den Waffen gegriffen.

45 (1) Auch die römischen Konsuln schreckte nichts so sehr wie ihre eigene Streitmacht, ihr eigenes Heeresaufgebot. Die Erinnerung an das schändliche Beispiel im letzten Krieg ängstigte sie derart, daß sie es nicht so weit kommen lassen wollten, zwei Heere auf einmal fürchten zu müssen. (2) Daher blieben sie im Lager, um sich keiner Gefahr von beiden Seiten

piti periculo aversi: diem tempusque forsitan ipsum leni-
turum iras sanitatemque animis allaturum. (3) Veiens hostis
Etruscique eo magis praepropere agere; lacessere ad pugnam
primo obequitando castris provocandoque, postremo ut nihil
movebant, qua consules ipsos, qua exercitum increpando:
(4) simulationem intestinae discordiae remedium timoris
inventum, et consules magis non confidere quam non credere
suis militibus; novum seditionis genus, silentium otiumque
inter armatos. Ad haec in novitatem generis originisque qua
falsa, qua vera iacere. (5) Haec cum sub ipso vallo portisque
streperent, haud aegre consules pati; at imperitae multitudini
nunc indignatio, nunc pudor pectora versare et ab intestinis
avertere malis; nolle inultos hostes, nolle successum non
patribus, non consulibus; externa et domestica odia certare in
animis. (6) Tandem superant externa; adeo superbe insolen-
terque hostis eludebat. Frequentes in praetorium conveniunt;
poscunt pugnam, postulant ut signum detur. (7) Consules
velut deliberabundi capita conferunt, diu conloquuntur.
Pugnare cupiebant, sed retro revocanda et abdenda cupiditas
erat, ut adversando remorandoque incitato semel militi adde-
rent impetum. (8) Redditur responsum immaturam rem agi;
nondum tempus pugnae esse; castris se tenerent. Edicunt inde

auszusetzen. Vielleicht würden Zeit und Umstände von
selbst den Groll der Bürger lindern und ihnen ihren gesunden
Menschenverstand wiedergeben. (3) Die Feinde aber, die
Vejenter und Etrusker, waren um so eifriger bei der Sache. Sie
versuchten, die Römer zur Schlacht zu reizen. Zuerst ritten
sie vor dem Lager auf und ab und forderten sie heraus. Als sie
damit keinen Erfolg hatten, beschimpften sie schließlich bald
die Konsuln, bald das Heer. (4) Indem sie innere Streitigkeiten vorschützten, hätten sie einen Deckmantel für ihre Feigheit gefunden, und die Konsuln mißtrauten eher dem Kampfgeist als der Treue ihrer Soldaten. Das sei eine sonderbare Art
von Aufruhr, sich mit den Waffen in der Hand so still und
friedlich gegeneinander zu verhalten. Dazu äußerten sie alle
teils Falsches, teils Wahres über die Römer als ein Volk von
niederer Herkunft.[84] (5) Die Konsuln sahen es nicht ungern,
daß die Feinde solche Schmähreden am Wall und vor den
Lagertoren verlauten ließen. Die unerfahrene Menge aber
wurde bald von Unwillen, bald von Scham erfaßt und von
den inneren Streitigkeiten abgelenkt. Sie wollten nicht, daß
die Feinde ungestraft blieben, sie wollten aber auch den
Vätern wie den Konsuln keinen Erfolg gönnen. In ihrem
Innern stritten sich Haßgefühle gegen den äußeren wie gegen
den inneren Feind. (6) Endlich behielt die Abneigung gegen
den auswärtigen Feind die Oberhand, so übermütig und
unverschämt waren die Feinde in ihrem Spott. Die Soldaten
versammelten sich zahlreich vor dem Feldherrnzelt, forderten die Schlacht und verlangten das Zeichen zum Angriff.
(7) Die Konsuln trafen sich im geheimen, als müßten sie sich
erst beraten, und besprachen sich lange miteinander. Sie
wünschten die Schlacht, durften ihren Wunsch aber nicht laut
werden lassen, um gerade durch ihr Widerstreben und
Zögern die schon gereizten Soldaten in ihrem Kampfeseifer
noch zu bestärken. (8) Die Soldaten erhielten zur Antwort,
sie seien voreilig, der richtige Zeitpunkt zur Schlacht sei noch
nicht gekommen, sie sollten im Lager bleiben. Die Konsuln
gaben ferner bekannt, man solle sich jeder Kampfhandlung

ut abstineant pugna; si quis iniussu pugnaverit, ut in hostem animadversuros. (9) Ita dimissis, quo minus consules velle credunt, crescit ardor pugnandi. Accendunt insuper hostes ferocius multo, ut statuisse non pugnare consules cognitum est: quippe impune se insultaturos; non credi militi arma; (10) rem ad ultimum seditionis erupturam, finemque venisse Romano imperio. His freti occursant portis, ingerunt probra; aegre abstinent quin castra oppugnent. (11) Enimvero non ultra contumeliam pati Romanus posse; totis castris undique ad consules curritur; non iam sensim, ut ante, per centurionum principes postulant, sed passim omnes clamoribus agunt. (12) Matura res erat; tergiversantur tamen. Fabius deinde ad crescentem tumultum iam metu seditionis collega concedente, cum silentium classico fecisset: »Ego istos, Cn. Manli, posse vincere scio: velle ne scirem, ipsi fecerunt. (13) Itaque certum atque decretum est non dare signum nisi victores se redituros ex hac pugna iurant. Consulem Romanum miles semel in acie fefellit: deos nunquam fallet.« Centurio erat M. Flavoleius, inter primores pugnae flagitator. (14) »Victor,« inquit, »M. Fabi, revertar ex acie«; si fallat, Iovem patrem Gradivumque Martem aliosque iratos invocat deos. Idem deinceps omnis exercitus in se quisque

enthalten; wer ohne Befehl kämpfe, solle als Feind behandelt werden. (9) Mit diesem Bescheid wurden sie entlassen, und je weniger die Konsuln sie für kampfbereit hielten, desto mehr wuchs bei ihnen der Kampfesmut. Auch setzten ihnen die Feinde noch viel heftiger zu, sobald sie erfahren hatten, die Konsuln wollten keine Schlacht: Nun könnten sie sie ja ungestraft verhöhnen; man traue sich offenbar nicht, den Soldaten Waffen in die Hand zu geben. (10) Der Aufstand werde zum heftigsten Ausbruch führen, und dann sei das Ende der römischen Macht gekommen. In dieser Überzeugung kamen sie zu den Toren gelaufen und riefen ihre Schmähungen hinein. Sie konnten sich kaum zurückhalten, das Lager zu stürmen. (11) Nun aber vermochten die Römer die Schmach nicht länger zu ertragen; aus dem ganzen Lager liefen sie von überallher zu den Konsuln. Sie brachten ihre Forderung nicht mehr wie zuvor der Reihe nach durch Vermittlung ihrer Hauptleute vor, sondern erhoben von allen Seiten ein lautes Geschrei. (12) Die Sache war reif zur Entscheidung, dennoch zögerte man. Als dann der Tumult immer größer wurde und sein Kollege aus Furcht vor einer Meuterei schon zum Nachgeben bereit war, ließ Fabius durch ein Trompetensignal Ruhe gebieten und sprach: »Daß diese Leute siegen können, Gnaeus Manlius, das weiß ich. Daß ich aber nicht weiß, ob sie auch wollen, daran sind sie selber schuld. (13) Daher ist es beschlossene Sache: Das Zeichen zum Angriff wird erst gegeben, wenn sie geschworen haben, als Sieger aus dieser Schlacht zurückzukehren. Einem römischen Konsul haben die Soldaten im Feld einmal die Treue gebrochen, den Göttern gegenüber aber werden sie ihr Wort niemals brechen.« Unter denen, die am eifrigsten die Schlacht forderten, war ein Hauptmann namens Marcus Flavoleius. (14) Er rief: »Ich werde als Sieger aus dem Kampf zurückkehren, Marcus Fabius!« Für den Fall, daß er nicht Wort hielte, beschwor er den Zorn des Vaters Jupiter, des Vorkämpfers Mars und der anderen Götter auf sein Haupt herab. Gleichermaßen verschwor sich dann das gesamte Heer, Mann für Mann. Nach

iurat. Iuratis datur signum; arma capiunt; eunt in pugnam irarum speique pleni. (15) Nunc iubent Etruscos probra iacere, nunc armati sibi quisque lingua promptum hostem offerri. (16) Omnium illo die, qua plebis, qua patrum, eximia virtus fuit; Fabium nomen maxime enituit; multis civilibus certaminibus infensos plebis animos illa pugna sibi reconciliare statuunt.

46 (1) Instruitur acies, nec Veiens hostis Etruscaeque legiones detractant. Prope certa spes erat non magis secum pugnaturos quam pugnaverint cum Aequis; maius quoque aliquod in tam inritatis animis et occasione ancipiti haud desperandum esse facinus. (2) Res aliter longe evenit; nam non alio ante bello infestior Romanus – adeo hinc contumeliis hostes, hinc consules mora exacerbaverant – proelium iniit. (3) Vix explicandi ordines spatium Etruscis fuit, cum pilis inter primam trepidationem abiectis temere magis quam emissis, pugna iam in manus, iam ad gladios, ubi Mars est atrocissimus, venerat. (4) Inter primores genus Fabium insigne spectaculo exemploque civibus erat. Ex his Q. Fabium – tertio hic anno ante consul fuerat – principem in confertos Veientes euntem ferox viribus et armorum arte Tuscus, incautum inter multas versantem hostium manus, gladio per pectus transfigit; telo extracto praeceps Fabius in volnus abiit. (5) Sensit utraque acies unius viri casum, cedebatque inde Romanus

der Eidesleistung wurde das Signal gegeben, sie griffen zu den
Waffen und zogen voller Grimm und Zuversicht in den
Kampf. (15) Jetzt sollten die Etrusker nur ihre Schmähreden
ausstoßen, nun sollten die Feinde in ihrer Zungenfertigkeit
mit ihnen einen Waffengang wagen. (16) Alle taten sich an
diesem Tage durch besondere Tapferkeit hervor, die Bürger
wie die Väter, am hellsten aber strahlte der Name der Fabier.
Sie waren entschlossen, in dieser Schlacht die Herzen der
Bürger wiederzugewinnen, deren Feindschaft sie sich in den
häufigen inneren Zwistigkeiten zugezogen hatten.

46 (1) Das Heer wurde aufgestellt, und Vejenter wie Etrusker nahmen die Schlacht an. Sie waren recht zuversichtlich,
daß die Römer ihnen kein größeres Treffen liefern würden als
den Aequern.[85] Und da die Gemüter so in Wallung waren
und die Lage noch unentschieden, würden sie sich, so war
ihnen zuzutrauen, wohl noch schlimmer aufführen. (2) Aber
die Sache ging ganz anders aus: In keinem anderen Krieg
gingen die Römer mit solchem Grimm in die Schlacht – so
gereizt waren sie durch die Schmähreden der Feinde und die
Verzögerungstaktik der Konsuln. (3) Kaum blieb den Etruskern Zeit, sich aufzustellen – die Wurfspieße waren bereits in
der Hast des ersten Anlaufs mehr planlos weggeworfen als
gezielt verschossen worden – da ging die Schlacht schon
Mann gegen Mann, es kam schon zum Kampf mit den
Schwertern, wobei immer am erbittertsten gefochten wird.
(4) In den vordersten Reihen boten die Fabier ihren Mitbürgern ein leuchtendes Vorbild. Einer von ihnen, Quintus
Fabius – er war vor drei Jahren Konsul gewesen –, stürzte sich
allen voran in die dichtesten Reihen der Vejenter. Während
er, ohne an seine eigene Deckung zu denken, inmitten der
feindlichen Überzahl kämpfte, stieß ihm ein Tusker, ein star-
ker und waffenerprobter Kämpfer, das Schwert in die Brust.
Fabius zog sich die Waffe heraus und stürzte mit seiner
Wunde tot zu Boden. (5) Auf beiden Seiten machte sich das
Fehlen dieses einen Mannes bemerkbar, die Römer begannen
daraufhin zurückzuweichen. Da sprang der Konsul Marcus

cum M. Fabius consul transiluit iacentis corpus obiectaque parma, »Hoc iurastis,« inquit, »milites, fugientes vos in castra redituros? Adeo ignavissimos hostes magis timetis quam Iovem Martemque per quos iurastis? (6) At ego iniuratus aut victor revertar aut prope te hic, Q. Fabi, dimicans cadam.« Consuli tum K. Fabius, prioris anni consul: »Verbisne istis, frater, ut pugnent, te impetraturum credis? (7) Di impetrabunt per quos iuravere; et nos, ut decet proceres, ut Fabio nomine est dignum, pugnando potius quam adhortando accendamus militum animos.« Sic in primum infensis hastis provolant duo Fabii, totamque moverunt secum aciem.

47 (1) Proelio ex parte una restituto, nihilo segnius in cornu altero Cn. Manlius consul pugnam ciebat, ubi prope similis fortuna est versata. (2) Nam ut altero in cornu Q. Fabium, sic in hoc ipsum consulem Manlium iam velut fusos agentem hostes et impigre milites secuti sunt et, ut ille gravi volnere ictus ex acie cessit, interfectum rati gradum rettulere; (3) cessissentque loco, ni consul alter cum aliquot turmis equitum in eam partem citato equo advectus, vivere clamitans collegam, se victorem fuso altero cornu adesse, rem inclinatam sustinuisset. (4) Manlius quoque ad restituendam aciem se ipse coram offert. Duorum consulum cognita ora accendunt militum animos. Simul et rarior iam erat hostium acies, dum abundante multitudine freti, subtracta subsidia mittunt ad castra oppugnanda. (5) In quae haud magno certamine

Fabius über den Leichnam des am Boden Liegenden hinweg, deckte ihn mit seinem Schild und rief: »Habt ihr das geschworen, Soldaten, daß ihr fliehend ins Lager zurückkehren werdet? Ihr fürchtet also diesen feigen Haufen der Feinde mehr als Jupiter und Mars, bei denen ihr geschworen habt? (6) Ich habe nicht geschworen, aber ich werde entweder als Sieger zurückkehren oder hier neben dir, Quintus Fabius, im Kampfe fallen!« Dem Konsul antwortete Caeso Fabius, der Konsul des Vorjahres: »Glaubst du, Bruder, du erreichst es mit solchen Worten, daß sie kämpfen? (7) Die Götter werden es erreichen, bei denen sie geschworen haben, und auch wir wollen, wie es unserem Rang als Anführer entspricht und wie es des Fabiernamens würdig ist, lieber durch Taten als durch Worte den Kampfgeist der Soldaten entflammen.« So eilten die beiden Fabier mit stoßbereiten Lanzen im Fluge voran und rissen die ganze Front mit sich.

47 (1) Während man das Treffen auf der einen Seite wiederherstellte, war der Konsul Gnaeus Manlius auf dem anderen Flügel nicht weniger tatkräftig bemüht, die Soldaten zum Kampf aufzubieten. Hier nahm das Schlachtgeschehen einen ganz ähnlichen Verlauf. (2) Denn wie die Soldaten auf dem anderen Flügel dem Quintus Fabius folgten, so rückten sie hier dem Konsul Manlius eifrig nach, als er die Feinde wie bereits Geschlagene vor sich hertrieb. Als er jedoch schwerverwundet das Gefecht verließ, glaubten sie, er sei tot, und wichen zurück. (3) Sie hätten das Feld geräumt, wenn nicht der andere Konsul die wankenden Reihen wieder zum Stehen gebracht hätte. Er sprengte mit einer Schwadron Reiter zu ihnen heran und rief ihnen zu, sein Kollege sei am Leben, er selbst aber Sieger auf dem anderen, gänzlich geschlagenen Flügel. (4) Manlius zeigte sich ihnen, um das Treffen vollends wiederherzustellen. Der Anblick beider Konsuln verlieh den Soldaten neuen Kampfgeist. Zugleich hatten sich auch die Reihen der Feinde gelichtet, denn im Vertrauen auf ihre Übermacht hatten sie die Reservetruppen abgezogen und sie zu einem Sturm auf das Lager entsandt. (5) Hier waren sie

impetu facto cum praedae magis quam pugnae memores tererent tempus, triarii Romani qui primam inruptionem sustinere non potuerant, missis ad consules nuntiis quo loco res essent, conglobati ad praetorium redeunt. (6) Et sua sponte ipsi proelium renovant et Manlius consul revectus in castra, ad omnes portas milite opposito, hostibus viam clauserat. Ea desperatio Tuscis rabiem magis quam audaciam accendit. Nam cum incursantes quacumque exitum ostenderet spes vano aliquotiens impetu issent, globus iuvenum unus in ipsum consulem insignem armis invadit. (7) Prima excepta a circumstantibus tela; sustineri deinde vis nequit; consul mortifero volnere ictus cadit, fusique circa omnes. (8) Tuscis crescit audacia; Romanos terror per tota castra trepidos agit, et ad extrema ventum foret ni legati rapto consulis corpore patefecissent una porta hostibus viam. (9) Ea erumpunt; consternatoque agmine abeuntes in victorem alterum incidunt consulem; ibi iterum caesi fusique passim.

Victoria egregia parta, tristis tamen duobus tam claris funeribus. (10) Itaque consul decernente senatu triumphum, si exercitus sine imperatore triumphare possit, pro eximia eo bello opera facile passurum respondit; se familia funesta Q. Fabi fratris morte, re publica ex parte orba, consule altero

ohne große Gegenwehr eingebrochen und hatten dann, eher auf Beute als auf Kampf bedacht, die Zeit vertan. Die römischen Triarier[86], die dem ersten feindlichen Einbruch nicht hatten standhalten können, machten dem Konsul Meldung von ihrer Lage. Sie schlossen sich dicht zusammen und kehrten zum Feldherrnzelt zurück. (6) Auf eigene Faust erneuerten sie das Gefecht. Inzwischen hatte der Konsul Manlius bei seiner Rückkehr ins Lager alle Tore mit Posten besetzt und so den Feinden den Rückweg abgeschnitten. Ihre verzweifelte Lage entflammte die Etrusker mehr zu wütender Raserei als zu kühnen Taten. Denn nachdem sie nach allen Seiten hin, wo sich irgendeine Hoffnung auf Entkommen bot, mehrere vergebliche Angriffe unternommen hatten, stürmte ein einzelner Trupp junger Männer geradewegs auf den Konsul los, der durch seine Waffen gut zu erkennen war. (7) Der erste Geschoßhagel wurde noch von den Umstehenden abgefangen, dann aber konnten sie der Gewalt des Angriffs nicht mehr widerstehen. Der Konsul fiel, tödlich getroffen, und alle Soldaten um ihn herum wurden in die Flucht geschlagen. (8) Den Tuskern wuchs der Mut, die Römer aber trieb der Schrecken kopflos im ganzen Lager umher. Es wäre zum Schlimmsten gekommen, wenn die Kommandeure nicht den Leichnam des Konsuls weggerissen und den Feinden durch ein Tor einen Ausweg eröffnet hätten. (9) Dort stürzten sie hinaus, und als sie in regellosem Zug auf dem Rückmarsch waren, stießen sie auf den anderen, den siegreichen Konsul. Da wurden sie abermals geschlagen und auseinandergesprengt.

Es war ein glänzender Sieg erfochten worden, der aber verdüstert wurde durch den Tod zweier hervorragender Männer. (10) Als ihm der Senat einen Triumph zuerkannte, antwortete daher der Konsul, wenn das Heer ohne Feldherrn seinen Triumph feiern könne, dann wolle er ihm das für die großartigen Leistungen in diesem Kriege gern gestatten. Da aber seine Familie Trauer trage wegen seines gefallenen Bruders Quintus Fabius und der Staat durch den Verlust des einen Konsuls

amisso, publico privatoque deformem luctu lauream non accepturum. (11) Omni acto triumpho depositus triumphus clarior fuit; adeo spreta in tempore gloria interdum cumulatior redit. Funera deinde duo deinceps collegae fratrisque ducit, idem in utroque laudator, cum concedendo illis suas laudes ipse maximam partem earum ferret. (12) Neque immemor eius quod initio consulatus imbiberat, reconciliandi animos plebis, saucios milites curandos dividit patribus. Fabiis plurimi dati, nec alibi maiore cura habiti. Inde populares iam esse Fabii, nec hoc ulla re nisi salubri rei publicae arte.

48 (1) Igitur non patrum magis quam plebis studiis K. Fabius cum T. Verginio consul factus neque belli neque dilectus neque ullam aliam priorem curam agere quam, ut iam aliqua ex parte incohata concordiae spe, primo quoque tempore cum patribus coalescerent animi plebis. (2) Itaque principio anni censuit priusquam quisquam agrariae legis auctor tribunus exsisteret, occuparent patres ipsi suum munus facere; captivum agrum plebi quam maxime aequaliter darent; verum esse habere eos quorum sanguine ac sudore partus sit. (3) Aspernati patres sunt; questi quoque quidam nimia gloria luxuriare et evanescere vividum quondam illud Caesonis ingenium.

(4) Nullae deinde urbanae factiones fuere; vexabantur incursionibus Aequorum Latini. Eo cum exercitu Caeso missus in ipsorum Aequorum agrum depopulandum transit. Aequi se

zur Hälfte verwaist sei, könne er einen Lorbeerkranz nicht
annehmen, der zur Familien- und Staatstrauer schlecht passe.
(11) Dieser abgelehnte Triumph verschaffte ihm größere
Ehre als jeder gefeierte es getan hätte. So erhält man einen zu
rechter Zeit verschmähten Ruhm bisweilen später noch reich-
licher zurück. Darauf leitete Fabius das Leichenbegängnis für
seinen Kollegen wie für seinen Bruder. Er hielt beiden die
Leichenrede, und indem er seine eigenen Verdienste ihnen
zuschrieb, trug er selbst den Hauptanteil davon. (12) Er blieb
seines Vorsatzes eingedenk, den er zu Beginn seines Konsula-
tes gefaßt hatte, nämlich die Herzen der Bürger wiederzugewinnen. Deshalb teilte er die verwundeten Soldaten zur
Pflege den Vätern zu. Die Fabier erhielten die meisten, und
nirgendwo wurden sie besser versorgt. Seitdem genossen die
Fabier die Gunst des Volkes, und das nur durch ihren Einsatz
für das Wohl des Staates.

48 (1) Also wurde Caeso Fabius gleichermaßen mit Unterstützung der Väter wie der Bürger zum Konsul gewählt,
zusammen mit Titus Verginius [479]. Er kümmerte sich vor-
rangig nicht um Krieg oder Truppenaushebungen, sondern
darum, die Bürger möglichst bald mit den Vätern auszusöhnen, zumal ja schon gewisse Hoffnung auf eine Einigung
bestand. (2) Daher stellte Fabius bereits zu Jahresbeginn im
Senat folgenden Antrag: Noch bevor ein Tribun als Befürworter eines Ackergesetzes auftreten könne, sollten die Väter
von sich aus ein solches Geschenk machen. Sie sollten das
eroberte Land zu möglichst gleichen Teilen den Bürgern
übergeben. Es sei nur gerecht, daß diejenigen das Land besäßen, die es mit ihrem Blut und Schweiß errungen hätten.
(3) Die Väter lehnten den Antrag ab, ja einige beklagten sich
sogar, der frühere Kampfgeist des Caeso sei durch seinen
übergroßen Ruhm entartet und kraftlos geworden.
(4) Sonst gab es in der Stadt keinen Parteienstreit. Die Latiner
aber litten unter den Raubzügen der Aequer. Caeso wurde
mit einem Heer dorthin entsandt und marschierte ins Gebiet
der Aequer ein, um die Felder zu verwüsten. Die Aequer

in oppida receperunt murisque se tenebant; eo nulla pugna memorabilis fuit. (5) At a Veiente hoste clades accepta temeritate alterius consulis, actumque de exercitu foret, ni K. Fabius in tempore subsidio venisset. Ex eo tempore neque pax neque bellum cum Veientibus fuit; res proxime formam latrocinii venerat. (6) Legionibus Romanis cedebant in urbem; ubi abductas senserant legiones, agros incursabant, bellum quiete, quietem bello in vicem eludentes. Ita neque omitti tota res nec perfici poterat; et alia bella aut praesentia instabant, ut ab Aequis Volscisque, non diutius quam recens dolor proximae cladis transiret quiescentibus, aut mox moturos esse apparebat Sabinos semper infestos Etruriamque omnem. (7) Sed Veiens hostis, adsiduus magis quam gravis, contumeliis saepius quam periculo animos agitabat, quod nullo tempore neglegi poterat aut averti alio sinebat. (8) Tum Fabia gens senatum adiit. Consul pro gente loquitur: »Adsiduo magis quam magno praesidio, ut scitis, patres conscripti, bellum Veiens eget. Vos alia bella curate, Fabios hostes Veientibus date. Auctores sumus tutam ibi maiestatem Romani nominis fore. (9) Nostrum id nobis velut familiare bellum privato sumptu gerere in animo est; res publica et milite illic et pecunia vacet.« Gratiae ingentes actae. (10) Consul e curia

zogen sich in die Städte zurück und blieben innerhalb ihrer Mauern. So kam es zu keiner nennenswerten Kampfhandlung. (5) Von den feindlichen Vejentern aber mußte man wegen der Unbesonnenheit des anderen Konsuls eine Niederlage hinnehmen. Es wäre um das Heer geschehen gewesen, wenn Caeso Fabius nicht noch rechtzeitig zu Hilfe gekommen wäre. Seitdem lebte man mit den Vejentern weder im Frieden noch im offenen Kriegszustand; das Ganze hatte eher die Form gegenseitiger Raubzüge angenommen. (6) Vor den römischen Legionen flüchteten die Vejenter in die Stadt; sobald sie aber merkten, daß die Legionen abgezogen waren, fielen sie ins römische Gebiet ein. Sie machten von Mal zu Mal den Krieg durch Stillhalten, das Stillhalten aber wieder durch Krieg zunichte. So konnten die Römer diese Angelegenheit weder ganz außer acht lassen, noch ein für allemal zu Ende bringen. Dabei stand schon ein Ausbruch anderer Kriege unmittelbar bevor, einmal mit den Aequern und Volskern, die niemals länger Ruhe hielten, als bis die frischen Wunden der letzten Niederlage vernarbt waren. Zum anderen war es offensichtlich, daß sich bald die stets feindlichen Sabiner und ganz Etrurien erheben würden. (7) Der Feind aus Veji aber, der sich mehr hartnäckig als furchtbar zeigte, hielt die Römer öfter durch demütigende Übergriffe als durch ernsthafte Gefährdung in Atem. Man konnte ihn niemals völlig vernachlässigen, noch erlaubte er es, daß man sich anderen Aufgaben zuwandte. (8) Da traten die Fabier vor den Senat. Der Konsul ergriff für seine Sippe das Wort: »Wie ihr wißt, versammelte Väter, verlangt der Krieg gegen Veji eher eine ständige als eine zahlenmäßig große Truppe zur Abwehr. Führt ihr die anderen Kriege und laßt die Feinde von Veji den Fabiern. Wir verbürgen uns dafür, daß die Würde des römischen Namens dort gesichert bleibt. (9) Wir haben vor, diesen Krieg als den unseren, sozusagen als unsere Privatfehde auf eigene Kosten zu führen. Der Staat soll hierfür weder Truppen noch Geldmittel aufzuwenden haben.« Der Vorschlag wurde mit höchster Dankbarkeit angenommen.

egressus comitante Fabiorum agmine, qui in vestibulo curiae senatus consultum exspectantes steterant, domum redit. Iussi armati postero die ad limen consulis adesse; domos inde discedunt.

49 (1) Manat tota urbe rumor; Fabios ad caelum laudibus ferunt: familiam unam subisse civitatis onus; Veiens bellum in privatam curam, in privata arma versum. (2) si sint duae roboris eiusdem in urbe gentes, deposcant haec Volscos sibi, illa Aequos: populo Romano tranquillam pacem agente omnes finitimos subigi populos posse. Fabii postero die arma capiunt; quo iussi erant conveniunt. (3) Consul paludatus egrediens in vestibulo gentem omnem suam instructo agmine videt; acceptus in medium signa ferri iubet. Nunquam exercitus neque minor numero neque clarior fama et admiratione hominum per urbem incessit. (4) Sex et trecenti milites, omnes patricii, omnes unius gentis, quorum neminem ducem sperneret egregius quibuslibet temporibus exercitus, ibant, unius familiae viribus Veienti populo pestem minitantes. (5) Sequebantur turba propria alia cognatorum sodaliumque, nihil medium, nec spem nec curam, sed immensa omnia volventium animo, alia publica sollicitudine excitata, favore et admiratione stupens. (6) Ire fortes, ire felices iubent, inceptis eventus pares reddere; consulatus inde ac triumphos, omnia praemia ab se, omnes honores sperare. (7) Praetereuntibus Capitolium arcemque et alia templa, quidquid deorum oculis,

(10) Als der Konsul aus der Kurie kam, begleiteten ihn die Fabier – sie hatten im Vorhof der Kurie auf den Bescheid des Senats gewartet – in langem Zug nach Hause. Sie erhielten den Befehl, sich am nächsten Tag bewaffnet vor dem Hause des Konsuls einzufinden. Darauf gingen sie heim.

49 (1) Die Kunde hiervon verbreitete sich durch die ganze Stadt. Man erhob die Fabier in den Himmel: Eine einzige Familie, so hieß es, habe die Last auf sich geladen, die den Staat bedrückte. Der Krieg gegen Veji sei zu einer Privatsache, zu einer Privatfehde geworden. (2) Gäbe es nur noch zwei Familien von solcher Stärke in der Stadt, die sich die Volsker und die Aequer vornähmen, dann könnten alle Nachbarvölker unterworfen werden, und das römische Volk dürfe Ruhe und Frieden genießen. Am nächsten Tag bewaffneten sich die Fabier und versammelten sich an dem verabredeten Platz. (3) Als der Konsul im Feldherrnmantel zu ihnen heraustrat, erblickte er im Vorhof seine ganze Sippe, zum Abmarsch gerüstet. Sie nahmen ihn in die Mitte, und er gab den Befehl zum Aufbruch. Niemals zog ein Heer durch die Stadt, das so klein an Zahl, aber so namhaft und vielbewundert war. (4) 306 Krieger, alle von Adel, alle von einem Stamm – keinen einzigen von ihnen hätte ein hervorragendes Heer gleich welcher Zeit als Feldherrn verschmäht – zogen aus und drohten mit der Stärke eines einzigen Geschlechts den Vejentern die Vernichtung an. (5) Ihnen folgte eine ganze Schar, zum einen ihr eigenes Gefolge von Verwandten und Gefährten, die alle ihre Hoffnungen und Wünsche auf nichts Durchschnittliches richteten, sondern Äußerstes im Sinn hatten. Zum andern eine Volksmenge, die sich aus Sorge um den Staat aufgemacht hatte und vor staunender Begeisterung ganz außer sich war. (6) Stark und tapfer sollten sie ausziehen, so riefen alle, vom Glück begleitet, und ihr Unternehmen solle so enden, wie es begonnen habe. Konsulate und Triumphe, Auszeichnungen und Ehrenstellen aller Art könnten sie dann von ihnen erwarten. (7) Als der Zug am Kapitol, der Burg und den anderen Tempeln vorüberkam, beteten die Leute zu

quidquid animo occurrit, precantur ut illud agmen faustum atque felix mittant, sospites brevi in patriam ad parentes restituant. In cassum missae preces. (8) Infelici via, dextro iano portae Carmentalis, profecti ad Cremeram flumen perveniunt. Is opportunus visus locus communiendo praesidio.

(9) L. Aemilius inde et C. Servilius consules facti. Et donec nihil aliud quam in populationibus res fuit, non ad praesidium modo tutandum Fabii satis erant, sed tota regione qua Tuscus ager Romano adiacet, sua tuta omnia, infesta hostium, vagantes per utrumque finem, fecere. (10) Intervallum deinde haud magnum populationibus fuit, dum et Veientes accito ex Etruria exercitu praesidium Cremerae oppugnant, et Romanae legiones ab L. Aemilio consule adductae cominus cum Etruscis dimicant acie; (11) quamquam vix dirigendi aciem spatium Veientibus fuit; adeo inter primam trepidationem, dum post signa ordines introeunt subsidiaque locant, invecta subito ab latere Romana equitum ala non pugnae modo incipiendae sed consistendi ademit locum. (12) Ita fusi retro ad saxa Rubra – ibi castra habebant – pacem supplices petunt. Cuius impetratae, ab insita animis levitate, ante deductum Cremera Romanum praesidium paenituit.

50 (1) Rursus cum Fabiis erat Veienti populo, sine ullo maioris belli apparatu, certamen; nec erant incursiones modo in agros aut subiti impetus incursantium, sed aliquotiens aequo campo conlatisque signis certatum, (2) gensque una populi

den Göttern, die sie gerade vor Augen hatten oder die ihnen
in den Sinn kamen, sie möchten doch diesen Zug mit Glück
und Segen begleiten und die Krieger bald wohlbehalten in ihr
Vaterland und zu den Ihrigen zurückkehren lassen. Aber die
Bitten waren vergebens. (8) Die Fabier zogen den Weg des
Unheils durch den rechten Bogen des Carmentalischen
Tores[87] und gelangten zum Flusse Cremera. Diese Stelle
schien ihnen günstig, um dort eine Festung zu errichten.[88]
(9) Darauf wurden Lucius Aemilius und Gaius Servilius
Konsuln [478]. Solange der Krieg nur aus Raubzügen
bestand, waren die Fabier als Schutztruppe stark genug, ja sie
sicherten sogar durch ihre Streifzüge hüben und drüben die
gesamte Gegend, wo das etruskische ans römische Gebiet
angrenzt, und machten das feindliche Land unsicher.
(10) Dann wurden diese Streifzüge auf kurze Zeit unterbrochen. Die Vejenter bestürmten nämlich mit einem aus Etrurien aufgebotenen Heer den Posten an der Cremera. Die
römischen Legionen aber rückten unter der Führung des
Konsuls Lucius Aemilius heran und lieferten den Tuskern
eine Schlacht. (11) Man ließ den Vejentern kaum Zeit, ihre
Reihen zu ordnen. Noch in der Hast des Anfangs, während
sie den Fahnen folgend sich aufstellten und das Hintertreffen
formierten, brach eine Schwadron römischer Reiterei von der
Flanke her ein und ließ ihnen keine Stellung, um den
Kampf beginnen, ja überhaupt nur standhalten zu können.
(12) So wurden sie bis nach Saxa Rubra zurückgeschlagen,
wo sie ihr Lager hatten. Sie baten demütig um Frieden, der
ihnen auch gewährt wurde. In ihrem üblichen Wankelmut
brachen sie ihn aber wieder, noch ehe der römische Posten an
der Cremera abgezogen war.
50 (1) Wieder hatten die Vejenter mit den Fabiern zu kämpfen, ohne daß es dabei Zurüstungen zu einem größeren Krieg
gab. Doch fanden jetzt nicht nur Raubzüge ins feindliche
Gebiet oder plötzliche Angriffe von seiten der herumstreifen-
den Trupps statt, sondern es kam mehrmals zu regelrechten
Gefechten im offenen Feld. (2) Die eine römische Sippe trug

Romani saepe ex opulentissima, ut tum res erant, Etrusca civitate victoriam tulit. (3) Id primo acerbum indignumque Veientibus est visum; inde consilium ex re natum insidiis ferocem hostem captandi; gaudere etiam multo successu Fabiis audaciam crescere. (4) Itaque et pecora praedantibus aliquotiens, velut casu incidissent, obviam acta, et agrestium fuga vasti relicti agri, et subsidia armatorum ad arcendas populationes missa saepius simulato quam vero pavore refugerunt. (5) Iamque Fabii adeo contempserant hostem ut sua invicta arma neque loco neque tempore ullo crederent sustineri posse. Haec spes provexit ut ad conspecta procul a Cremera magno campi intervallo pecora, quamquam rara hostium apparebant arma, decurrerent. (6) Et cum improvidi effuso cursu praesidia circa ipsum iter locata superassent palatique passim vaga, ut fit pavore iniecto, raperent pecora, subito ex insidiis consurgitur; et adversi et undique hostes erant. (7) Primo clamor circumlatus exterruit, dein tela ab omni parte accidebant; coeuntibusque Etruscis, iam continenti agmine armatorum saepti, quo magis se hostis inferebat, cogebantur breviore spatio et ipsi orbem colligere, (8) quae res et paucitatem eorum insignem et multitudinem Etruscorum, multiplicatis in arto ordinibus, faciebat. (9) Tum omissa pugna, quam in omnes partes parem intenderant, in unum locum se omnes inclinant; eo nisi corporibus armisque

oft den Sieg davon über den damals sehr mächtigen etruskischen Stadtstaat. (3) Dies erschien den Vejentern zunächst als
herbe Kränkung. Dann brachte die Sache selbst sie auf den
Gedanken, den übermütigen Feind in einem Hinterhalt zu
fangen. Sie freuten sich nun sogar, daß die Fabier durch ihre
zahlreichen Erfolge immer waghalsiger wurden. (4) Deshalb
trieben sie ihnen, wenn sie auf Beutezug waren, mehrmals
Viehherden zu, auf die sie dann scheinbar zufällig stießen.
Außerdem räumte die Landbevölkerung auf der Flucht das
flache Land, und die zur Abwehr der Verwüstungen entsand-
ten Schutztruppen zogen sich öfters aus scheinbarer, nicht
aus wirklicher Furcht, fliehend zurück. (5) Schon gingen die
Fabier in ihrer Verachtung des Feindes so weit zu glauben, er
könne ihren sieggewohnten Waffen nimmer und nirgends
mehr standhalten. Diese Erwartung verleitete sie, obwohl
man da und dort bewaffnete Feinde sah, auf eine Viehherde
loszugehen, die sie weit von der Cremera entfernt erblickt
hatten und von der sie durch eine weite Ebene getrennt
waren. (6) Als sie ohne jegliche Vorsicht in regellosem Zug
die am Wege aufgestellten Posten überrannt hatten,[89] zerstreuten sie sich in alle Richtungen und raubten das Vieh, das
sich wie immer, wenn es aufgescheucht wird, überallhin ver-
laufen hatte. Da erfolgte plötzlich ein Überfall aus dem Hinterhalt: Die Feinde umringten die Fabier von vorne und von
allen Seiten. (7) Das Geschrei, das sich ringsum erhob, jagte
ihnen den ersten Schrecken ein, dann kamen von überallher
Geschosse geflogen. Da die Etrusker ihre Trupps vereinigten,
waren die Fabier alsbald von einem Ring Bewaffneter umge-
ben. Je heftiger der Feind auf sie eindrang, desto mehr wurden sie gezwungen, sich auf immer engerem Raum im Kreis
zusammenzuschließen. (8) Dadurch erwies sich ihre geringe
Zahl und die Übermacht der Etrusker, die ihre Reihen auf
dem engen Raum mehrfach staffeln konnten. (9) Daher
gaben es die Fabier auf, den Kampf nach allen Seiten hin
zugleich zu führen, und sie konzentrierten sich alle gemeinsam auf einen Punkt. Mit dem Einsatz ihrer Körper und Waf-

rupere cuneo viam. (10) Duxit via in editum leniter collem. Inde primo restitere; mox, ut respirandi superior locus spatium dedit recipiendique a pavore tanto animum, pepulere etiam subeuntes, vincebatque auxilio loci paucitas, ni iugo circummissus Veiens in verticem collis evasisset. (11) Ita superior rursus hostis factus. Fabii caesi ad unum omnes praesidiumque expugnatum. Trecentos sex perisse satis convenit, unum propter impuberem aetatem relictum, stirpem genti Fabiae dubiisque rebus populi Romani saepe domi bellique vel maximum futurum auxilium.

51 (1) Cum haec accepta clades est, iam C. Horatius et T. Menenius consules erant. Menenius adversus Tuscos victoria elatos confestim missus. (2) Tum quoque male pugnatum est, et Ianiculum hostes occupavere; obsessaque urbs foret, super bellum annona premente – transierant enim Etrusci Tiberim – ni Horatius consul ex Volscis esset revocatus. Adeoque id bellum ipsis institit moenibus, ut primo pugnatum ad Spei sit aequo Marte, iterum ad portam Collinam. (3) Ibi quamquam parvo momento superior Romana res fuit, meliorem tamen militem, recepto pristino animo, in futura proelia id certamen fecit.

(4) A. Verginius et Sp. Servilius consules fiunt. Post acceptam proxima pugna cladem Veientes abstinuere acie; populationes erant, et velut ab arce Ianiculo passim in Romanum agrum

fen brachen sie im Keil dort durch und erzwangen sich den Ausweg. (10) Er führte sie auf einen leicht ansteigenden Hügel. Hier konnten sie zuerst wieder Fuß fassen. Sobald es ihnen der erhöhte Standort erlaubt hatte, Atem zu schöpfen und sich von ihrem Schrecken zu erholen, schlugen sie auch schon die von unten andrängenden Feinde zurück. Von ihrem Standort begünstigt, hätten sie trotz ihrer geringen Zahl den Sieg davongetragen, wenn die Vejenter nicht den Hügel von hinten erstiegen hätten.[90] (11) So erhielt der Feind abermals die Oberhand. Die Fabier wurden alle bis auf den letzten Mann niedergemacht, ihre Festung wurde erobert. Es heißt übereinstimmend, daß 306 Mann gefallen sind.[91] Nur ein einziger war zurückgeblieben, da er noch ein Knabe war. Er wurde der Ahnherr des künftigen Fabiergeschlechtes, das dem römischen Volk bei Gefahren zu Hause und im Krieg die stärkste Stütze werden sollte.[92]

51 (1) Als man diese Niederlage hinnehmen mußte, waren bereits Gaius Horatius und Titus Menenius Konsuln [477]. Gegen die Tusker, die durch ihren Sieg übermütig geworden waren, schickte man sogleich Menenius ins Feld. (2) Auch diesmal kämpfte man mit unglücklichem Ausgang, und die Feinde nahmen das Janiculum ein. Ja die Stadt, die zum Krieg auch noch Hungersnot zu ertragen hatte – die Etrusker hatten nämlich den Tiber überschritten[93] –, wäre belagert worden, wenn man nicht den Konsul Horatius aus dem Volskerland zurückgerufen hätte. Der Krieg rückte so dicht an die Mauern heran, daß man zuerst beim Tempel der Spes kämpfte, und zwar in einem unentschiedenen Gefecht, sodann am Collinischen Tor. (3) Zwar behielten die Römer nur knapp die Oberhand, das Treffen stärkte die Soldaten aber für die kommenden Gefechte, indem sie dadurch ihren früheren Kampfgeist zurückgewannen.

(4) Aulus Verginius und Spurius Servilius wurden nun Konsuln [476]. Nach der Niederlage im letzten Gefecht vermieden die Vejenter ein Treffen. Doch unternahmen sie Plünderungszüge und machten vom Janiculum aus wie von einer

impetus dabant; non usquam pecora tuta, non agrestes erant.
(5) Capti deinde eadem arte sunt qua ceperant Fabios. Secuti
dedita opera passim ad inlecebras propulsa pecora praecipita-
vere in insidias; quo plures erant, maior caedes fuit. (6) Ex
hac clade atrox ira maioris cladis causa atque initium fuit.
Traiecto enim nocte Tiberi, castra Servili consulis adorti sunt
oppugnare. Inde fusi magna caede in Ianiculum se aegre recepere. (7) Confestim consul et ipse transit Tiberim, castra sub
Ianiculo communit. Postero die luce orta nonnihil et hesterna
felicitate pugnae ferox, magis tamen quod inopia frumenti
quamvis in praecipitia, dum celeriora essent, agebat consilia,
(8) temere adverso Ianiculo ad castra hostium aciem erexit,
foediusque inde pulsus quam pridie pepulerat, interventu collegae ipse exercitusque est servatus. (9) Inter duas acies
Etrusci, cum in vicem his atque illis terga darent, occidione
occisi. Ita oppressum temeritate felici Veiens bellum.
52 (1) Urbi cum pace laxior etiam annona rediit, et advecto
ex Campania frumento, et postquam timor sibi cuique
futurae inopiae abiit, eo quod abditum fuerat prolato. (2) Ex
copia deinde otioque lascivire rursus animi et pristina mala,
postquam foris deerant, domi quaerere. Tribuni plebem agi-
tare suo veneno, agraria lege; in resistentes incitare patres, nec

Burg nach allen Seiten hin Einfälle ins römische Gebiet. Nirgends war das Vieh, nirgends das Landvolk sicher. (5) Da wurden sie schließlich mit der gleichen List gefangen, mit der sie die Fabier besiegt hatten. Als sie den Viehherden folgten, die man ihnen da und dort absichtlich zugetrieben hatte, um sie anzulocken, gerieten sie unversehens in einen Hinterhalt. Je zahlreicher sie waren, um so mehr wurden auch niedergehauen. (6) Ihre grimmige Erbitterung über diese Niederlage war Anlaß und Anfang einer noch größeren. Sie setzten nämlich des Nachts über den Tiber und begannen mit einem Sturmangriff auf das Lager des Konsuls Servilius. Hier wurden sie vernichtend geschlagen und retteten sich mit Mühe auf das Janiculum. (7) Sogleich überschritt der Konsul seinerseits den Tiber und schlug unterhalb des Janiculums ein befestigtes Lager auf. Am folgenden Tag stellte er in der Frühe auf gut Glück das Heer am Janiculum vor dem feindlichen Lager zur Schlacht auf. Er war noch etwas in Hochstimmung wegen des gestrigen Sieges, noch mehr aber trieb ihn der Mangel an Getreide zu Entschlüssen, die noch so gewagt sein mochten, wenn sie nur raschen Erfolg erwarten ließen. (8) Dort erlitt er eine noch schmählichere Niederlage, als er sie tags zuvor den Feinden beigebracht hatte. Nur das Eingreifen seines Kollegen rettete ihn und das Heer. (9) Die Etrusker gerieten dadurch zwischen zwei Fronten und wurden, während sie jeweils einer davon den Rücken kehren mußten, gänzlich niedergehauen. So ging die unbesonnene Unternehmung noch glücklich aus und führte zur Beendigung des Krieges gegen Veji.

52 (1) Mit dem Frieden gab es in der Stadt auch billigeres Getreide, einmal weil die Zufuhr aus Kampanien wieder offenstand, und zum andern weil man nun ohne Furcht vor künftigem Mangel seine verborgenen Vorräte zutage förderte. (2) Aus Überfluß und Ruhe erwuchs auch wieder der Mutwille, und da man nach außen hin keine hatte, schuf man sich im Innern wieder die alten Übel. Die Tribunen brachten das Volk durch ihr Zaubermittel, das Ackergesetz, in Bewe-

in universos modo sed in singulos. (3) Q. Considius et T. Genucius, auctores agrariae legis, T. Menenio diem dicunt. Invidiae erat amissum Cremerae praesidium, cum haud procul inde stativa consul habuisset; (4) ea oppressit, cum et patres haud minus quam pro Coriolano adnisi essent et patris Agrippae favor hauddum exolevisset. (5) In multa temperarunt tribuni; cum capitis anquisissent, duorum milium aeris damnato multam dixerunt. Ea in caput vertit; negant tulisse ignominiam aegritudinemque; inde morbo absumptum esse.

(6) Alius deinde reus, Sp. Servilius, ut consulatu abiit, C. Nautio et P. Valerio consulibus, initio statim anni ab L. Caedicio et T. Statio tribunis die dicta, (7) non ut Menenius, precibus suis aut patrum sed cum multa fiducia innocentiae gratiaeque tribunicios impetus tulit. Et huic proelium cum Tuscis ad Ianiculum erat crimini. Sed fervidi animi vir ut in publico periculo ante, sic tum in suo, non tribunos modo sed plebem oratione feroci refutando exprobrandoque T. Meneni damnationem mortemque, cuius patris munere restituta quondam plebs eos ipsos quibus tum saeviret magistratus, eas

gung und hetzten es gegen die sich widersetzenden Väter auf, und zwar nicht nur gegen die gesamte Körperschaft, sondern auch gegen einzelne. (3) Quintus Considius und Titus Genucius, die das Ackergesetz beantragt hatten, brachten den Titus Menenius vor Gericht. Sie gaben ihm die Schuld am Verlust des Postens an der Cremera, da er als Konsul nicht weit davon sein Standlager gehabt habe. (4) Dieser Beschuldigung unterlag er, obwohl sich die Väter für ihn nicht weniger als für Coriolanus eingesetzt hatten und auch die Sympathien für seinen Vater [Menenius] Agrippa noch keineswegs geschwunden waren. (5) Die Tribunen zeigten sich milde, indem sie auf eine Geldstrafe erkannten. Obwohl sie ihn in einem Kapitalprozeß angeklagt hatten, legten sie ihm nun bei seiner Verurteilung nur eine Geldbuße von 2000 As auf.[94] Aber auch das traf ihn ins Herz; es heißt, er habe die Entehrung und den Gram nicht ertragen können und sei bald darauf krank geworden und gestorben.

(6) Die Tribunen Lucius Caedicius und Titus Statius brachten darauf unter dem Konsulat des Gaius Nautius und Publius Valerius [475] einen anderen Angeklagten vor Gericht, den Spurius Servilius, und zwar wurde der Prozeß gleich zu Beginn des Jahres angesetzt, als er eben sein Konsulat niedergelegt hatte. (7) Er verteidigte sich gegen die Angriffe der Tribunen nicht wie Menenius mit Bitten, die er selbst oder die Väter vortrugen, sondern zeigte vielmehr großes Vertrauen in seine Unschuld und seinen guten Namen. Auch ihn klagte man wegen einer Schlacht gegen die Etrusker an, und zwar wegen des Gefechts am Janiculum. Aber ebenso kühn, wie er damals in der allgemeinen Bedrohung gewesen war, zeigte er sich auch jetzt bei seiner eigenen Gefährdung. In einer leidenschaftlichen Rede wies er die Vorwürfe zurück und beschuldigte seinerseits nicht nur die Tribunen, sondern auch die Bürger wegen der Verurteilung und des Todes des Menenius. Dessen Vater hätten die Bürger es zu verdanken, daß sie damals wieder ihren Platz im Gemeinwesen erhalten hätten, daß sie die Beamten erhielten, mit deren Hilfe sie nun

leges haberet, periculum audacia discussit. (8) Iuvit et Verginius collega testis productus, participando laudes; magis tamen Menenianum – adeo mutaverunt animi – profuit iudicium.

53 (1) Certamina domi finita: Veiens bellum exortum, quibus Sabini arma coniunxerant. P. Valerius consul accitis Latinorum Hernicorumque auxiliis cum exercitu Veios missus castra Sabina, quae pro moenibus sociorum locata erant, confestim adgreditur; tantamque trepidationem iniecit ut dum dispersi alii alia manipulatim excurrunt ad arcendam hostium vim, ea porta cui signa primum intulerat caperetur. Intra vallum deinde caedes magis quam proelium esse. (2) Tumultus e castris et in urbem penetrat; tamquam Veiis captis, ita pavidi Veientes ad arma currunt. Pars Sabinis eunt subsidio, pars Romanos toto impetu intentos in castra adoriuntur. (3) Paulisper aversi turbatique sunt; deinde et ipsi utroque versis signis resistunt, et eques ab consule immissus Tuscos fundit fugatque, eademque hora duo exercitus, duae potentissimae et maxime finitimae gentes superatae sunt. (4) Dum haec ad Veios geruntur, Volsci Aequique in Latino agro posuerant castra populatique fines erant. Eos per se ipsi Latini adsumptis Hernicis, sine Romano aut duce aut auxilio castris exuerunt; (5) ingenti praeda praeter suas reciperatas res potiti sunt. Missus tamen ab Roma consul in Volscos C. Nautius;

so wüteten, und dazu die gesetzlichen Vollmachten. So rettete er sich durch seine Kühnheit aus der Gefahr. (8) Auch stand ihm sein Amtskollege Verginius als Zeuge zur Seite und stellte ihn als Teilhaber seines Ruhmes dar. Noch mehr aber half ihm die Erinnerung an die Verurteilung des Menenius: Ein solcher Stimmungsumschwung war inzwischen eingetreten.

53 (1) Die inneren Streitigkeiten waren damit beendet, da kam es wieder zum Krieg gegen die Vejenter, denen sich die Sabiner angeschlossen hatten. Der Konsul Publius Valerius berief Hilfstruppen von den Latinern und Hernikern und wurde mit einem Heer gegen Veji entsandt. Er griff sogleich das Lager an, das die Sabiner vor den Mauern ihrer Bundesgenossen errichtet hatten. Dadurch versetzte er sie in solche Verwirrung, daß er das Tor, dem sein erster Angriff gegolten hatte, einnehmen konnte, während sie noch zerstreut in einzelnen Trupps hier und dort einen Ausfall machten, um den Feind abzuwehren. Innerhalb des Lagers gab es nun eher ein Gemetzel als ein Gefecht. (2) Der Kampfeslärm drang aus dem Lager bis in die Stadt, und die Vejenter eilten so erschrocken zu den Waffen, als sei Veji schon erobert. Ein Teil kam den Sabinern zu Hilfe, ein anderer griff die Römer an, die mit ganzer Kraft das Lager bestürmten. (3) Sie wurden für kurze Zeit zurückgedrängt und gerieten in Verwirrung. Dann aber wandten sie sich nach beiden Seiten hin und leisteten Widerstand. Der Konsul entsandte die Reiterei zum Angriff, und diese schlug die Tusker vernichtend. So wurden zur gleichen Stunde zwei Heere und die beiden mächtigsten und dazu noch eng benachbarten Völker besiegt. (4) Während dies bei Veji geschah, hatten die Volsker und Aequer im Gebiet der Latiner ihr Lager aufgeschlagen und die Äcker verwüstet. Die Latiner nahmen von sich aus die Herniker zu Hilfe und eroberten das feindliche Lager, ohne einen Feldherrn oder Hilfstruppen aus Rom anzufordern. (5) Sie machten reiche Beute und gewannen darüber hinaus ihre Ländereien zurück. Rom entsandte dennoch den Konsul Gaius

mos, credo, non placebat, sine Romano duce exercituque
socios propriis viribus consiliisque bella gerere. (6) Nullum
genus calamitatis contumeliaeque non editum in Volscos est,
nec tamen perpelli potuere ut acie dimicarent.

54 (1) L. Furius inde et C. Manlius consules. Manlio Veientes provincia evenit; non tamen bellatum; induciae in annos
quadraginta petentibus datae frumento stipendioque impe-
rato. (2) Paci externae confestim continuatur discordia domi.
Agrariae legis tribuniciis stimulis plebs furebat. Consules,
nihil Meneni damnatione, nihil periculo deterriti Servili,
summa vi resistunt. Abeuntes magistratu Cn. Genucius tribunus plebis arripuit.
(3) L. Aemilius et Opiter Verginius consulatum ineunt;
Vopiscum Iulium pro Verginio in quibusdam annalibus consulem invenio. Hoc anno, quoscumque consules habuit, rei
ad populum Furius et Manlius circumeunt sordidati non plebem magis quam iuniores patrum. (4) Suadent monent hono-
ribus et administratione rei publicae abstineant; consulares
vero fasces, praetextam ⟨togam⟩, curulemque sellam nihil
aliud quam pompam funeris putent; claris insignibus velut
infulis velatos ad mortem destinari. (5) quod si consulatus
tanta dulcedo sit, iam nunc ita in animum inducant consulatum captum et oppressum ab tribunicia potestate esse; con-

Nautius gegen die Volsker. Man wollte es, glaube ich, nicht
zur Gewohnheit werden lassen, daß die Bundesgenossen
ohne römische Führung und Streitmacht mit eigenen Truppen auf und auf eigene Faust Kriege führten. (6) Man suchte die
Volsker auf alle mögliche Art zu schädigen und zu schmähen,
sie ließen sich aber dennoch nicht dazu bewegen, eine
Schlacht zu schlagen.

54 (1) Darauf wurden Lucius Furius und Gaius Manlius
Konsuln [474]. Die Kriegführung gegen die Vejenter fiel
Manlius zu, doch kam es nicht zum Kampf. Auf ihre Bitten
hin gewährte man ihnen einen Waffenstillstand auf vierzig
Jahre, dafür wurden ihnen Getreidelieferungen und ein Tri-
but auferlegt.[95] (2) Mit dem äußeren Frieden begannen sogleich wieder die Streitigkeiten im Innern. Durch die erneute
Vorlage des Ackergesetzes wurde die Bürgerschaft von den
Tribunen in Aufruhr versetzt. Die Konsuln ließen sich nicht
beirren, weder durch die Verurteilung des Menenius noch
durch die Gefährdung des Servilius, sie widersetzten sich mit
aller Kraft. Sobald sie ihr Amt niederlegten, wurden sie von
dem Volkstribunen Gnaeus Genucius gerichtlich belangt.
(3) Lucius Aemilius und Opiter Verginius traten nun das
Konsulat an [473]. In einigen Jahrbüchern finde ich statt des
Verginius einen Julius Vopiscus als Konsul. In diesem Jahr –
welche Konsuln es auch gehabt haben mag – waren Furius
und Manlius vor dem Volk angeklagt worden. Sie wandten
sich in Trauerkleidung an die Bürger[96] und ebenso an die
Jüngeren unter den Vätern. (4) Ihnen gaben sie warnend den
Rat, auf Ehrenämter und auf die Verwaltung des Staates zu
verzichten. Sie sollten vielmehr die konsularischen Rutenbündel, die purpurverbrämte Amtstoga und den kurulischen
Sessel nur als Prunkstücke für den Leichenzug ansehen. Mit
diesen glänzenden Ehrenzeichen würden sie wie mit den Bin-
den eines Opfertieres behängt und dem Tode geweiht.
(5) Wenn das Konsulat einen so großen Reiz für sie habe,
dann müßten sie sich jetzt schon klarmachen, daß das Konsulat völlig in der Hand der Tribunen sei. Der Konsul habe wie

suli, velut apparitori tribunicio, omnia ad nutum imperium-
que tribuni agenda esse; (6) si se commoverit, si respexerit
patres, si aliud quam plebem esse in re publica crediderit,
exsilium Cn. Marci, Meneni damnationem et mortem sibi
proponant ante oculos. (7) His accensi vocibus patres consilia
inde non publica sed in privato seductaque a plurium con-
scientia habuere. Ubi cum id modo constaret, iure an iniuria,
eripiendos esse reos, atrocissima quaeque maxime placebat
sententia, nec auctor quamvis audaci facinori deerat. (8) Igitur iudicii die, cum plebs in foro erecta exspectatione staret,
mirari primo quod non descenderet tribunus; dein cum iam
mora suspectior fieret, deterritum a primoribus credere et
desertam ac proditam causam publicam queri; (9) tandem qui
obversati vestibulo tribuni fuerant nuntiant domi mortuum
esse inventum. Quod ubi in totam contionem pertulit rumor,
sicut acies funditur duce occiso, ita dilapsi passim alii alio.
Praecipuus pavor tribunos invaserat, quam nihil auxilii sacratae leges haberent morte collegae monitos. (10) Nec patres
satis moderate ferre laetitiam, adeoque neminem noxiae
paenitebat, ut etiam insontes fecisse videri vellent, palamque
ferretur malo domandam tribuniciam potestatem.
55 (1) Sub hac pessimi exempli victoria dilectus edicitur,

ein tribunizischer Amtsdiener in allem nur auf Wink und Befehl des Tribunen zu handeln. (6) Wenn er sich rühre, wenn er sich nach den Beschlüssen der Väter richte, wenn er glaube, im Gemeinwesen gäbe es noch anderes als nur das Volk, dann solle er sich die Verbannung des Gnaeus Marcius [Coriolanus], die Verurteilung und den Tod des Menenius vor Augen halten. (7) Über solche Äußerungen erbittert hielten die Väter ihre Beratungen nicht mehr in der Öffentlichkeit ab, sondern in Privathäusern, wo sie vor größerer Mitwisserschaft sicher waren. Sobald man sich soweit einig war, die Angeklagten müßten – ob mit Hilfe von Recht oder Unrecht – gerettet werden, fand gerade der härteste Vorschlag den meisten Beifall, und es fehlte auch nicht der Befürworter einer noch so verwegenen Tat. (8) Als nun die Bürger am Gerichtstag in gespannter Erwartung auf dem Forum standen, wunderten sie sich anfangs, daß der Tribun nicht erschien. Nach einiger Zeit wurde ihnen sein Ausbleiben immer verdächtiger. Sie glaubten, er habe sich von den führenden Männern abschrecken lassen und beklagten sich, er habe die Sache des Volkes verraten und verkauft. (9) Endlich brachten Leute, die zum Haus des Tribunen gegangen waren, die Nachricht, er sei daheim tot aufgefunden worden. Sobald sich diese Kunde in der gesamten Volksversammlung verbreitet hatte, lief alles nach allen Seiten hin auseinander, wie ein Heer die Flucht ergreift, wenn sein Führer gefallen ist. Am meisten erschrocken waren die Tribunen, da der Tod ihres Amtskollegen sie daran gemahnte, wie wenig Schutz ihnen die feierlich beschworenen Gesetze boten. (10) Die Väter aber legten sich in ihrer Freude keinerlei Mäßigung auf; niemanden reute die Tat, ja es wollten sogar Unbeteiligte als Mittäter erscheinen. Man sagte ganz offen, die tribunizische Gewalt müsse eben auch einmal durch verwerfliche Mittel unter Kontrolle gebracht werden.

55 (1) Unter dem Eindruck dieses Sieges, der ein so böses Beispiel gab, wurde eine Truppenaushebung angekündigt. Weil die Tribunen noch voller Furcht waren, konnten die

paventibusque tribunis sine intercessione ulla consules rem peragunt. (2) Tum vero irasci plebs tribunorum magis silentio quam consulum imperio, et dicere actum esse de libertate sua; rursus ad antiqua reditum; cum Genucio una mortuam ac sepultam tribuniciam potestatem. aliud agendum ac cogitandum quomodo resistatur patribus; (3) id autem unum consilium esse ut se ipsa plebs, quando aliud nihil auxilii habeat, defendat. quattuor et viginti lictores apparere consulibus et eos ipsos plebis homines; nihil contemptius neque infirmius, si sint qui contemnant; sibi quemque ea magna atque horrenda facere. (4) His vocibus alii alios cum incitassent, ad Voleronem Publilium de plebe hominem quia, quod ordines duxisset, negaret se militem fieri debere, lictor missus est a consulibus. Volero appellat tribunos. (5) Cum auxilio nemo esset, consules spoliari hominem et virgas expediri iubent. »Provoco« inquit »ad populum« Volero, »quoniam tribuni civem Romanum in conspectu suo virgis caedi malunt quam ipsi in lecto suo a vobis trucidari.« Quo ferocius clamitabat, eo infestius circumscindere et spoliare lictor. (6) Tum Volero et praevalens ipse et adiuvantibus advocatis repulso lictore, ubi indignantium pro se acerrimus erat clamor, eo se in turbam confertissimam recipit clamitans: (7) »Provoco et fidem plebis imploro. Adeste, cives; adeste, commilitones; nihil est quod exspectetis tribunos quibus ipsis vestro auxilio opus est.« (8) Concitati homines veluti ad proelium se expediunt, apparebatque omne discrimen adesse; nihil cuiquam

Konsuln die Rekrutierung ohne Einspruch vornehmen.
(2) Da regte sich jedoch der Zorn der Bürger, und zwar galt er
mehr dem Stillschweigen der Tribunen als dem Gebot der
Konsuln. Es sei vorbei mit ihrer Freiheit, sagten sie, man
kehre wieder zu den früheren Verhältnissen zurück. Mit
Genucius sei auch die Tribunengewalt tot und begraben. Man
müsse zu anderen Mitteln greifen und überlegen, wie man
den Vätern Widerstand leisten könne. (3) Es gäbe nur einen
Rat: Das Volk müsse sich selber verteidigen, da es keine
andere Hilfe habe. Nur vierundzwanzig Gerichtsdiener stän-
den den Konsuln zur Verfügung, noch dazu lauter Leute aus
dem Volk – ein äußerst verächtlicher und schwacher Schutz,
wenn man ihn nur zu verachten bereit wäre. Was daran großartig und abschreckend sei, das bilde sich jeder nur selbst ein.
(4) Als sie sich durch solche Zurufe gegenseitig Mut gemacht
hatten, wurde von den Konsuln ein Gerichtsdiener zu Publilius Volero geschickt, einem Mann aus dem Volk. Er hatte
behauptet, er müsse nicht als gemeiner Soldat dienen, da er
schon Hauptmann gewesen sei. Volero appellierte an die Tribunen. (5) Als ihm keiner zu Hilfe kam, gaben die Konsuln
den Befehl, dem Mann die Kleider herunterzureißen und die
Rutenbündel zu öffnen. »Ich appelliere an das Volk«, rief
Volero. »Denn die Tribunen wollen lieber zuschauen, wie ein
römischer Bürger mit Ruten geschlagen wird, als sich von
euch im Bett ermorden zu lassen.« Je aufgebrachter er schrie,
desto gewaltsamer riß ihn der Gerichtsdiener an den Klei-
dern, um ihm den Rücken zu entblößen. (6) Da konnte
Volero – er war ein kräftiger Mann und andere halfen ihm
noch, die er herbeigerufen hatte – den Liktor von sich abwehren. Er zog sich ins dichteste Gewühl zurück, wo die Leute
aus Empörung am lautesten für ihn Partei ergriffen, und rief:
(7) »Ich rufe das Volk an und erflehe seinen Schutz. Herbei,
ihr Mitbürger, herbei, Kameraden! Es hat keinen Zweck, auf
die Tribunen zu warten. Sie haben selber eure Hilfe nötig.«
(8) Die Leute rüsteten sich in ihrer Erregung wie zum
Gefecht; es zeigte sich deutlich, daß es zum Äußersten kom-

sanctum, non publici fore, non privati iuris. (9) Huic tantae
tempestati cum se consules obtulissent, facile experti sunt
parum tutam maiestatem sine viribus esse. Violatis lictoribus,
fascibus fractis, e foro in curiam compelluntur, incerti quate-
nus Volero exerceret victoriam. (10) Conticescente deinde
tumultu cum in senatum vocari iussissent, queruntur iniurias
suas, vim plebis, Voleronis audaciam. (11) Multis ferociter
dictis sententiis, vicere seniores quibus ira patrum adversus
temeritatem plebis certari non placuit.

56 (1) Voleronem amplexa favore plebs proximis comitiis
tribunum plebi creat in eum annum qui L. Pinarium P.
Furium consules habuit. (2) Contraque omnium opinionem,
qui eum vexandis prioris anni consulibus permissurum tribu-
natum credebant, post publicam causam privato dolore
habito, ne verbo quidem violatis consulibus, rogationem tulit
ad populum ut plebeii magistratus tributis comitiis fierent.
(3) Haud parva res sub titulo prima specie minime atroci fere-
batur, sed quae patriciis omnem potestatem per clientium
suffragia creandi quos vellent tribunos auferret. (4) Huic
actioni gratissimae plebi cum summa vi resisterent patres,
nec, quae una vis ad resistendum erat, ut intercederet aliquis
ex collegio, auctoritate aut consulum aut principum adduci
posset, res tamen suo ipsa molimine gravis certaminibus in

men werde. Nichts werde mehr respektiert werden, weder das Recht des Staates noch das des einzelnen. (9) Als die Konsuln gegen diese stürmischen Unruhen einschreiten wollten, erfuhren sie nur zu bald, daß sich die Amtsgewalt ohne starken Schutz nicht behaupten könne. Die Liktoren wurden mißhandelt, die Rutenbündel zerbrochen, die Konsuln selbst wurden vom Forum in die Kurie getrieben. Dabei wußten sie nicht, wie weit Volero seinen Sieg ausnützen werde. (10) Als der Tumult sich endlich legte und die Konsuln den Senat einberufen hatten, beklagten sie sich über das erlittene Unrecht, die Gewalttätigkeit des Volkes und die Verwegenheit des Volero. (11) Viele stimmten für harte Gegenmaßnahmen, es setzten sich aber doch die Älteren durch, die nicht wollten, daß die Väter in ihrer Erbitterung mit der Unbesonnenheit des Volkes wetteiferten.

56 (1) Das Volk hatte dem Volero seine ganze Gunst geschenkt und wählte ihn in der nächsten Wahlversammlung zum Tribunen. Es war das Jahr, in dem Lucius Pinarius und Publius Furius Konsuln waren [472]. (2) Aber wider aller Erwarten – man glaubte, er werde sein Tribunat dazu verwenden, die Konsuln des Vorjahres vor Gericht zu bringen – galt ihm das Gemeinwohl mehr als seine persönliche Kränkung. Ohne die Konsuln auch nur mit einem Wort zu beleidigen, stellte er beim Volk den Antrag, man solle die Wahl der plebejischen Beamten[97] in den Tributkomitien vornehmen.[98] (3) In einer solchen auf den ersten Blick ganz und gar nicht bedrohlichen Formulierung brachte er eine durchaus nicht geringfügige Neuerung vor. Damit wurde nämlich den Patriziern jede Möglichkeit entzogen, durch die Stimmen ihrer Klienten ihre Wunschkandidaten zu Tribunen wählen zu lassen. (4) Diesem dem Volk höchst willkommenen Antrag widersetzten sich die Väter mit aller Kraft. Doch konnten es weder die Konsuln noch die führenden Männer des Senats mit ihrer Autorität erreichen, daß einer aus dem Tribunenkollegium sein Veto einlegte, das einzige Mittel, das sie zur Gegenwehr hätten einsetzen können. Dennoch zog sich die Sache,

annum extrahitur. (5) Plebs Voleronem tribunum reficit; patres, ad ultimum dimicationis rati rem venturam, Ap. Claudium Appi filium, iam inde a paternis certaminibus invisum infestumque plebi, consulem faciunt. Collega ei T. Quinctius datur.

(6) Principio statim anni nihil prius quam de lege agebatur. Sed ut inventor legis Volero, sic C. Laetorius, collega eius, auctor cum recentior tum acrior erat. (7) Ferocem faciebat belli gloria ingens, quod aetatis eius haud quisquam manu promptior erat. Is, cum Volero nihil praeterquam de lege loqueretur, insectatione abstinens consulum, ipse accusationem Appi familiaeque superbissimae ac crudelissimae in plebem Romanam exorsus, cum a patribus non consulem, (8) sed carnificem ad vexandam et lacerandam plebem creatum esse contenderet, rudis in militari homine lingua non suppetebat libertati animoque. (9) Itaque deficiente oratione, »Quando quidem non facile loquor,« inquit, »Quirites, quam quod locutus sum praesto, crastino die adeste; ego hic aut in conspectu vestro moriar aut perferam legem.« (10) Occupant tribuni templum; postero die consules nobilitasque ad impediendam legem in contione consistunt. Summoveri Laetorius iubet, praeterquam qui suffragium ineant. Adulescentes nobiles stabant nihil cedentes viatori. (11) Tum ex his prendi quosdam Laetorius iubet. Consul Appius negare ius esse tribuno in quemquam nisi in plebeium; non

die schon von der Ausführung her ihre Schwierigkeiten hatte, bis ins nächste Jahr hin.[99] (5) Das Volk wählte den Volero abermals zum Tribunen; die Väter, die mit äußerst heftigen Kämpfen rechneten, ernannten Appius Claudius, den Sohn des Appius, zum Konsul. Dieser war dem Volk verhaßt und zuwider schon seit den Streitigkeiten, die es mit seinem Vater ausgetragen hatte. Als Kollegen gab man ihm den Titus Quinctius. [471].

(6) Gleich zu Anfang des Jahres wurde als erstes der betreffende Gesetzesantrag verhandelt. Aber wie Volero, der ihn zuerst vorgebracht hatte, verfocht ihn nun auch sein Amtskollege Laetorius, und zwar um so leidenschaftlicher, als er noch neu im Amt war. (7) Sein ungeheurer Kriegsruhm machte ihn kühn, gab es doch keinen Mann seines Alters, der ihn an Stärke im Kampf übertroffen hätte. Volero sprach ausschließlich über den Gesetzesantrag und enthielt sich jeglicher Vorwürfe gegen die Konsuln. Laetorius aber begann mit Angriffen auf Appius und dessen Familie, die sich gegen das römische Volk in höchstem Maße tyrannisch und grausam erwiesen habe. Als er sich zu der Behauptung versteig, die Väter hätten Appius nicht zum Konsul, (8) sondern zum Schinder gewählt, um das Volk zu peinigen und zu zerfleischen, da versagten dem ungeübten Kriegsmann die Worte, um seinem Freimut Ausdruck zu geben. (9) Daher sagte er, als er in seiner Rede steckengeblieben war: »Da mir das Wortemachen nun einmal nicht so leicht fällt wie das Worthalten, Quiriten, so kommt morgen wieder her. Ich werde hier vor euren Augen entweder sterben oder das Gesetz durchbringen.« (10) Die Tribunen besetzten die Rednerbühne[100]; die Konsuln und Patrizier versammelten sich am folgenden Tag unten, um die Abstimmung über das Gesetz zu verhindern. Laetorius befahl, jeden zu entfernen, der nicht zur Abstimmung berechtigt sei.[101] Die jungen Männer des Adels blieben stehen, ohne dem Amtsboten zu weichen. (11) Da ließ Laetorius einige von ihnen ergreifen. Der Konsul Appius erklärte, ein Tribun könne sein Recht nur gegen Leute aus dem Volk

enium populi sed plebis eum magistratum esse; (12) nec illam ipsam submovere pro imperio posse more maiorum, quia ita dicatur: »Si vobis videtur, discedite, Quirites.« Facile contemptim de iure disserendo perturbare Laetorium poterat. (13) Ardens igitur ira tribunus viatorem mittit ad consulem, consul lictorem ad tribunum, privatum esse clamitans, sine imperio, sine magistratu; (14) violatusque esset tribunus, ni et contio omnis atrox coorta pro tribuno in consulem esset, et concursus hominum in forum ex tota urbe concitatae multitudinis fieret. Sustinebat tamen Appius pertinacia tantam tempestatem, (15) certatumque haud incruento proelio foret, ni Quinctius, consul alter, consularibus negotio dato ut collegam vi, si aliter non possent, de foro abducerent, ipse nunc plebem saevientem precibus lenisset, nunc orasset tribunos ut concilium dimitterent; (16) darent irae spatium; non vim suam illis tempus adempturum, sed consilium viribus additurum; et patres in populi et consulem in patrum fore potestate.

57 (1) Aegre sedata ab Quinctio plebs, multo aegrius consul alter a patribus. Dimisso tandem concilio plebis senatum consules habent. (2) Ubi cum timor atque ira in vicem sententias variassent, quo magis spatio interposito ab impetu ad consultandum advocabantur, eo plus abhorrebant a certatione animi, adeo ut Quinctio gratias agerent quod eius opera miti-

ausüben. Er sei kein Beamter des Gesamtvolkes, sondern nur
der Plebejer. (12) Ja selbst diese könne er den Vätersitten
gemäß kraft seiner Amsgewalt keineswegs einfach vom Platz
verweisen, denn es hieße ja: ›Wenn es euch gefällig ist, so
tretet ab, Quiriten!‹ Indem er so geringschätzig von den
Rechten der Tribunen sprach, gelang es ihm leicht, Laetorius
außer Fassung zu bringen. (13) Zornentbrannt sandte der
Tribun einen Amtsboten zum Konsul und der Konsul einen
Liktor zum Tribunen, indem er laut erklärte, dieser sei ein
Privatmann, ohne Befehls- und Amtsgewalt. (14) Der Tribun
wäre gewaltsam ergriffen worden, wenn sich die gesamte
Volksversammlung nicht seinetwegen drohend erhoben
und gegen den Konsul Partei ergriffen hätte. Und eine aufgebrachte Menschenmenge strömte aus der ganzen Stadt
auf dem Forum zusammen. Dennoch war Appius gewillt,
auch diesem Ansturm gegenüber hartnäckig standzuhalten.
(15) Es wäre nicht ohne einen blutigen Streit abgegangen,
hätte nicht der andere Konsul Quinctius einigen Konsularen
den Auftrag gegeben, seinen Amtskollegen, wenn nötig mit
Gewalt, vom Forum wegzubringen. Er selbst aber besänf-
tigte bald die aufgebrachte Menge mit Bitten, bald ersuchte er
die Tribunen, die Versammlung aufzulösen. (16) Sie sollten
den Zorn erst einmal verrauchen lassen. Die Zeit werde ihre
Entschlußkraft keineswegs mindern, sondern sie durch plan-
mäßige Überlegung nur verstärken. Es würden sich aber die
Väter dem Gesamtvolk fügen und der Konsul den Vätern.
57 (1) Mühsam wurde das Volk von Quinctius, noch mühsa-
mer der andere Konsul von den Vätern beruhigt. Nachdem
endlich die Volksversammlung aufgelöst worden war, beriefen die Konsuln den Senat. (2) Hier führten anfangs bald
Furcht, bald Zorn zu widersprüchlichen Meinungen. Je mehr
die Senatoren aber im Verlauf der Zeit vom erregten Wort-
wechsel zu besonnener Beratung übergingen, desto weniger
wollten sie von einer kämpferischen Auseinandersetzung
wissen, ja sie sprachen Quinctius ihren Dank aus, daß er
durch sein Einschreiten die zerstrittenen Gemüter beruhigt

gata discordia esset. (3) Ab Appio petitur ut tantam consularem maiestatem esse vellet quanta esse in concordi civitate posset; dum consules tribunique ad se quisque omnia trahant, nihil relictum esse virium in medio; distractam laceratamque rem publicam; magis quorum in manu sit quam ut incolumis sit quaeri. (4) Appius contra testari deos atque homines rem publicam prodi per metum ac deseri; non consulem senatui sed senatum consuli deesse; graviores accipi leges quam in Sacro monte acceptae sint. Victus tamen patrum consensu quievit; lex silentio perfertur.

58 (1) Tum primum tributis comitiis creati tribuni sunt. Numero etiam additos tres, perinde ac duo antea fuerint, Piso auctor est. (2) Nominat quoque tribunos, Cn. Siccium, L. Numitorium, M. Duilium, Sp. Icilium, L. Maecilium. (3) Volscum Aequicumque inter seditionem Romanam est bellum coortum. Vastaverant agros ut si qua secessio plebis fieret ad se receptum haberet; compositis deinde rebus castra retro movere. (4) Ap. Claudius in Volscos missus, Quinctio Aequi provincia evenit. Eadem in militia saevitia Appi quae domi esse, liberior quod sine tribuniciis vinculis erat. (5) Odisse plebem plus quam paterno odio: se victum ab ea; se unico consule electo adversus tribuniciam potestatem perlatam legem esse, quam minore conatu, nequaquam tanta patrum spe, priores impedierint consules. (6) Haec ira indignatioque ferocem animum ad vexandum saevo imperio exer-

habe. (3) Von Appius verlangten sie, er solle sich nur soviel Macht für das Konsulat wünschen, wie es mit der Eintracht im Gemeinwesen vereinbar sei. Weil Konsuln und Tribunen jeder für sich alle Macht an sich rissen, habe das Gemeinwesen seine innere Kraft verloren; es sei zerrissen und zerstückelt. Man kümmere sich ja mehr darum, in wessen Händen es sei, als daß es vor Schaden bewahrt bliebe. (4) Appius hingegen rief Götter und Menschen zu Zeugen an, das Gemeinwesen werde aus Furcht verraten und verkauft. Nicht der Konsul lasse den Senat im Stich, sondern umgekehrt der Senat den Konsul. Man lasse sich härtere Gesetze auferlegen als einst auf dem Heiligen Berge. Doch von den Vätern überstimmt schwieg er, und das Gesetz wurde ohne Störung angenommen.

58 (1) Damals also wurden zum ersten Mal Tribunen in den Tributkomitien gewählt [471]. Wie Piso berichtet, sei die Zahl der Tribunen auch um drei vermehrt worden, es seien bis dahin nur zwei gewesen. (2) Er nennt auch die Namen der Tribunen: Gnaeus Siccius, Lucius Numitorius, Marcus Duilius, Spurius Icilius, Lucius Maecilius.

(3) Während der Streitigkeiten in Rom begannen die Volsker und Aequer wieder mit dem Krieg. Sie hatten die Ländereien verwüstet, damit das Volk, falls es auswandern wollte, zu ihnen seine Zuflucht nähme.[102] Nachdem der Streit beigelegt war, zogen sie sich wieder zurück. (4) Appius Claudius wurde gegen die Volsker entsandt, den Aequerkrieg übertrug man dem Quinctius. Appius zeigte im Feld die gleiche grausame Strenge wie daheim, ja er übte sie noch ungehinderter, da ihm kein Tribun Schranken setzte. (5) Sein Haß gegen das Volk war nicht nur väterliches Erbteil, er fühlte sich vom Volk besiegt. Einen so einzigartigen Konsul wie ihn habe man der Tribunenmacht entgegengestellt, und dennoch sei ein Gesetz eingebracht worden, das die vorigen Konsuln, mit weniger Mühe und viel geringerer Hoffnung auf Erfolg von Seiten der Väter, hatten verhindern können. (6) Dieser Groll und Verdruß stachelte ihn in seinem Trotz dazu an, die Solda-

citum stimulabat. Nec ulla vi domari poterat; tantum certamen animis imbiberant. (7) Segniter, otiose, neglegenter, contumaciter omnia agere; nec pudor nec metus coercebat. Si citius agi vellet agmen, tardius sedulo incedere; si adhortator operis adesset, omnes sua sponte motam remittere industriam; (8) praesenti voltus demittere, tacite praetereuntem exsecrari, ut invictus ille odio plebeio animus interdum moveretur. (9) Omni nequiquam acerbitate prompta, nihil iam cum militibus agere; a centurionibus corruptum exercitum dicere; tribunos plebei cavillans interdum et Volerones vocare.

59 (1) Nihil eorum Volsci nesciebant, instabantque eo magis, sperantes idem certamen animorum adversus Appium habiturum exercitum Romanum quod adversus Fabium consulem habuisset. (2) Ceterum multo Appio quam Fabio violentior fuit; non enim vincere tantum noluit, ut Fabianus exercitus, sed vinci voluit. Productus in aciem turpi fuga petit castra, nec ante restitit quam signa inferentem Volscum munimentis vidit foedamque extremi agminis caedem. (3) Tum expressa † vis ad pugnandum, ut victor iam a vallo submoveretur hostis, satis tamen appareret capi tantum castra militem Romanum noluisse, alioqui gaudere sua clade atque ignominia. (4) Quibus nihil infractus ferox Appi animus cum insuper saevire vellet contionemque advocaret, concurrunt ad eum legati tribunique, monentes ne utique experiri vellet

ten durch eine harte Führung zu schikanieren. Aber sie ließen sich durch keine Gewaltanwendung bändigen, so tief steckte die Widersetzlichkeit in ihnen. (7) Träge, faul, nachlässig und störrisch taten sie alles, weder Ehrgefühl noch Furcht hielt sie in Schranken. Wollte er den Marsch beschleunigen, gingen sie vorsätzlich langsamer. Ermunterte er sie bei der Inspektion ihrer Arbeiten, ließen sie alle in dem Fleiß nach, den sie zuvor von sich aus an den Tag gelegt hatten. (8) In seiner Gegenwart blickten sie weg, ging er vorüber, so fluchten sie ihm insgeheim, so daß der vom Bürgerhaß ungebeugte Mann sich mitunter doch bewegt zeigte. (9) Nachdem alle Härte nichts genützt hatte, verkehrte er gar nicht mehr mit den Soldaten; er erklärte, die Hauptleute hätten das Heer verdorben. Er nannte sie bisweilen im Spott Volkstribunen und Voleronen.

59 (1) All dies blieb den Volskern nicht unbekannt, und sie verstärkten ihren Druck um so mehr, da sie hofften, das römische Heer werde gegen Appius ebenso widersetzlich sein wie seinerzeit gegen den Konsul Fabius. (2) Aber ihre Widersetzlichkeit gegen Appius äußerte sich noch weit heftiger als damals gegen Fabius. Sie wollten nicht nur keinen Sieg, wie die Soldaten des Fabius, sie wollten sogar die Niederlage. Als sie in Reih und Glied aufgestellt waren, eilten sie in schmählicher Flucht wieder ins Lager zurück und hielten erst stand, als sie sahen, wie die Volsker gegen ihre Verschanzungen heranrückten und ein schreckliches Blutbad unter der Nachhut anrichteten. (3) Erst das zwang ihnen die Kraft zum Kampf ab, um den siegreichen Feind wenigstens vom Wall zu vertreiben. Aber man sah deutlich genug, daß es den römischen Soldaten nur darum ging, daß ihr Lager nicht erobert würde, und sie im übrigen an ihrer schändlichen Niederlage gar noch Freude hatten. (4) Der Starrsinn des Appius wurde auch dadurch nicht gebrochen. Er gedachte, seine Wut noch mehr auszutoben, und berief eine Heeresversammlung ein. Da eilten die Legionskommandanten und höheren Offiziere herbei und mahnten ihn, seinen Oberbefehl, der doch gänzlich auf

imperium, cuius vis omnis in consensu oboedientium esset; (5) negare volgo milites se ad contionem ituros passimque exaudiri voces postulantium ut castra ex Volsco agro moveantur; hostem victorem paulo ante prope in portis ac vallo fuisse, ingentisque mali non suspicionem modo sed apertam speciem obversari ante oculos. (6) Victus tandem, quando quidem nihil praeter tempus noxae lucrarentur, remissa contione iter in insequentem diem pronuntiari cum iussisset, prima luce classico signum profectionis dedit. (7) Cum maxime agmen e castris explicaretur, Volsci, ut eodem signo excitati, novissimos adoriuntur. A quibus perlatus ad primos tumultus eo pavore signaque et ordines turbavit ut neque imperia exaudiri neque instrui acies posset. (8) Nemo ullius nisi fugae memor. Ita effuso agmine per stragem corporum armorumque evasere ut prius hostis desisteret sequi quam Romanus fugere. (9) Tandem conlectis ex dissipato cursu militibus consul, cum revocando nequiquam suos persecutus esset, in pacato agro castra posuit; advocataque contione invectus haud falso in proditorem exercitum militaris disciplinae, (10) desertorem signorum, ubi signa, ubi arma essent singulos rogitans, (11) inermes milites, signo amisso signiferos, ad hoc centuriones diplicariosque qui reliquerant ordines, virgis caesos securi percussit: cetera multitudo sorte decimus quisque ad supplicium lecti.

60 (1) Contra ea in Aequis inter consulem ac milites comitate ac beneficiis certatum est. Et natura Quinctius erat lenior, et

Zustimmung und Gehorsam beruhe, nicht aufs Spiel zu setzen. (5) Die Soldaten würden sich offen weigern, zur Versammlung zu kommen, und man höre allenthalben Stimmen, die forderten, den Feldzug gegen die Volsker abzubrechen. Der Feind habe vor kurzem als Sieger beinahe an den Toren und auf dem Wall gestanden, eine drohende Katastrophe sei nicht nur zu befürchten, man habe sie bereits offen vor Augen. (6) Appius gab schließlich nach – die Soldaten würden ja nichts als einen Aufschub ihrer Bestrafung gewinnen –, er ließ die Versammlung absagen, kündigte für den folgenden Tag den Aufbruch an und gab im ersten Morgenlicht das Signal zum Abmarschieren. (7) Gerade als sich der Zug aus dem Lager in Bewegung gesetzt hatte, griffen die Volsker, wie auf das gleiche Signal hin, die Nachhut an. Der daraus entstandene Tumult setzte sich bis in die vorderen Reihen fort. Alles geriet vor lauter Angst so in Verwirrung, daß man weder einen Befehl hören noch eine Schlachtordnung herstellen konnte. (8) Jeder dachte nur an Flucht. In aufgelöster Ordnung stürzten sie so über am Boden liegende Menschen und Waffenstücke hinweg, daß der Feind eher vom Verfolgen abließ als der römische Soldat von der Flucht. (9) Der Konsul sammelte die auf der Flucht zerstreuten Soldaten endlich wieder, nachdem er ihnen nachgeeilt war, ohne sie zum Stehen zu bringen. In einem vom Feind freien Gelände schlug er ein Lager auf und berief eine Heeresversammlung. Er schalt die Soldaten, und das nicht zu Unrecht, daß sie die Disziplin preisgegeben hätten und fahnenflüchtig geworden seien. (10) Dabei fragte er einzelne, wo sie ihre Fahnen, ihre Waffen gelassen hätten. (11) Soldaten ohne Waffen, Fahnenträger ohne Fahne ließ er auspeitschen und enthaupten, dazu die Hauptleute und solche, die doppelten Sold bezogen[103] und ihre Posten verlassen hatten. Aus der übrigen Menge wurde jeder, den unter Zehn das Los traf, mit dem Tode bestraft.

60 (1) Im Aequerland hingegen wetteiferten der Konsul und die Soldaten in gegenseitiger Freundlichkeit und Gefälligkeit. Quinctius war einmal schon von Natur aus milder, zudem

saevitia infelix collegae quo is magis gauderet ingenio suo effecerat. (2) Huic tantae concordiae ducis exercitusque non ausi offerre se Aequi vagari populabundum hostem per agros passi; nec ullo ante bello latius inde actae praedae. Ea omnis militi data est. (3) Addebantur et laudes, quibus haud minus quam praemio gaudent militum animi. Cum duci, tum propter ducem patribus quoque placatior exercitus rediit, sibi parentem, alteri exercitui dominum datum ab senatu memorans.

(4) Varia fortuna belli, atroci discordia domi forisque annum exactum insignem maxime comitia tributa efficiunt, res maior victoria suscepti certaminis quam usu. (5) Plus enim dignitatis comitiis ipsis detractum est patres ex concilio submovendo, quam virium aut plebi additum est aut demptum patribus.

61 (1) Turbulentior inde annus excepit L. Valerio Ti. Aemilio consulibus, cum propter certamina ordinum de lege agraria tum propter iudicium Ap. Claudi, (2) cui acerrimo adversario legis causamque possessorum publici agri tamquam tertio consuli sustinenti M. Duilius et Cn. Siccius diem dixere. (3) Nunquam ante tam invisus plebi reus ad iudicium vocatus populi est, plenus suarum, plenus paternarum irarum. (4) Patres quoque non temere pro ullo aeque adnisi sunt: propugnatorem senatus maiestatisque vindicem suae, ad

hatte ihn die unselige Härte seines Amtskollegen dazu gebracht, um so lieber seine eigene Wesensart hervorzukehren. (2) Auf einen Führer und ein Heer, das in solcher Eintracht verbunden war, wagten die Aequer keinen Angriff. Sie ließen es zu, daß der Feind in Streifzügen ihr Land verheerte. In keinem Krieg zuvor wurde soviel Beute zusammengebracht. Sie wurde gänzlich den Soldaten überlassen. (3) Diese bekamen auch Lob und Anerkennung, worüber sich Soldaten nicht weniger freuen als über eine Belohnung. Das Heer kehrte heim, zufrieden mit dem Feldherrn und wegen des Feldherrn auch zufrieden mit den Vätern. Die Soldaten erklärten, ihnen habe der Senat einen Vater, dem anderen Heere aber einen Tyrannen zum Führer gegeben.

(4) Dieses Jahr, das unter wechselndem Kriegsglück und schrecklichen Streitigkeiten in Rom wie beim Heer dahinging, zeichnet sich vor allem aus durch die Einführung der Wahlen in Tributkomitien. Daß man die Sache siegreich durchgefochten hat, ist freilich bemerkenswerter als das tatsächliche Ergebnis. (5) Denn indem man die Väter aus der Versammlung ausschloß, fiel der Verlust an Würde beim Wahlvorgang selbst stärker ins Gewicht als ein Machtgewinn beim Volk oder eine Einbuße bei den Vätern.[104]

61 (1) Noch turbulenter verlief das folgende Jahr unter den Konsuln Lucius Valerius und Titus Aemilius [470], einmal wegen der Streitigkeiten der Stände über das Ackergesetz, zum andern durch die Anklage gegen Appius Claudius. (2) Er war der heftigste Gegner des Gesetzes und verteidigte die Sache derer, die Staatsländereien in Besitz hatten, gewissermaßen als dritter Konsul. Deshalb hatten ihn Marcus Duilius und Gnaeus Siccius unter Anklage gestellt. (3) Niemals zuvor war ein Angeklagter beim Volk vor Gericht geladen worden, den das Volk so haßte wie ihn. Er hatte ja nicht nur den Groll gegen seine eigene Person, sondern auch noch den Haß gegen seinen Vater zu tragen. (4) Aber es gab wohl auch niemanden, für den sich die Väter so eingesetzt hätten: Der Vorkämpfer des Senats, der Verteidiger seiner Würde, der

omnes tribunicios plebeiosque oppositum tumultus, modum
dumtaxat in certamine egressum, iratae obici plebi. (5) Unus
ex patribus ipse Ap. Claudius et tribunos et plebem et suum
iudicium pro nihilo habebat. Illum non minae plebis, non
senatus preces perpellere unquam potuere, non modo ut
vestem mutaret aut supplex prensaret homines, sed ne ut ex
consueta quidem asperitate orationis, cum ad populum
agenda causa esset, aliquid leniret atque submitteret. (6) Idem
habitus oris, eadem contumacia in voltu, idem in oratione
spiritus erat, adeo ut magna pars plebis Appium non minus
reum timeret quam consulem timuerat. (7) Semel causam
dixit, quo semper agere omnia solitus erat, accusatorio spi-
ritu, adeoque constantia sua et tribunos obstupefecit et plebem ut diem ipsi sua voluntate prodicerent, trahi deinde rem
sinerent. (8) Haud ita multum interim temporis fuit; ante
tamen quam prodicta dies veniret, morbo moritur. (9) Cuius
cum laudationem tribuni plebis impedire conarentur, plebs
fraudari sollemni honore supremum diem tanti viri noluit, et
laudationem tam aequis auribus mortui audivit quam vivi
accusationem audierat et exsequias frequens celebravit.

62 (1) Eodem anno Valerius consul cum exercitu in Aequos
profectus, cum hostem ad proelium elicere non posset, castra
oppugnare est adortus. Prohibuit foeda tempestas cum gran-
dine ac tonitribus caelo deiecta. (2) Admirationem deinde
auxit signo receptui dato adeo tranquilla serenitas reddita ut

sich allen von den Tribunen und vom Volk erregten stürmischen Angriffen entgegengestellt und lediglich im Streit das Maß überschritten habe – der werde jetzt dem Volkszorn preisgegeben. (5) Als einziger unter den Vätern kümmerte sich Appius Claudius selbst überhaupt nicht um die Tribunen, um das Volk oder um seinen Prozeß. Ihn konnten weder die Drohungen des Volkes noch die Bitten des Senats dazu bewegen, daß er ein Trauergewand anlegte oder als Bittsteller den Leuten die Hände drückte, geschweige daß er bei der Ansprache an das Volk seinen gewohnten scharfen Ton etwas milderte oder herabstimmte. (6) Er trug den Kopf so hoch wie immer, sah ebenso verachtungsvoll drein und sprach mit gleichem Hochmut, so daß ein großer Teil des Volkes den Angeklagten Appius nicht weniger fürchtete als früher den Konsul. (7) Einmal nur hielt er eine Verteidigungsrede, hochgemut wie ein Ankläger, so wie er immer zu sprechen pflegte. Und er versetzte die Tribunen wie das Volk durch seine Standhaftigkeit so in Erstaunen, daß sie von sich aus die Verhandlung vertagten und es dann zuließen, daß der Fall verschleppt wurde. (8) So verging einige Zeit. Ehe der Termin nach der Verlängerungsfrist herankam, starb Appius an einer Krankheit.[105] (9) Die Tribunen versuchten zwar, die Lobrede bei seiner Leichenfeier zu verhindern, aber die Bürger ließen es nicht zu, daß ein so großer Mann an seinem Begräbnistag um seine letzte feierliche Ehrung gebracht würde. Sie schenkten der Lobrede auf den Toten ebenso bereitwillig Gehör wie der Anklage gegen den Lebenden und gaben seinem Leichenzug durch ihr zahlreiches Gefolge ein feierliches Gepränge.

62 (1) Im gleichen Jahr war der Konsul Valerius gegen die Aequer gezogen. Da er die Feinde nicht zur Schlacht bewegen konnte, begann er den Angriff auf ihr Lager. Dieser wurde behindert durch einen schrecklichen Wolkenbruch, der mit Hagel und unter Donnerschlägen vom Himmel herabstürzte. (2) Man wunderte sich noch mehr,[106] als auf das Rückzugssignal hin auf einmal wieder ruhiges und heiteres Wetter

velut numine aliquo defensa castra oppugnare iterum religio fuerit. Omnis ira belli ad populationem agri vertit. (3) Alter consul Aemilius in Sabinis bellum gessit. Et ibi, quia hostis moenibus se tenebat, vastati agri sunt. (4) Incendiis deinde non villarum modo sed etiam vicorum quibus frequenter habitabatur Sabini exciti cum praedatoribus occurrissent, ancipiti proelio digressi postero die rettulere castra in tutiora loca. (5) Id satis consuli visum cur pro victo relinqueret hostem, integro inde decedens bello.

63 (1) Inter haec bella manente discordia domi, consules T. Numicius Priscus A. Verginius facti. (2) Non ultra videbatur latura plebes dilationem agrariae legis, ultimaque vis parabatur, cum Volscos adesse fumo ex incendiis villarum fugaque agrestium cognitum est. Ea res maturam iam seditionem ac prope erumpentem repressit. (3) Consules coacti extemplo ab senatu ad bellum educta ex urbe iuventute tranquilliorem ceteram plebem fecerunt. (4) Et hostes quidem nihil aliud quam perfusis vano timore Romanis citato agmine abeunt: (5) Numicius Antium adversus Volscos, Verginius contra Aequos profectus. Ibi ex insidiis prope magna accepta clade virtus militum rem prolapsam neglegentia consulis restituit. (6) Melius in Volscis imperatum est; fusi primo proelio hostes

herrschte. So hatte man religiöse Bedenken, abermals das Lager anzugreifen, das gleichsam von einer Gottheit verteidigt werde. Alle kriegerischen Aktionen gingen nun auf die Verwüstung der Äcker. (3) Der andere Konsul Aemilius führte Krieg im Sabinerland. Weil sich der Feind innerhalb der Mauern hielt, wurden auch dort die Äcker verwüstet. (4) Indem man nicht nur einzelne Höfe, sondern die dichtbesiedelten Dörfer niederbrannte, wurden die Sabiner zum Aufbruch getrieben und rückten gegen den plündernden Feind vor. Nach einem unentschiedenen Treffen zogen sie sich am folgenden Tag zurück und verlegten ihr Lager in ein sicheres Gelände. (5) Dies schien dem Konsul ein ausreichender Beweis dafür zu sein, daß er den Feind als besiegt zurückließ, obwohl der Krieg bei seinem Abzug noch nicht beendet war.

63 (1) Während dieser Kriegszustände herrschte in der Stadt weiterhin Uneinigkeit. Es wurden Titus Numicius Priscus und Aulus Verginius zu Konsuln gewählt [469]. (2) Offensichtlich wollte es das Volk nicht länger hinnehmen, daß die Landverteilung immer weiter hinausgezögert wurde, und man rüstete sich zu offener Empörung. Da erkannte man am Rauch der in Flammen stehenden Höfe und an den flüchtenden Bauern, daß die Volsker heranzogen. Das machte der schon schwelenden und dem Ausbruch nahen Empörung ein Ende. (3) Die Konsuln wurden sogleich vom Senat angehalten, mit der waffenfähigen Mannschaft aus der Stadt auszurücken. Dadurch kehrte auch bei den übrigen Bürgern wieder mehr Ruhe ein. (4) Die Feinde zogen eilends wieder ab, nachdem sie den Römern nur einen leeren Schrecken eingejagt hatten. (5) Numicius brach nach Antium auf gegen die Volsker, Verginius gegen die Aequer. Hier hätte man durch einen Angriff aus dem Hinterhalt beinahe eine schwere Niederlage erlitten, aber die Tapferkeit der Soldaten rettete die bedrohliche Lage, die durch die Fahrlässigkeit des Konsuls entstanden war. (6) Im Volskerland bewährte sich die militärische Führung besser: Die Feinde wurden gleich im ersten Gefecht

fugaque in urbem Antium, ut tum res erant opulentissimam,
acti. Quam consul oppugnare non ausus Caenonem, aliud
oppidum nequaquam tam opulentum, ab Antiatibus cepit.
(7) Dum Aequi Volscique Romanos exercitus tenent, Sabini
usque ad portas urbis populantes incessere. Deinde ipsi paucis post diebus ab duobus exercitibus, utroque per iram consule ingresso in fines, plus cladium quam intulerant acceperunt.

64 (1) Extremo anno pacis aliquid fuit, sed, ut semper alias,
sollicitae pacis certamine patrum et plebis. (2) Irata plebs
interesse consularibus comitiis noluit; per patres clientesque
patrum consules creati T. Quinctius Q. Servilius. Similem
annum priori consules habent: seditiosa initia, bello deinde
externo tranquilla. (3) Sabini Crustuminos campos citato
agmine transgressi cum caedes et incendia circum Anienem
flumen fecissent, a porta prope Collina moenibusque pulsi
ingentes tamen praedas hominum pecorumque egere.
(4) Quos Servilius consul infesto exercitu insecutus ipsum
quidem agmen adipisci aequis locis non potuit, populationem
adeo effuse fecit, ut nihil bello intactum relinqueret multipli-
cique capta praeda rediret.
(5) Et in Volscis res publica egregie gesta cum ducis tum militum opera. Primum aequo campo signis conlatis pugnatum,
ingenti caede utrimque, plurimo sanguine; (6) et Romani,
quia paucitas damno sentiendo propior erat, gradum rettulis-
sent, ni salubri mendacio consul fugere hostes ab cornu altero
clamitans concitasset aciem. Impetu facto dum se putant vin-

geschlagen und auf ihrer Flucht bis nach Antium getrieben, einer für die damalige Zeit sehr mächtigen Stadt. Diese wagte der Konsul nicht anzugreifen; er nahm den Antiaten aber Caeno, eine andere, freilich nicht so reiche Stadt. (7) Während die römische Heeresmacht durch die Aequer und Volsker gebunden war, kamen die Sabiner bis vor die Tore Roms. Wenige Tage später erlitten sie selbst von zwei Heeren mehr Schaden, als sie angerichtet hatten, da beide Konsuln zur Vergeltung in ihr Land einfielen.

64 (1) Am Jahresende herrschte eine kurze Zeitlang Frieden, der aber, wie sonst auch, durch die Streitigkeiten der Väter mit dem Volk gestört wurde. (2) Die erzürnten Bürger wollten nicht an den Versammlungen zu den Konsulwahlen teilnehmen. Also wählten die Väter und ihre Klienten den Titus Quinctius und den Quintus Servilius zu Konsuln [468]. Das Jahr verlief unter diesen Konsuln ähnlich wie das vorige: Unruhen zu Anfang, dann Ruhe infolge auswärtiger Kriege. (3) Die Sabiner hatten in raschem Zug die Crustuminische Ebene durchquert und beiderseits des Flusses Anio mit Mord und Brand gewütet. Sie wurden zwar nahe am Collinischen Tor von den Mauern zurückgetrieben, führten aber dennoch eine große Menge Menschen und Vieh als Beute mit sich fort. (4) Der Konsul Servilius, der sie mit kampfbereitem Heer verfolgte, konnte zwar den Zug selbst in freiem Feld nicht erreichen, er verwüstete aber weithin alles, so daß nichts vom Krieg verschont blieb und er mit noch größerer Beute heimkehrte. (5) Auch bei den Volskern wurde die Sache des römischen Staates vom Führer wie von den Soldaten glänzend verfochten. Beim ersten Zusammentreffen in offener Feldschlacht gab es auf beiden Seiten sehr viele Tote und noch mehr Verwundete. (6) Die Römer, die bei ihrer geringen Zahl mehr unter den Verlusten litten, wären zurückgewichen, hätte der Konsul nicht zu einer heilsamen Lüge gegriffen: Er rief aus, der Feind fliehe bereits auf dem anderen Flügel, und riß seine Truppen mit sich fort. Bei diesem Angriff siegten sie, weil sie

cere vicere. (7) Consul metuens ne nimis instando renovaret certamen, signum receptui dedit. (8) Intercessere pauci dies, velut tacitis indutiis utrimque quiete sumpta, per quos ingens vis hominum ex omnibus Volscis Aequisque populis in castra venit, (9) haud dubitans si senserint Romanos nocte abituros. Itaque tertia fere vigilia ad castra oppugnanda veniunt. Quinctius sedato tumultu quem terror subitus exciverat, cum manere in tentoriis quietum militem iussisset, (10) Hernicorum cohortem in stationem educit, cornicines tubicinesque in equos impositos canere ante vallum iubet sollicitumque hostem ad lucem tenere. (11) Reliquum noctis adeo tranquilla omnia in castris fuere ut somni quoque Romanis copia esset. Volscos species armatorum peditum, quos et plures esse et Romanos putabant, fremitus hinnitusque equorum, qui et insueto sedente equite et insuper aures agitante sonitu saeviebant, intentos velut ad impetum hostium tenuit.

65 (1) Ubi inluxit, Romanus integer satiatusque somno productus in aciem fessum stando et vigiliis Volscum primo impetu perculit; (2) quamquam cessere magis quam pulsi hostes sunt, quia ab tergo erant clivi in quos post principia integris ordinibus tutus receptus fuit. Consul ubi ad iniquum locum ventum est, sistit aciem. Miles aegre teneri, clamare et poscere ut perculsis instare liceat. (3) Ferocius agunt equites;

den Sieg bereits in Händen glaubten. (7) Da der Konsul
fürchtete, es werde bei zu nachdrücklicher Verfolgung abermals zum Kampf kommen, gab er das Signal zum Rückzug.
(8) Es vergingen einige Tage, in denen man sich wie bei einem
stillschweigend getroffenen Waffenstillstand beiderseits
Ruhe gönnte. Während dieser Zeit kam eine gewaltige Trup-
penmenge aus allen Völkerschaften der Volsker und Aequer
im Lager zusammen. (9) Diese waren sicher, daß die Römer,
sobald sie die Verstärkung sahen, bei Nacht abziehen würden. Also rückten sie in der dritten Nachtwache zum Sturm
auf das Lager heran. Als der im ersten Schrecken entstandene
Lärm gestillt war, hatte Quinctius den Soldaten befohlen,
ruhig in ihren Zelten zu bleiben. (10) Dann führte er eine
Kohorte Herniker auf einen Vorposten hinaus, ließ die
Hornbläser und Trompeter aufsitzen und vor dem Wall bla-
sen. Sie sollten den Feind bis zum Tagesanbruch in Unruhe
halten. (11) Den Rest der Nacht über war alles im Lager so
still, daß die Römer sogar ausgiebig zum Schlafen kamen. Die
Volsker aber wurden in Spannung gehalten, als ob ein feindlicher Angriff bevorstehe, einmal durch den Anblick des Fuß-
volks – sie glaubten, es sei viel zahlreicher und bestehe aus
Römern – und dann durch das Schnauben und Wiehern der
Pferde, die durch ihre ungewohnten Reiter und das aufre-
gende Signalblasen unmittelbar an ihren Ohren äußerst unru-
hig waren.

65 (1) Sobald es hell wurde, stellten sich die Römer, frisch
und vom Schlaf erquickt, in Schlachtordnung auf. Sie brachten die Volsker, die von ihrem Wachestehen erschöpft waren,
gleich beim ersten Ansturm ins Wanken. (2) Dennoch zogen
sich die Feinde eher zurück, als daß sie geschlagen waren,
denn hinter ihnen lagen Hügel, und dorthin traten sie, von
den vorderen Reihen gedeckt, einen geordneten und sicheren
Rückzug an. Als der Konsul dieses ungünstige Gelände
erreicht hatte, ließ er Halt machen. Aber die Soldaten waren
kaum zu halten; sie forderten mit Geschrei die Erlaubnis, den
geschlagenen Feinden nachzusetzen. (3) Noch ungestümer

circumfusi duci vociferantur se ante signa ituros. Dum cunc-
tatur consul virtute militum fretus, loco parum fidens, con-
clamant se ituros clamoremque res est secuta. Fixis in terram
pilis quo leviores ardua evaderent, cursu subeunt. (4) Volscus
effusis ad primum impetum missilibus telis, saxa obiacentia
pedibus ingerit in subeuntes, turbatosque ictibus crebris
urget ex superiore loco. Sic prope oneratum est sinistrum
Romanis cornu, ni referentibus iam gradum consul increpando simul temeritatem, simul ignaviam, pudore metum
excussisset. (5) Restitere primo obstinatis animis; deinde ut
obtinentes locum revirescebant, audent ultro gradum inferre
et clamore renovato commovent aciem; tum rursus impetu
capto enituntur atque exsuperant iniquitatem loci. (6) Iam
prope erat ut in summum clivi iugum evaderent cum terga
hostes dedere, effusoque cursu paene agmine uno fugientes
sequentesque castris incidere. In eo pavore castra capiuntur:
qui Volscorum effugere potuerunt, Antium petunt.
(7) Antium et Romanus exercitus ductus. Paucos circumses-
sum dies deditur, nulla oppugnantium nova vi, sed quod iam
inde ab infelici pugna castrisque amissis ceciderant animi.

gebärdeten sich die Reiter: Sie umringten den Feldherrn und riefen, sie wollten den Vortrupp bilden. Während der Konsul noch unschlüssig war – er traute zwar der Tapferkeit seiner Soldaten, mißtraute aber dem Gelände –, schrien alle, sie würden vorrücken, und dem Wort folgte die Tat. Sie stießen die Wurfspieße in den Boden, um die Höhe ungehinderter ersteigen zu können, und gingen im Laufschritt bergan. (4) Als die Volsker beim ersten Ansturm ihre Wurfwaffen verschossen hatten, nahmen sie die Steine, die vor ihren Füßen lagen, und warfen sie auf die Heraufsteigenden. Sie setzten sie von der Höhe herab unter starken Beschuß und brachten sie aus dem Tritt. Diese Belastung wäre für den linken Flügel der Römer fast zuviel geworden, hätte der Konsul nicht, als sie am Zurückweichen waren, bald ihre Unbesonnenheit, bald ihre Feigheit gescholten und ihnen durch den Appell an ihre Ehre die Furcht ausgetrieben. (5) Zuerst hielten sie nur hartnäckig stand, dann schöpften sie neue Kraft, da es ihnen gelang, die Stellung zu halten. Sie wagten von sich aus einen zweiten Anlauf, erhoben erneut das Feldgeschrei und rückten geschlossen vor. In einem weiteren Ansturm arbeiteten sie sich empor und überwanden das steile Gelände. (6) Sie waren schon nahe daran, den höchsten Bergrücken zu ersteigen, als die Feinde die Flucht ergriffen. Außer Reih und Glied, fast wie in einem Zug, stürmten Verfolgte und Verfolger ins Lager. Im allgemeinen Schrecken wurde das Lager erobert. Wer von den Volskern entkommen konnte, suchte nach Antium zu flüchten. (7) Dorthin zog auch das römische Heer. Nach einer Belagerung von wenigen Tagen ergab sich die Stadt, ohne daß die Belagerer eine erneute Anstrengung unternommen hätten. Seit der unglücklich verlaufenen Schlacht und dem Verlust des Lagers hatten sie den Mut verloren.

Anmerkungen

1 Gemeint ist Tarquinius Superbus, siehe das Verzeichnis der Eigennamen.

2 Romulus hatte am Osthang des Kapitols das *asylum* eingerichtet, eine Freistatt im Schutze eines Heiligtums, wo Fremde von überallher, auch Straffällige, Schutz fanden. Er wollte damit die Bevölkerung seiner Stadt vermehren, vgl. Liv. 1,8,5 f.

3 Die *patres* sind die Patrizier, die Angehörigen der adligen Gründerfamilien, aus denen Romulus ein beratendes Gremium, den Senat, gebildet hatte (vgl. Liv. 1,8,7); dieser wurde fortan Träger der staatlichen Hoheit; er beriet die Magistrate und gab durch seinen Spruch (*patrum auctoritas*) den Volksbeschlüssen und Wahlakten ihre Gültigkeit.

4 Solche geschichtsphilosophischen Reflexionen sind nach Annahme von U. Schindel (»Livius philosophus?«, in: Lefèvre/Olshausen [Hrsg.], 1983, S. 411–419) gemeint mit dem bekannten Hinweis des Seneca (epist. 100,9) auf *philosophiam continentis libros* (Bücher mit philosophischem Inhalt) des Livius – und nicht etwa verlorene philosophische Frühschriften.

5 Den Konsuln oblag die Leitung der Staatsgeschäfte: Gerichtshoheit, Einberufung des Senats und der Volksversammlung, Einbringen von Gesetzesanträgen, Abhaltung von Wahlen, Rekrutierungen sowie die Führung im Kriege.

6 Die *fasces*, Rutenbündel, aus denen ein Beil herausragte, waren ein von den Etruskern übernommenes Zeichen der Straf- und Gerichtshoheit. Sie wurden zunächst den Königen, dann den Konsuln von den Liktoren (Amts- und Gerichtsdienern) vorangetragen. Es gab zwölf Liktoren für jeden Konsul (vgl. Liv. 1,8,2 f.), man einigte sich aber darauf, daß nur der Konsul, der gerade in monatlichem Wechsel die Amtsführung in der Stadt hatte, sich die *fasces* vorantragen ließ. Verurteilte wurden mit den Ruten der *fasces* gepeitscht und mit dem Beil enthauptet, vgl. 2,5,8. Nach Cic. rep. 2,55 hatte der Konsul Valerius Publicola (s. das Eigennamenverzeichnis) nach dem Erlaß des Berufungsrechts (vgl. Liv. 2,8,2) zum Zeichen der Volkssouveränität innerhalb der Stadt die Beile aus den Rutenbündeln nehmen lassen.

7 *Conscripti*: wörtl.: die zusammengeschriebenen, d. h. die später eingetragenen Mitglieder, also solche Adelssippen, die nicht aus den ältesten Gründerfamilien stammten, sondern zugewandert

waren, oder auch vermögende Plebejer. Vgl. Ogilvie (1983) S. 58 f.

8 Sonst meist *rex sacrorum* genannt. Er hatte seinen Amtssitz in der Regia auf dem Forum, dem »Haus des Opferkönigs«, dessen Baureste in das letzte Jahrzehnt des 6. Jh. s v. Chr. zu datieren sind. Er hatte Opfer und Gebete zu verrichten und auch jeweils die Festtage des Monats zu verkünden.

9 Gemeint ist L. Tarquinius Collatinus, s. das Verzeichnis der Eigennamen s. v. Collatinus.

10 Brutus fordert die freiwillige Verbannung, die gewöhnlich mit einer Einziehung des Vermögens verbunden war. Nach anderer Ansicht wird Collatinus verbannt, weil er sich der Verurteilung seiner Neffen, der Aquilier, widersetzt hatte. Vgl. Dionysios von Halikarnaß, *Römische Frühgeschichte* (zit. als: Dion. Hal.) 5,9 ff.

11 Die *comitia centuriata* waren Wahl- und Ratsversammlungen, bei denen die gesamte Bürgerschaft in militärischer Ordnung nach Zenturien (Hundertschaften) geordnet einberufen wurde (vgl. Liv. 1,43). Da jeder seine militärische Ausrüstung selbst zu stellen hatte und die höheren Chargen mehr Kosten verursachten (Reiterei, Schwerbewaffnete), war die Zenturienordnung vermögens- und rangmäßig gegliedert. (Gegensatz: die Tribusordnung, vgl. Anm. 44). Befugnisse: Wahl der Magistrate, Genehmigung von Gesetzesanträgen, oberste Instanz bei Prozessen mit Berufung an das Volk. Vgl. Ogilivie (1983) S. 55, 67.

12 Nach Dion. Hal. 5,7 und 8 handelte es sich um mehrere Briefe (ἐπιστολαί), die von den einzelnen Verschwörern unterschrieben waren und dann als Schuldbeweise vor dem Volk verlesen wurden.

13 Nach Dion. Hal. 5,13,2 f. war das Feld schon vorher dem Mars geweiht und von den Tarquiniern unrechtmäßig als Ackerland benutzt worden.

14 Auf der Tiberinsel befand sich der Tempel des Heilgottes Asklepios (Aesculap). Sie war durch zwei Brücken mit der Stadt und mit dem Janiculum verbunden. Vgl. Plut. Publ. 8.

15 Nach der Quelle, der Dion. Hal. 5,8 und Plut. Publ. 6,3 (vgl. auch Verg. Aen. 6,820 ff.) folgen, habe Brutus keinerlei Gemütsbewegung erkennen lassen. Livius will die Größe des Brutus gerade daran zeigen, daß er trotz seines deutlich sichtbaren Vaterschmerzes den Gesetzen ihren Lauf läßt, so wie er auch trotz seiner Freundschaft zu Collatinus dessen Verbannung durchgesetzt hatte.

16 *vindicta:* die Rute, der Stab. Beim Freilassungsverfahren eines Sklaven wurde der Betreffende mit diesem Stab berührt, zum Zeichen, daß nun die Verfügungsgewalt über ihn endete. *Vindicta* wie auch im folgenden der Name *Vindicius* sind von *vindex* und *vim dicere* abzuleiten: ›etwas gerichtlich in Anspruch nehmen‹. Vgl. auch Dion. Hal. 5,7,3 sowie 13,1.

17 Brutus hatte zur Rache für die entehrte Lucretia aufgerufen und an ihrer Leiche den Sturz der Tarquinier geschworen (1,59,1 f.).

18 Nach Cic. rep. 2,53 hatte Valerius Publicola sein Haus gerade dort zu bauen begonnen, wo früher der König Servius Tullius gewohnt hatte. Plut. Publ. 2 berichtet, man habe Valerius auch schon früher verdächtigt, aus Groll über eine Zurücksetzung Verbindungen zu den Tarquiniern angeknüpft zu haben.

19 Auch Poplicola ›Volksfreund‹. – In der *lex Valeria de provocatione* erhielten alle Bürger das Recht, gegen Urteile der Magistrate die Entscheidung des Volkes anzurufen, das dann zu einem Volksgericht zusammentrat. Cic. rep. 2,54 bestätigt, daß dieses Appellationsrecht eines der ältesten römischen Gesetze war. Das zweite Gesetz stellte jeden unter Anklage, der die republikanische Verfassung bedrohte. Der Verurteilte konnte ungestraft getötet werden, da er göttlichen wie menschlichen Gesetzen zuwidergehandelt hatte. Vgl. auch Dion. Hal. 5,19,4 f.

20 Am 13. September 509 (nach livianischer Chronologie), vgl. Liv. 7,3,8 und Plut. Publ. 14. Der Tempel war seiner Bauform nach etruskisch, wie aus den archäologischen Resten hervorgeht. Livius berichtet, daß König Tarquinius Priscus die Grundmauern gelegt habe (1,38,7, vgl. auch Tac. hist. 3,72). Tarquinius Superbus führte den Bau weiter (Liv. 1,55). Über die kapitolinische Tempelweihe als Ausgangspunkt der römischen Jahreszählung vgl. Werner (1963) S. 16 ff., 36 f.; Ogilvie (1983) S. 89. Vgl. auch Alföldi (1977) S. 287 ff. – Die Daten der römischen Frühgeschichte sind zum großen Teil ungesichert und umstritten.

21 An der Tibermündung wurde Meersalz gewonnen. Die nach Livius von Ancus Marcius, dem vierten König Roms, angelegten Salinen waren an private Kaufleute verpachtet. Der erhöhte Preis konnte auch durch eine Knappheit verursacht sein, da durch den Krieg mit Porsenna die Lieferungen stockten.

22 Nicht die gesamte Plebs wurde von Steuern befreit, sondern nur die Ärmeren, die keinen Grundbesitz hatten und kein Gewerbe ausübten, lediglich ihre Nachkommenschaft (*proles*) besaßen und daher *proletarii* genannt wurden.

23 Der *pons sublicius* war die älteste Brücke Roms, eine auf Pfählen stehende Balkenbrücke. Sie war bereits von König Ancus Marcius errichtet worden, als er das Janiculum ins Stadtgebiet einbezog. Die Brücke führte vom Janiculum unterhalb der Tiberinsel zum Forum Boarium (Rindermarkt).

24 Zu *transitum pontem* vgl. die kommentierte Textausgabe von Weissenborn: »Wenn sie die Brücke überschritten und hinter sich ließen«, d. h. nicht abbrächen. So auch Ogilvie (⁴1984) S. 259. Verschiedentlich wird auch entweder *transitum* oder *pontem* getilgt oder statt dessen *transitui* geschrieben.

25 Vgl. Verg. Aen. 8,73 f.; 9,815 ff. – Die im folgenden erwähnte Statue wurde auf dem Comitium errichtet, einem Platz an der Curia, wo die Volksversammlungen stattfanden.

26 Das Tor befand sich im Osten der Stadt, während Porsenna sein Lager im Westen jenseits des Tiber aufgeschlagen hatte. Valerius hat die Truppen auf der Ost- und Südseite der Stadt verteilt. Er selbst kommt vom Caelius herab aus der Porta Caelimontana, die sich zwischen dem Esquilinischen (zur Via Gabina führenden) und dem Naevischen Tor befand (vgl. die Karte von Rom, S. 234 f.).

27 Nach Plut. Publ. 17,2 beherrschte Mucius die etruskische Sprache und verkleidete sich als Etrusker.

28 Plutarch meint, daß sich Porsenna nicht so sehr aus Furcht vor den 300 Attentätern, als vielmehr aus Großmut und Bewunderung für den Edelmut der Römer zur Aussöhnung bereit fand (Publ. 17,5). Er korrigiert damit Liv. 13,2, der aber dieses Motiv im folgenden auf zwei Episoden verteilt: Vgl. Porsennas Reaktion angesichts der Tat der Cloelia und des unbedingten Freiheitswillens der Römer (13,8; 15,5).

29 Der sog. *ager Veientanus*, ein Gau von sieben Dörfern auf dem rechten – also etruskischen – Tiberufer zur Küste hin, den die Vejenter nach einer verlorenen Schlacht an Romulus hatten abtreten müssen (Liv. 1,15,5, dazu Alföldi, 1977, S. 257 ff.).

30 Man erfährt bei Livius nichts davon, daß sich Rom Porsenna ergeben mußte, wie es u. a. aus Tac. hist. 3,72,1 hervorgeht (*dedita urbe*). Die Stellung von Geiseln deutet freilich auf diesen Tatbestand hin (vgl. Weissenborn zur Stelle). Auch die von Ogilvie (⁴1984, S. 266) bemerkte Textunklarheit (*expressaque necessitas*) scheint darauf hinzudeuten, daß Livius eine solche Sicht unterdrückt. Da aber auch Dion. Hal. 5,31 ff. die Ereignisse in gleicher Weise schildert (ebenso auch Plutarch), muß eine Quelle vorgele-

gen haben, die nichts von einer Eroberung berichtete, die »von den Geschichtsschreibern verbreitete, offizielle Version« (Ogilvie, 1983, S. 95).

31 Sie bat die Wächter, sich ein wenig zurückzuziehen, da sie und die Mädchen ein Bad nehmen wollten (Dion. Hal. 5,33,1).

32 Nach Dion. Hal. 5,34,3 und Plut. Publ. 19,4 f. erhielt Cloelia zur Belohnung ihres männlichen Mutes eines der prächtig geschmückten königlichen Pferde zum Geschenk, mit dem sie nach Rom zurückkehrte. So habe man sie dann in einem Denkmal verewigt, das zu Plutarchs Zeit noch an der Heiligen Straße stand.

33 Die Hilfstruppen standen unter der Führung des Aristodemos (s. Verzeichnis der Eigennamen), der die Etrusker bereits 524 besiegt hatte. Vgl. Dion. Hal. 7,3–6, der auch den Sieg des Aristodemos bei Aricia schildert (5,36,1–4). Vgl. auch Alföldi (1977) S. 47 ff.

34 Der Bruder des Publicola. Im Jahr zuvor [506] waren Sp. Larcius Rufus und T. Herminius Aquilinus Konsuln. Man nimmt an, daß deren Namen zu Anfang von Kap. 15 nach den Konsulnamen des Jahres 507 ausgefallen sind.

35 Vgl. die Würdigung Plutarchs in seiner Gegenüberstellung des Solon mit Publicola sowie Dion. Hal. 5,48 und Cic. rep. 2,55.

36 Also sämtliche Städte des Latinerbundes. Nach Liv. 1,52 hatte Tarquinius Superbus einen Vertrag mit den Latinern abgeschlossen und Rom die führende Stellung im Latinerbund verschafft. Nach der Vertreibung des Tarquinius erkannten die Latiner Roms Vorherrschaft nicht mehr an. Aufgrund des mit ihm persönlich geschlossenen und eidlich bekräftigten Vertrages gewann Tarquinius die Städte zu seiner Unterstützung. Ihm half sein Schwiegersohn Mamilius Octavius, der viele Latiner mit Geld und Versprechungen auf seine Seite brachte (Dion. Hal. 5,51,1; 50,1). Zur geschichtlichen Entwicklung des Latinerbundes vgl. Alföldi (1977) S. 7 ff., zu den einzelnen Mitgliedsstädten Ogilvie (⁴1984) S. 280.

37 Oberster Beamter mit außerordentlichen Vollmachten für Krisenzeiten, nicht vom Volk gewählt, sondern von einem der Konsuln ernannt. Der Diktator war allen anderen Magistraten übergeordnet; es gab kein Berufungsrecht gegen ihn. Als seinen Gehilfen und Stellvertreter ernannte er den *magister equitum*, den Reiteroberst. Beide konnten auch innerhalb der Stadt die militärische Gewalt ausüben. 24 Liktoren mit den *fasces* gingen dem Diktator voraus. Seine Amtszeit war ursprünglich auf sechs Monate beschränkt, die durchschnittliche Dauer eines Feldzugs. Dion. Hal.

nennt die Diktatur eine »selbstgewählte Tyrannis« (5,70,2 und 73,2).

38 Es gab also auch weiterhin eine Tarquinierpartei in Rom. Diese stand in Verbindung mit den Exilierten, die im Heere des Tarquinius kämpften (Liv. 19,10).

39 Gemeint sind Fabius Pictor (um 200 v. Chr.) und Calpurnius Piso (um 130 v. Chr.), vgl. das Verzeichnis der Eigennamen. Sie heißen die ältesten im Gegensatz zu Autoren wie Licinius Macer und Valerius Antias im 1. Jh. v. Chr. (sog. ältere und jüngere Annalistik). – Zur Datierung der ersten Diktatur vgl. Ogilvie (⁴1984) S. 281 f.

40 *antesignani:* die erste Schlachtreihe, die beim Angriff *ante signa,* vor die Feldzeichen, trat.

41 Die Dioskuren Castor und Pollux sollen während der Schlacht erschienen sein und den Kampfgeist der Römer beflügelt haben, vgl. Dion. Hal. 6,13; Plut. Cor. 3; Cic. nat. deor. 2,2,6. – Zum Fehlen der Göttererscheinung bei Livius s. das Nachwort. – Indem der Feldherr den Schutzgöttern der Reiterei in Rom einen Tempel gelobt, will er sie von ihrem alten Kultort Tusculum ab- und auf seine Seite ziehen. Vgl. Liv. 5,21,3: Camillus gelobt vor der Eroberung Vejis der dortigen Stadtgöttin Juno in Rom einen Tempel. Siehe auch Ogilvie (⁴1984) S. 288 f. und Ogilvie (1983), S. 49, 105 f., 166.

42 In 22,1,20 datiert Livius die Einführung der Saturnalien auf das Jahr 217, er meint dort aber wohl die Umgestaltung dieses früher bäuerlichen Festes zu einer städtischen Festfeier.

43 Z. B. bei Dion. Hal. 6,3 ff.; Ogilvie (⁴1984) S. 286 hält 496 für das wahrscheinlichere Datum der Schlacht, da der Vertrag mit den Latinern und die Weihe des Castortempels dann zeitlich näher herangerückt sind. Vgl. auch Burck (1934) S. 59; Werner (1963) S. 410 ff.

44 Seit König Servius Tullius war die römische Bevölkerung in *tribus,* Wohn- und Rekrutierungsbezirke, eingeteilt. Es gab ursprünglich nur drei, dann vier städtische, die *tribus urbanae,* und 17 ländliche, die *tribus rusticae.* In den Tributkomitien (Bezirksversammlungen) wurde bei Wahlen u. a. die Abstimmung nach *tribus,* nach Bezirken, vorgenommen. Es wurde ohne Unterschied der Stände, Mann für Mann, abgestimmt, während in den Zenturiatkomitien (vgl. Anm. 11) die Abstimmung rangmäßig erfolgte. Vgl. Liv. 1,43,13 und Dion. Hal. 7,59.

45 Wer ein Darlehen aufgenommen hatte, etwa weil er seine Steuern

und Grundabgaben nicht fristgemäß entrichten konnte, haftete zunächst mit seinem Besitz, dann sogar mit seiner Person für die Schuld, die er wie ein Leibeigener abarbeiten mußte. Er wurde *nexus* genannt (wörtl. ›der Gebundene‹) solange er sich in der Schuldknechtschaft befand. Vgl. Ogilvie (⁴1984) S. 296 ff. und Ogilvie (1983) S. 114 f.

46 *ergastulum:* in späterer Zeit berüchtigte gefängnisartige Behausung, in der Sklaven und Kriegsgefangene, die in der Landwirtschaft und im Bergbau Zwangsarbeit verrichteten, nachts angekettet untergebracht waren. Als Sklave in einem Haushalt zu dienen war ein vergleichsweise angenehmeres Los.

47 Ein aus spätrepublikanischer Zeit bekanntes Schlagwort, vgl. Liv. 45,26,6; Cic. Catil. 4,14; Cic. Sest. 99.

48 Endgültig abgeschafft wurde die Schuldknechtschaft erst 326 v. Chr., vgl. Liv. 8,28; Cic. rep. 2,59.

49 Livius berichtet bereits 2,17 von einer Eroberung und Zerstörung Pometias i. J. 502. Die Stadt gehörte damals den Aurunkern.

50 Gemeint ist das Gebiet von Pometia und Ecetra. Die Aurunker sind hier Bundesgenossen der Volsker.

51 *primi pili:* Primipilus, Rangbezeichnung für einen Centurio (Hauptmann) der ersten Kompanie der Triarier (von *tres, tria*). Diese waren erfahrene Soldaten, die das dritte Treffen, eine kampferprobte Reserve, bildeten. Sie vertraten die Soldaten gegenüber den Vorgesetzten und wurden auch zum Kriegsrat zugezogen. Vgl. Dion. Hal. 5,15,4.

52 Auf dem Forum mußten sie befürchten, daß ihre Versammlung als nicht ordnungsgemäß von den Konsuln aufgelöst würde. Der Aventin gehörte (wie der Südhang des Esquilin) damals noch nicht zum eigentlichen Stadtgebiet, dort herrschte Versammlungsfreiheit.

53 *delatam:* ergänze *rem*, s. Ogilvie (⁴1984) S. 304 f.

54 Wörtl. *iuniores*, die Jüngeren (vom 17. bis zum 46. Lebensjahr).

55 *P. Verginius:* Es ist wohl T. Verginius zu lesen, der Bruder des Konsuls, den dieser als ersten zur Stimmabgabe aufruft.

56 Eine allgemeine Schuldentilgung (*tabulae novae*) könnte dazu führen, daß niemand mehr Geld verleihen würde. Eine solche Forderung war in der Zeit der ausgehenden Republik ein beliebtes Agitationsmittel.

57 Die Staffelung in die Tiefe war zu gering, da die Front zu weit auseinandergezogen war, vgl. die Skizze bei Ogilvie (⁴1984) S. 308.

58 *sella ... curulis:* der Amtssessel der höheren Beamten. Bei den Spielen durfte sonst nur der Flamen Dialis, der Jupiterpriester, auf einem solchen Stuhl Platz nehmen.

59 Der Aventin war von Plebejern bewohnt (vgl. 1,33,2; 2,28,1). Livius berichtet 3,50–54 (vgl. auch 7,40,11) von einem erneuten Auszug der Plebs, und zwar zunächst zum Aventin und dann zum Heiligen Berg (3,52,1, so auch Cic. rep. 2,58 und 63). Dieser soll seinen Namen erst nach diesem Auszug erhalten haben, und zwar entweder, weil dort die *leges sacratae*, die geheiligten Gesetze, beschworen worden wären (vgl. Kap. 33,3 und Anm. 63), oder weil das Volk den Berg dem Jupiter geweiht habe (vgl. Dion. Hal. 6,90,1). Vgl. auch Ogilvie (⁴1984) S. 310 ff., der den Auszug und die daraus folgende Einsetzung des Volkstribunats als historisch ansieht.

60 Die Fabel stammt aus dem griechischen Raum und ist in ihrer Nutzanwendung von der Stoa geprägt. Diese will damit zeigen, daß die Menschen von Natur aus auf eine Gemeinschaft angewiesen sind (vgl. Cic. off. 3,22 f.). Die Fabel wird zitiert bei Xen. mem. 2,3,18, ähnlich bei Äsop 132 (Hausrath), stoisch bei Cicero (s. o.), Sen. de ira 2,31,7, Marc Aurel 2,1; 7,13, ins Christliche übernommen bei Paulus 1. Kor. 12,12 ff. – Vgl. auch E. Skard, »Concordia«, in: Oppermann (³1983) S. 173–208, bes. S. 193–197.

61 Bei Plut. Cor. 6,5 lautet der Schluß: »Im gleichen Verhältnis steht auch der Senat zu euch, ihr Mitbürger. Denn die dort mit gehöriger Klugheit eingeleiteten Beratungen und Unternehmungen gereichen euch allen zu Nutzen und Vorteil.« Die Erzählung des Menenius Agrippa wird auch berichtet von Dion. Hal. 6,86, bei dem mehrere Unterhändler Reden halten (6,71 ff.).

62 Es waren ursprünglich nur zwei *tribuni plebei* (alter Genitiv statt *plebis*), die den beiden Konsuln gegenüberstanden und das *ius auxilii*, das Interzessions- bzw. Vetorecht besaßen. Sie durften Plebejer gegen Anordnungen und Gerichtsentscheidungen der Magistrate in Schutz nehmen, wenn jemand an sie appelliert hatte, und gegen den Vollzug von Strafen ihr Veto einlegen. Auch konnten sie jeden Bürger zur Verantwortung ziehen und vor Gericht stellen.

63 Die *lex sacrata* (auch *leges sacratae*) bestand in der durch einen Eid bekräftigten, also religiös fundierten Verpflichtung, jeden mit dem Tode zu bestrafen, der sich gegen die Einrichtung des Volkstribunats wandte oder einen Tribunen tätlich angriff. Das Gesetz

wurde als *lex Valeria Horatia* i. J. 449 erneuert und im staatlichen Recht verankert; vgl. Liv. 3,55,7; Dion. Hal. 6,89,3; s. auch Ogilvie (⁴1984) S. 313, Meyer (²1961) S. 45–47 sowie F. Altheim, *Lex sacrata. Die Anfänge der plebejischen Organisation*, Amsterdam 1939.

64 Das sog. *foedus Cassianum* (vgl. Kap. 22,5) trat an die Stelle des einst von König Tarquinius mit den Latinerstädten geschlossenen Bündnisses. Der Wortlaut findet sich bei Dion. Hal. 6,95,2, zitiert von Ogilvie (1983) S. 106 ff. und von Alföldi (1977) S. 110 ff. Vgl. auch Werner (1963) S. 443 ff.

65 Die Verleihung des Ehrennamens Coriolanus schildern Plut. Cor. 10 f. und Dion. Hal. 6,94.

66 Die Volsker verdächtigten sie als Spione, vgl. Dion. Hal. 7,2,2.

67 Wie Dion. Hal. 7,1,4 und 7,2,1 angibt, hatte Gelon, der Tyrann von Syrakus, Rom eine größere Menge Getreide zum Geschenk gemacht.

68 Coriolan sieht die Einrichtung des Volkstribunats als eine schmähliche, nur unter Zwang erfolgte Abtretung von Rechten an.

69 Aus der Rede eines Volkstribunen bei Dion. Hal. (7,44 f.) geht hervor, daß man Coriolan beschuldigte, mit seiner Forderung, kein Getreide an die Plebs auszugeben, deren Tod oder aber einen Bürgerkrieg billigend in Kauf genommen zu haben. Außerdem habe er sich für die Aufhebung des Volkstribunats ausgesprochen, sich geweigert, vor Gericht zu erscheinen, und habe Gewalt gegen die plebejischen Beamten ausgeübt, die ihn zu holen kamen, ja er habe die Tribunen selbst tätlich angreifen wollen. Er war damit der Anklage wegen *perduellio* (Aufruhr und Hochverrat) sowie der *lex sacrata* (vgl. Anm. 63) verfallen. Wie Plut. Cor. 18 und Dion. Hal. 7,35 f. berichten, sei er zunächst zum Tode verurteilt worden. Er sollte vom Tarpejischen Felsen gestürzt werden. Als die Patrizier dies nicht dulden wollten, sei es zu einer erneuten Verhandlung vor dem Volk gekommen, in der Coriolan zu lebenslangem Exil verurteilt worden sei (Plut. Cor. 20; Dion. Hal. 7,64,6).

70 Die *clientes* waren von einer Patrizierfamilie abhängige Kleinbürger, ursprünglich nur die bäuerlichen Siedler auf dem Großgrundbesitz eines Patriziers (wie in Kap. 16,4 die Klienten, die Appius Claudius folgen), die von ihm als ihrem *patronus* finanzielle Unterstützung und Hilfe bei Rechtsangelegenheiten erhielten. Dafür leisteten sie ihrem Patron Wahlhilfe. Vgl. Dion. Hal. 2,10.

71 *Ludi ... magni:* auch die Römischen Spiele genannt, zu Ehren des kapitolinischen Jupiter, von König Tarquinius Priscus eingeführt (Liv. 1,35,7 ff.); nach Dion. Hal. 7,71,2 vom Diktator A. Postumius in der Schlacht am See Regillus gelobt. Sie fanden im Circus maximus statt und bestanden aus Wagenrennen und Athletenwettkämpfen. – Das im folgenden erwähnte Gabelkreuz erklärt Plutarch als das Holz am Wagen, worauf die Gabel oder Deichsel ruht und das ein Sklave zur Bestrafung und zum Zeichen der Schande herumtragen mußte. Der genannte Sklave sei, sich unter Peitschenschlägen windend, auf dem Weg zu seiner Hinrichtung gewesen, als der Festzug vorbeikam, und die Leute hätten sich der grausamen Behandlung wegen empört. Die religiöse Zeremonie war dadurch entweiht und ungültig geworden (Plut. Cor. 24, vgl. auch Dion. Hal. 7,68 f.).

72 Den Zusammenhang dieser Geschichte mit den Kriegsvorbereitungen der Volsker deutet Livius nur an: Auf Betreiben des Attius Tullius kam eine große Menge Volsker zu den Spielen (37,1). Attius Tullius und Coriolan wurden also durch die Ankündigung neuer, besonders prächtiger Spiele auf den Gedanken gebracht, wie sie durch eine List die Römer provozieren und die Volsker zum Krieg reizen könnten. Plutarch und Dionys von Halikarnaß betonen, daß Coriolan wie Attius Tullius einen Anlaß suchten, der die Römer offen ins Unrecht setzte, so daß der Bruch des auf zwei Jahre geschlossenen Waffenstillstandes samt den religiösen Folgen ihnen zur Last fiele (Plut. Cor. 26; Dion. Hal. 8,2 ff.).

73 Diese Städte lagen westlich der späteren Via Appia, während sie hier weiter östlich an der Via Latina lokalisiert werden. Der Feldzug des Coriolan bestand aus zwei Eroberungszügen, die Livius ohne Rücksicht auf die Topographie zu einem zusammengezogen hat, da es ihm vor allem auf die baldige dramatische Zuspitzung der Coriolan-Erzählung ankam. Vgl. Plut. Cor. 28 (die erste Kampagne) und 31 (die zweite); Dion. Hal. 8,17,3 ff.; 8,36,1 ff. sowie Ogilvie ([4]1984) S. 331 ff.

74 Die genannten Ortschaften lagen östlich von Rom an der Grenze zu den Aequern und Hernikern. Sie sind wohl die bei Plut. Cor. 31,4 genannten Bundesgenossenstädte, die Coriolan auf seiner zweiten Kampagne eroberte.

75 Letzteres glauben Plut. Cor. 27 und Dion. Hal. 8,12,3 f.

76 Nach Plut. Cor. 33 und Dion. Hal. 8,39,2 ist es Valeria, die Schwester des Publicola, die sich auf göttliche Eingebung hin zu den Frauen begibt und ihnen zu der Gesandtschaft rät.

77 Auf eine besonders enge Bindung des früh vaterlosen Coriolan an seine Mutter verweist Plut. Cor. 4,5: »Andere machen den Ruhm zum Ziel ihrer Tapferkeit, aber für ihn war das Ziel des Ruhmes die Freude seiner Mutter.«

78 Plut. Cor. 39,1 berichtet, Attius Tullius habe aus Neid das Volk gegen Coriolan aufgewiegelt, so daß man ihn als Verräter anklagte. Der entfesselte Mob tötete ihn in der Volksversammlung. Vgl. auch Dion. Hal. 8,57 ff.

79 D. h. ein Gesetzesantrag zur Verteilung von Ackerland. Im folgenden denkt Livius bei den Unruhen vor allem an die Gracchen und ihre Gesetze zur Landreform (133–121 v. Chr.) sowie an die Landverteilung zur Veteranenversorgung durch Caesar und Octavian (59 bzw. 40 und 30 v. Chr.).

80 *familia* wird hier in altertümlichem Sinn gebraucht als ›Hab und Gut‹, wie im Zwölftafelgesetz, vgl. Liv. 3,55,7. Zu Spurius Cassius vgl. Cic. rep. 2,60 sowie Ogilvie (⁴1984) S. 343 ff.; zum Cereskult Ogilvie (1983) S. 113 f., Alföldi (1977) S. 89 f.

81 Die Quästoren waren damals als Untersuchungsrichter tätig. Erst nach dem Erlaß des Zwölftafelgesetzes (um 450 v. Chr.) übertrug man ihnen die Finanzverwaltung.

82 *duumvir:* Gemeint ist das Amt eines Zweimännerkollegiums zur Durchführung religiöser Zeremonien.

83 Indem ein Tribun sein Veto einlegte, konnte er nicht nur die Beschlüsse der Patrizier, sondern auch die seiner eigenen Kollegen zunichte machen.

84 Ein gängiger Vorwurf gegen die Römer lautete, daß ihre Bürgerschaft aus Sträflingen und Vertriebenen bestehe, ein Auswurf der Menschheit, der sich beim Asyl des Romulus zusammengefunden habe. Dionys von Halikarnaß nimmt in der Vorrede seiner »Römischen Frühgeschichte« ausdrücklich darauf Bezug (1,4,2 f.). Er nennt auch ein Beispiel für solche geringschätzigen Äußerungen: Die römischen Patrizier hätten ihren Namen nur daher, weil sie die einzigen gewesen wären, die überhaupt wußten, wer ihr Vater war (2,8,3, vgl. Liv. 10,8,10).

85 Vgl. 2,43,5–9. Im Gegensatz zur damaligen Schlacht war hier noch keine Vorentscheidung gefallen.

86 Vgl. Anm. 51.

87 Der Torbogen hieß später *Porta scelerata* (Unglückstor). Vgl. Ogilvie (⁴1984) S. 359 ff.; F. Bömer, »Interpretationen zu den Fasten des Ovid«, in: *Gymnasium* 64 (1957) S. 113–120.

88 Die Fabier wollten Veji von seinem Brückenkopf Fidenae auf dem linken Tiberufer abschneiden.

89 Die Textversion *praesidia* statt *insidias* wird gestützt durch Ovid, bei dem es in seiner Erzählung von den Fabiern heißt: *quodque vident, sternunt*, die Fabier hauen alles nieder, was sie erblicken (d. h. die Posten, die die Herden bewachen sollen), und zerstreuen sich dann in der Ebene (Ov., fast. 2,224, ebenso bei Dion. Hal. 9,20,3 f.).

90 Die Schilderung erinnert an die Schlacht am Thermopylenpaß und den Untergang der 300 Spartaner unter Leonidas im Perserkrieg 480 v. Chr., was freilich nichts gegen die Historizität einer Fabierfehde gegen Veji aussagt. Vgl. Dion. Hal. 9,19 ff., der auch von der Erstürmung des Forts der Fabier berichtet. Die Versionen von Livius und Dionys von Halikarnaß vergleicht Burck (1934) S. 81–83.

91 Zum Untergang der Fabier vgl. Ovid, fast. 2,235 f.: *Una dies Fabios ad bellum miserat omnes, / ad bellum missos perdidit una dies* (Ein einziger Tag hatte alle Fabier in den Krieg entsandt; den Ausgesandten brachte ein einziger Tag den Untergang).

92 Livius berichtet in 3,1, daß der überlebende junge Fabier bereits zehn Jahre später (467) Konsul wurde. Die unglaubwürdige Angabe, daß nur ein einziger Knabe des ganzen Geschlechtes übrig geblieben sei, kritisiert Dionys von Halikarnaß, der die gleiche Quelle wie Livius benutzt. Seiner Ansicht nach (9,22,5 f.) ist damit lediglich der einzig überlebende Nachkomme des Konsuls Marcus Fabius gemeint, welcher der direkte Ahnherr des späterhin berühmten Zweiges der Familie wurde. (Vgl. Liv. 30,26,7: Q. Fabius Maximus Cunctator, der Feldherr im 2. Punischen Krieg.) Es ist auch eine weitere Parallelisierung mit der Thermopylenschlacht möglich; Herodot erzählt, Leonidas habe seinen einzigen Sohn vorher zurückgeschickt (7,221).

93 Sie schlossen Rom damit von der Getreidezufuhr aus Latium ab.

94 Der Gegenwert von 20 Rindern. Die Strafe erscheint gering, da häufig Geldstrafen über 10000 oder 15000 As verhängt wurden. Dion. Hal. 9,27,3 erklärt sie aber für die damalige Zeit als hoch, zumal Menenius aus keiner begüterten Familie stammte. Man verdächtigte Menenius, er sei aus Neid oder Mißgunst den Fabiern nicht zu Hilfe gekommen (Dion. Hal. 9,23,1 f.).

95 Im gleichen Jahr (474) war die Etruskermacht durch die Niederlage in der Seeschlacht von Cumae gegen Hieron I. von Syrakus

entscheidend geschwächt worden. Dies war wohl der Grund des für die Römer so günstigen Friedensschlusses.

96 Es war noch zur Zeit des Livius Sitte, als Angeklagter in dunkler oder ärmlicher Kleidung und mit ungestutztem Haupt- und Barthaar, wie bei einem Trauerfall, in der Öffentlichkeit an das Mitleid der Bürger zu appellieren (vgl. 2,35,5) und auch so vor Gericht zu erscheinen.

97 *plebei magistratus:* Volkstribunen und Aedilen; letztere waren damals Hilfsbeamte der Tribunen und Vorsteher des Tempels und des Tempelarchivs der plebejischen Hauptgöttin Ceres (Aedil: von *aedes* ›Haus der Gottheit‹).

98 Vgl. Anm. 11 und 44 sowie Weissenborn zur Stelle: »Durch den Vorschlag des P. Volero wird die Wahl der Tribunen den plebejischen Grundbesitzern übertragen und erfolgt in Tributkomitien, von denen sowohl die Patrizier ausgeschlossen sind als auch die Plebejer und Klienten ohne Grundbesitz, so daß nun den Zwekken der Plebs entsprechende Wahlen erfolgen konnten.« Vgl. auch Ogilvie (⁴1984) S. 380 f.

99 Nach Dion. Hal. 9,42,1 f. war eine Epidemie der Grund.

100 Die Rednerbühne (*rostra*) wird hier *templum*, d. h. abgesonderter, geweihter Bezirk genannt, da vor Wahlen hier jeweils die Auspizien eingeholt wurden (aufgrund von Beobachtungen des Vogelflugs wurde der Götterwille gedeutet).

101 Entweder die aufgrund ihrer Jugend noch nicht Stimmberechtigten oder sämtliche Patrizier, vgl. Ogilvie (⁴1984) S. 378.

102 Die Volsker rechneten wohl mit einer Sezession wie bei der Auswanderung auf den Heiligen Berg. Aus Mangel an Getreide würde sich die Plebs zu ihren nächsten Nachbarn begeben müssen. Vgl. auch Dion. Hal. 7,18,3: Die Nachbarstädte luden Roms Bürger ein, bei ihnen zu wohnen, teils aus edlen Motiven (um sie vor einer Hungersnot zu bewahren), hauptsächlich aber, um die Macht Roms zu schwächen.

103 *duplicarii*, »Doppellöhner«, waren Soldaten, die wegen besonderer Tapferkeit vor dem Feind doppelte Löhnung bzw. Getreidezuteilung erhielten. – Die im folgenden genannte Strafe ist das sog. Dezimieren.

104 Der Wahlgang fand ohne Auspizien statt, die nur von den Vätern eingeholt werden konnten. Außerdem wäre es ein Prestigegewinn für einen Volkstribunen gewesen, wenn er auch mit den Stimmen der Väter, also vom Gesamtvolk, gewählt worden wäre.

105 Nach anderen Berichten beging er Selbstmord, und seine Familie gab eine Krankheit als Todesursache an. Vgl. Dion. Hal. 9,54,4 f.

106 Man sah bereits das Unwetter als *prodigium* an, als ein von den Göttern gesandtes Zeichen. Die *prodigia* und ihre Beachtung oder Vernachlässigung dienen Livius jeweils als Anzeichen für den inneren Zustand des römischen Staates.

Verzeichnis der Eigennamen

Aequi: oskisches Bergvolk östlich von Rom, zwischen Sabinern und Volskern, das sich nach Latium ausbreitete und dabei mit Rom und den Latinern in Konflikt kam. Die Aequer wurden im 5. Jh. v. Chr. von Cincinnatus, im 4. Jh. v. Chr. von Camillus besiegt und erhielten nach 304 das römische Bürgerrecht.

Agrippa Menenius: s. Menenius Agrippa.

Anio: heute Anione, linker Nebenfluß des Tiber, mündet etwa 6 km nördlich von Rom.

Antium: heute Anzio, 45 km südlich von Rom, am Meer gelegen; der ursprüglich latinische Hauptort der Volsker wurde 468 v. Chr. von Rom erobert, war ab 338 römische Kolonie und erhielt dann römisches Bürgerrecht.

Appius Claudius: s. Claudius.

Aquilii: Neffen des Konsuls Collatinus; sie waren an der Verschwörung zur Wiedereinsetzung der Tarquinier beteiligt und wurden hingerichtet.

Aricia: latinische Stadt in den Albanerbergen, südöstlich von Rom an der späteren Via Appia, Versammlungsort des Latinerbundes, der am nahegelegenen Nemisee beim dortigen Dianatempel, dem Bundesheiligtum, tagte. In der Schlacht von Aricia besiegten die Aricier Arruns, den Sohn des Königs Porsenna (504 v. Chr.).

Aristodemos: griechischer Herrscher von Cumae, siegte 524 bei Cumae und 504 bei Aricia über die Etrusker, gewährte Tarquinius Superbus Exil.

Arruns Tarquinius: Sohn des Tarquinius Superbus, tötete Brutus in der Schlacht (509 v. Chr.).

Arruns: Sohn des Etruskerkönigs Porsenna, wird in der Schlacht von Aricia von den Ariciern und ihren Verbündeten aus Latium und Cumae geschlagen (504 v. Chr.).

Arsia: Der Wald von Arsia lag am Tiberufer zwischen Veji und Rom.

Attius Tullius: auch Attus Tullus, Führer der Volsker, Gastfreund des verbannten Coriolanus, mit diesem zusammen Befehlshaber beim Feldzug gegen Rom (489/488).

Aurunci: oskischer Stamm (griech. *Ausones*, davon abgeleitet *Ausonia* für Italien), wohnte im südlichen Latium bis nach Kampanien hin. Die Aurunker schlossen sich nach dem Latinerkrieg an Rom an. Hauptorte: Suessa Aurunca, Interamna, Sinuessa, Minturnae, später Ausonia.

Aventinus mons: einer der sieben Hügel Roms, im Süden der Stadt, außerhalb der Stadtgrenze (*pomerium*), von Plebejern bewohnt.

L. Junius Brutus: führte den Sturz des Königs Tarquinius Superbus herbei und begründete die römische Republik. Erster Konsul Roms (509 v. Chr.), entdeckte die Verschwörung der Tarquinier, fiel im Krieg gegen die Vejenter und Tarquinier.

Caelius: einer der sieben Hügel Roms, südöstlich vom Forum, östlich vom Palatin, zwischen Aventin und Esquilin.

Caeno: die Hafenstadt Antiums, heute Porto d'Anzio, volskischer Ort, 469 von den Römern erobert.

Campania: die südöstlich an Latium anschließende fruchtbare Landschaft, von Oskern und Samniten bewohnt, mit dem Hauptort Capua.

Capitolium: Burghügel Roms, westlich vom Forum, mit zwei Kuppen. Auf der südlichen stand der Tempel des Jupiter. Rechts davon schloß sich der Tempel der Minerva an. Auf der nördlichen Kuppe, *arx* genannt, befand sich eine Zitadelle sowie das Heiligtum der Juno Moneta. Die drei Gottheiten bildeten die kapitolinische Trias.

Carmentalis porta: Carmentalisches Tor, Stadttor südwestlich des Kapitols zum Marsfeld hin, mit mehreren Durchgangsbögen, benannt nach dem Heiligtum der Quellgottheit Carmenta.

Spurius Cassius Vecellinus: Konsul 502, 493, 486 v. Chr., *magister equitum* (Reiteroberst) des ersten römischen Diktators. Unter seinem 2. Konsulat fand der Auszug der Plebs auf den Heiligen Berg statt. Er soll das sog. *foedus Cassianum* geschlossen haben, ein Bündnis zwischen Rom und den latinischen Städten. Man beschuldigte ihn, nach der Königsherrschaft zu streben, und verurteilte ihn 485 zum Tode.

Castor (und Pollux): die Dioskuren, Söhne des Jupiter, Schutzgötter der Reiterei mit altem Kult in Tusculum und Lavinium. Der Castortempel, dessen spätere Bauelemente auf dem Forum Romanum zu sehen sind, wurde 484 zum Andenken an die Hilfe der Dioskuren bei der Schlacht am See Regillus geweiht. Reste einer Statuengruppe der Dioskuren aus dem 5. Jh. sind noch erhalten.

Ceres: griech. Demeter, Göttin der Ernte. Als Garantin der Getreidezufuhr wurde sie vor allem von der Plebs verehrt. Ihr 493 geweihter Tempel war religiös-politischer Mittelpunkt der Plebejer. Wer sich an plebejischen Beamten vergriff, wurde zum Tode verurteilt, seine Habe wurde am Cerestempel versteigert.

Circei: Hafenstadt im südlichen Latium, nach der Zauberin Circe benannt, etwa 100 km südlich von Rom beim heutigen Terracina am Kap Circeo, im 6. Jh. volskisch, dann römisch, von Coriolanus für die Volsker zurückerobert.

Appius Claudius: (1) auch Attius Clausus, aus Regillum, kam 504 mit 5000 Gefolgsleuten nach Rom, wurde 495 Konsul, harter Gegner der Plebs am Beginn der Ständekämpfe. – (2) Sohn des vorigen, 471 Konsul, Führer der Patrizier gegen die Plebs.

Cloelia: adliges junges Mädchen aus Rom, befreite sich und ihre Mitgefangenen aus der Geiselhaft des Königs Porsenna.

Cluiliae fossae: Cluilische Gräben, vermutlich ein Entwässerungs- und Grenzgraben, bei Livius vom Namen eines Albanerkönigs Cluilius hergeleitet, der dort – etwa 6 km von Rom entfernt – im Krieg gegen Rom zur Zeit des 3. römischen Königs Tullus Hostilius sein Lager aufgeschlagen hatte.

Clusium: heute Chiusi, etruskische Stadt etwa 150 km nördlich von Rom am Trasimenischen See, Sitz des Königs Porsenna.

Collatinus: L. Tarquinius Collatinus, Gatte der vom Sohn des Tarquinius Superbus entehrten Lucretia, vertrieb mit Brutus und anderen zusammen den König und seine Familie. Mit Brutus erster Konsul Roms (510/509 v. Chr.), mußte dann sein Konsulat niederlegen und in die Verbannung gehen.

Collina porta: Collinisches Tor, Stadttor im Norden Roms, an der nordöstlichen Spitze der Stadtmauer, oberhalb des Esquilinischen Tores, Ausgangspunkt für die Via Salaria und die Via Nomentana.

Cora: heute Cori, südöstlich von Rom, ursprünglich volskischer Ort, dann latinische Kolonie im Grenzgebiet zwischen Latinern und Volskern.

Cn. Marcius Coriolanus (bei Dionys von Halikarnaß und Plutarch: Gaius) römischer Feldherr, erhielt seinen Beinamen durch seinen Einsatz bei der Eroberung von Corioli, wurde später als unversöhnlicher Gegner der Plebs verbannt (491), ging zu den Volskern über und zog gegen Rom (489/488). Vgl. die Lebensbeschreibung bei Plutarch und das Drama von Shakespeare.

Corioli: Volskerstadt, etwa 25 km südlich von Rom, 493 von den Römern erobert.

Cremera: heute Valchetta, rechtes Nebenflüßchen des Tiber, an welchem Veji liegt.

Crustumeria, Crustumerium: Sabinerstadt etwa 12 km nördlich von Rom, mit Veji verbündet, beherrschte die Via Salaria (Salzstraße). Die Crustuminische Ebene wurde nach der Einnahme der Stadt (499) mit dem römischen Staatsland, dem *ager Romanus*, vereinigt.

Cumae: bei Neapel gelegene, älteste und nördlichste griechische

Kolonie in Italien, um 750 v. Chr. gegründet; stand als Handelsmacht in Rivalität zu den Etruskern. 474 v. Chr. Niederlage der Etrusker in der Seeschlacht von Cumae gegen die Griechen unter Hieron I. von Syrakus.

Esquilina porta: Esquilinisches Tor, im Osten der Stadt, am Esquilinhügel gelegenes Stadttor, Ausgangspunkt der Via Gabina (Straße nach Gabii).

Esquilinus mons: einer der sieben Hügel Roms, im Osten der Stadt gelegen.

Etruria: als Kernland der Etrusker ursprünglich nur das Land zwischen Arno und Tiber, die heutige Toscana. Wichtigste Städte: Caere, Veji, Tarquinia, Clusium.

Etrusci, auch *Tusci:* Die kulturell hochentwickelten Etrusker, im 7./6. Jh. v. Chr. die führende Macht in Italien, waren in einem Bund von zwölf Städten organisiert und dehnten ihre Vormachtstellung auf politischem, wirtschaftlichen und kulturellem Gebiet über Latium bis nach Kampanien hin aus. Auch zur See waren sie führend. Sie vermittelten Rom viele staatliche, kulturelle und religiöse Einrichtungen sowie technische Errungenschaften (u. a. Drainagetechnik, Bauwesen). Siehe auch Rom.

Fabii: angesehenes römisches Patriziergeschlecht, das zahlreiche Konsuln und Feldherrn stellte, wie Q. Fabius Maximus Cunctator (der Zauderer), ca. 280–203, Feldherr gegen Hannibal. 477 v. Chr. kämpfte ein Clan der Fabier als Vorposten gegen Veji und wurde völlig aufgerieben.

Q. Fabius Pictor: römischer Senator und Politiker, schrieb um 200 v. Chr. ein Geschichtswerk in griechischer Sprache, um romfeindlichen griechischen Historikern entgegenzutreten. Er behandelte die Geschichte Roms von der Gründung bis zu seiner Zeit (Ende des 2. Punischen Krieges). Sein Werk, das eine der Hauptquellen des Livius bildet, gehört zur sog. älteren Annalistik. Es ist nach dem Schema der Annalen verfaßt, der von den Pontifices geführten Kalender bzw. Jahreschroniken, die neben den Beamtenlisten kurze Angaben zu besonderen Ereignissen jedes Jahres enthielten, wie Vorzeichen, Naturkatastrophen, Sühneopfer, Krieg und Frieden.

Ferentinum caput: am Fuß der Albanerberge gelegenes freies Gelände um die Quelle der latinischen Göttin Ferentina, ein Versammlungsort der Latiner.

Fidenae: latinische Stadt etruskischen Ursprungs, am linken Tiberufer; mit Veji verbündet, bildete sie, auf halbem Wege zwischen Veji und Rom gelegen, einen Brückenkopf und Außenposten Vejis. 426 endgültig von den Römern erobert.

Gabina via: Die Gabinische Straße führte aus dem Esquilinischen Tor im Osten der Stadt nach der alten Latinerstadt Gabii, 20 km östlich von Rom.

Heilige Straße: s. Sacra via.

Heiliger Berg: s. Sacer mons.

Hernici: oskisches Bergvolk südöstlich von Rom, dessen Land sich keilförmig zwischen den Gebieten der Volsker und Aequer erstreckte. Rom schloß 486 mit den Hernikern ein Bündnis, um damit die Volsker von den Aequern zu trennen.

Horatius Cocles (der Einäugige): verteidigte den *pons sublicius,* die Pfahlbrücke zum Janiculum, gegen das Heer des Porsenna.

M. Horatius Pulvillus: weihte 509 (?) als Konsul den Jupitertempel auf dem Kapitol.

Janiculus, Janiculum: heute Gianicolo (Trastevere), am rechten Tiberufer, also nach Etrurien hin, in einer Flußschleife gelegener Hügel Roms, der als militärischer Stützpunkt schon zur Königszeit ins Stadtgebiet einbezogen und mit einer Brücke versehen wurde.

Jupiter: als *Juppiter Optimus Maximus* (der Beste und der Größte) oberste Gottheit des römischen Staatskultes, dem griechischen Zeus als Himmelsgott gleichgesetzt, im besonderen der Schützer und Hüter der Eide und Verträge. Der Tempel des Jupiter auf dem Kapitol war kultischer Mittelpunkt des römischen Reiches.

Lar, Lars: etruskisch Larth, ein Fürstentitel, bei Livius wie ein Vorname gebraucht (Lars Porsenna).

T. Larcius: erster Diktator Roms, 501 (?) v. Chr.

Latina via: Straße von Rom ins südliche Latium und weiter nach Kampanien bis Capua.

Latini: Bewohner von Latium, der mittelitalischen Küstenlandschaft südlich und südöstlich von Rom. Nach dem Mythos Nachkommen des Königs Latinus, der Aeneas seine Tochter zur Frau gab. Die Latiner waren in einem Städtebund organisiert (Latinerbund, bis 338 v. Chr.). Wichtigste Städte: Alba Longa, Tibur, Gabii, Tusculum, Aricia, Lanuvium, Lavinium. Nach dem Ende der etruskischen Vorherrschaft Kampf der Latiner gegen Rom, das nach dem Sieg am See Regillus mit ihnen ein Bündnis schließt (496 v. Chr.) und in der Folgezeit die Hegemonie im Latinerbund gewinnt.

Lavinium: heute Pratica di Mare, latinische Küstenstadt südlich von

Rom. Nach dem Mythos von Aeneas gegründet und nach seiner Gattin Lavinia, der Tochter des Königs Latinus, benannt.

Longula: volskische Stadt bei Corioli, von den Römern eingenommen, von Coriolanus für die Volsker zurückerobert.

Mamilius Octavius: Schwiegersohn des Tarquinius Superbus, gewährt diesem Exil in Tusculum, mobilisiert den Latinerbund zur Rückführung des Tarquinius, kämpft in der Schlacht am See Regillus (499 oder 496 v. Chr.).

Cn. Marcius: s. Coriolanus.

Mars: römischer Kriegsgott, als *Gradivus*, der Voranschreitende, d. h. der Vorkämpfer, im Heer verehrt. Die Weihung von Ackerland an Mars (s. *Martius campus*) weist darauf hin, daß Mars ursprünglich ein Agrargott war. In einem bei Cato d. Ä. erhaltenen Gebet wird er als Schützer der Feldflur, des Viehs und der bäuerlichen Hausgemeinschaft angerufen. Der ihm geweihte Monat März war in früherer Zeit der römische Jahresanfang.

Martius campus: das nordwestlich vom Forum in der Tiberschleife gelegene, ebene Gelände, wo Waffenübungen und Versammlungen stattfanden. Das Gelände war von den Tarquiniern als Ackerland genutzt, nach ihrer Vertreibung enteignet und dem Mars geweiht worden.

Menenius Agrippa: Konsul 503 v. Chr., bekannt durch seine Vermittlerrolle beim Auszug der Plebs auf den Heiligen Berg. Er erzählt die Fabel vom Magen und den Gliedern.

Mercurius: römischer Schutzgott des Handels und der Kaufleute (von *merx* ›die Ware‹). Sein 495 v. Chr. geweihter Tempel befand sich nahe beim Circus Maximus. Merkur war eine Gottheit der Plebejer, die daher das Recht der Tempelweihe für sich in Anspruch nehmen.

C. Mucius Scaevola (Linkshand): erreichte durch seinen mutigen Auftritt beim König Porsenna die Aufhebung der Belagerung Roms.

Naevia porta: Naevisches Tor, südliches Stadttor Roms, an der Südostseite des Aventin, Ausgangspunkt der Via Ardeatina.

Norba: auf einem Hügel am Westrand des Volskergebirges gelegen, ursprünglich Volskerstadt, dann latinische und römische Kolonie.

Octavius Mamilius: s. Mamilius Octavius.

Oppia: eine Vestalin (s. d.).

Ostia: Hafenstadt an der Tibermündung, 25 km von Rom entfernt, war in der Frühzeit noch kein ausgebauter Hafen, aber wegen des Salzhandels wichtig (Salinen an der Tibermündung).

Piso: L. Calpurnius Piso Frugi, Konsul 133 v. Chr., verfaßte ein historisches Werk *Annales*, das die römische Geschichte bis zu seiner Zeit beschrieb und von Livius als Quelle benutzt wurde. Piso gehörte zur sog. älteren Annalistik (s. auch Fabius Pictor).

Pometia, auch *Suessa Pometia:* südlich der Albanerberge gelegene Stadt im Grenzgebiet zwischen Latinern und Volskern; ursprünglich Latinerstadt, ging sie zu den Aurunkern über und wurde von Rom erobert (503/502); 495 im Besitz der Volsker, dann von Rom zurückgewonnen.

Pomptinus ager: Pomptinisches Gebiet, Ebene südlich der Albanerberge bis zum Tyrrhenischen Meer, unter den Volskern fruchtbares Kulturland, 358 von den Römern besetzt, später versumpft (Pontinische Sümpfe), erst im 20. Jh. wieder vollständig trockengelegt (Pontinische Ebene).

Pontifex [maximus]: Oberhaupt des wichtigsten Priesterkollegiums, der *pontifices*.

Porsenna: etruskischer Herrscher von Clusium, Oberbefehlshaber der etruskischen Bundesstädte, wollte seinen Herrschaftsbereich bis nach Kampanien ausdehnen und unternahm daher einen Vorstoß gegen Rom, das sich ihm – entgegen der von Livius vertretenen Meinung – ergeben mußte. Seine Expansion wurde beendet, als sein Sohn 504 bei Aricia von einem Heer aus Griechen und Latinern geschlagen wurde. Dadurch konnte Rom seine Unabhängigkeit zurückgewinnen.

A. Postumius: Diktator i. J. 499 oder 496 in der Schlacht am See Regillus gegen die Latiner, gelobte den Castortempel. 495 Feldherr gegen die Sabiner.

Praeneste: heute Palestrina, etwa 30 km östlich von Rom gelegene Stadt, ursprünglich etruskisch, dann latinisch; geht zu den Römern über (499), ist später auf der Seite der Aequer und Volsker. 338 endgültig von Rom besiegt, bleibt sie auch als Bundesgenossenstadt autonom. Später bekannt durch ihr Fortuna-Heiligtum.

Priscus: s. Tarquinius Priscus.

Publicola: s. Valerius Publicola.

Quirites: Anrede an die Bürger in der Volksversammlung, Etymologie umstritten; nach Livius vom Namen der alten Sabinerstadt Cures abgeleitet. Man habe ursprünglich die mit den Römern vereinigten Sabiner so benannt. Die alte Formel lautete: *populus Romanus Quiritesque*. *Quirites* wird später für das gesamte Römervolk gebraucht. Möglich ist auch eine Ableitung von *co-virites*: Mitglieder der Wehrgemeinschaft.

Regillus, Regillum: See bei Tusculum, Ort der Schlacht Roms gegen die Latiner (499 oder 496).

Regillum, auch *Inregillum* und *Regilli:* sabinischer Ort, Heimat der Claudier.

Roma: Eine Besiedlung im Stadtgebiet ist seit dem 10. Jh. v. Chr. nachweisbar. Eine latinische Urbevölkerung wohnte auf dem Palatin, Sabiner auf dem Kapitol, dem Esquilin und Quirinal. Die Vereinigung dieser Hirtendörfer zu einer Kult- und Wehrgemeinschaft kann um die Mitte des 8. Jh.s erfolgt sein. Das legendäre Gründungsdatum Roms, 753, wurde von M. Terentius Varro als Grundlage einer römischen Chronologie benutzt. Um 650/600 etruskische Kolonie, erlebte Rom seine erste Blüte der Urbanisierung unter den Etruskerkönigen (Entwässerung des Forums, Bau des Jupitertempels auf dem Kapitol). Um 510 schüttelte Rom die etruskische Königsherrschaft ab und mußte dann lange Zeit mit den Nachbarvölkern um seine Unabhängigkeit kämpfen.

Sabini: mittelitalischer Volksstamm, auf den Hängen des Apennin nördlich der Latiner wohnhaft. Ein Teil war bereits in der Königszeit in Rom seßhaft geworden (Geschichte vom Raub der Sabinerinnen und der folgenden Verschmelzung von Römern und Sabinern). Die übrigen Sabiner kämpften mit Rom um den Zugang in die Ebene von Latium und zum Meer. 290 v. Chr. von Rom endgültig unterworfen, erhielten sie 268 römisches Bürgerrecht. Hauptorte Reate und Cures.

Sacer mons: der Heilige Berg, Hügel etwa 5 km nördlich von Rom, jenseits des Flusses Anio, an der Via Nomantana, Zufluchtsort der Plebs bei ihrem Auszug aus Rom (494 v. Chr.).

Sacra via: Die Heilige Straße verläuft vom Titusbogen übers Forum und von dort im Bogen als *Clivus Capitolinus* auf das Kapitol, der Weg für die Opferprozessionen und den Triumphzug des siegreichen Feldherrn zum Jupitertempel hinauf.

Satricum: östlich von Antium gelegene, ursprünglich latinische Bundesstadt, dann im Besitz der Volsker, später römische Kolonie.

Saturnus: ursprünglich Satres, ein etruskischer Gott; die Römer leiteten den Namen von *satus* die Saat, ab. Saturn war Gott der Aussaat und Abwehrer von Seuchen, er wurde auch mit dem griechischen Gott Kronos gleichgesetzt. Der Tempel auf dem Forum am Fuß des Kapitols (der heutige Bau ist aus späterer Zeit) wurde 497 an der Stelle eines alten Altars errichtet. Dort befand sich auch das Aerarium, der Staatsschatz mit Staatsarchiv.

Saturnalia: die Saturnalien, Fest des Gottes Saturn am 17. Dezember (später 17.–23. Dezember) im Anschluß an die Beendigung der Herbstaussaat. Herren und Sklaven feierten dabei – wie im Goldenen Zeitalter des Saturn – ohne Standesunterschiede und beschenkten sich mit Glücksbringern.

Saxa Rubra (Rote Felsen): Ort an der Via Flaminia, etwa 10 km von Rom entfernt.

Scaevola: s. Mucius.

P. Servilius: Konsul 495, vertrat zu Beginn der Ständekämpfe eine ausgleichende Position.

Servius Tullius: sechster König Roms, ordnete den Staat und das Heer neu (Zenturienordnung), erbaute zur religiös-politischen Verbindung Roms mit den Latinern das Bundesheiligtum der Diana auf dem Aventin. Er galt auch als Erbauer eines Mauerrings (servianische Stadtmauer).

C. Sicinius Bellutus: Anführer der Plebs beim Auszug auf den Heiligen Berg, einer der ersten Volkstribunen (493).

Silvanus: von *silva* ›Wald‹, der latinische Gott des Waldes, dem Faunus ähnlich. Wie der griechische Hirtengott Pan ließ er weissagende Rufe ertönen.

Sizilien: seit dem 8. Jh. v. Chr. von Griechen besiedelte Insel, später teilweise von Karthagern besetzt, die 480 v. Chr. durch Gelon von Syrakus bei Himera besiegt wurden. Für die Römer wichtig als »Kornkammer Roms« (Livius).

Spes: Göttin der Hoffnung. Ihr Tempel lag am *Forum Holitorium* (Kohlmarkt) vor dem Carmentalischen Tor.

Suessa Pometia: s. Pometia.

Tarquinii: heute Tarquinia, 70 km nordwestlich von Rom, bedeutende Etruskerstadt, religiöse Metropole des etruskischen Städtebundes, Heimat der Tarquinierdynastie, ab 358 v. Chr. mit Rom im Krieg, seit etwa 300 Bundesgenossenschaft.

L. Tarquinius Priscus: Fünfter König Roms, soll um 616 v. Chr. die etruskische Dynastie begründet haben. Ursprünglicher Name Lucumo, stammte aus Tarquinii. Er ließ das Forum entwässern und bebauen und führte zahlreiche staatliche und religiöse Neuerungen ein. Führte Kriege mit den Sabinern und Latinern.

L. Tarquinius Superbus (der Hochmütige): siebter und letzter König Roms, führte ein tyrannisches Regiment und wurde, nach einer Gewalttat seines Sohnes an der Römerin Lucretia, gestürzt und vertrieben. Er versuchte mehrfach vergebens, den Thron wiederzugewinnen. 495 im Exil in Cumae gestorben.

Tellus: auch *Terra Mater*, Mutter Erde, römische Erdgöttin, mit

Ceres gemeinsam verehrt, vgl. das bekannte Relief an der Ara Pacis in Rom.

Tiberis: der Tiber, größter Fluß Mittelitaliens, trennt Etrurien im Oberlauf vom umbrischen und sabinischen und im Unterlauf vom latinischen Gebiet, mündet bei Ostia ins Meer. Seine Furt bei Rom zog schon früh Siedler an.

Tusci: s. Etrusci.

Tusculum: beim heutigen Frascati gelegene latinische Stadt, 20 km südöstlich von Rom am Nordrand der Albanerberge; nach der Schlacht am See Regillus mit Rom verbündet, seit 381 Teil des römischen Staatsgebiets.

P. Valerius Publicola, auch *Poplicola* (Volksfreund): Sohn des Valerius Volesi; an der Vertreibung des Tarquinius Superbus beteiligt, war er 509 v. Chr. Konsul (mit Brutus), dann abermals 508, 507, 504 v. Chr. (503 gestorben); erfolgreicher Politiker und Feldherr (Kriege gegen Veji, die Tarquinier und Porsenna). Er brachte wichtige Gesetze ein wie die *lex Valeria de provocatione,* das Recht eines Angeklagten, Berufung einzulegen und an das Volk zu appellieren. Plutarch stellt ihn in seiner Lebensbeschreibung dem athenischen Gesetzgeber Solon gegenüber.

Veji: beim heutigen Isola Farnese, 15 km nördlich von Rom; neben Tarquinii die reichste und mächtigste Etruskerstadt, deren Territorium im Süden bis an die Tibermündung reichte; mit Rom lange im Krieg um die Vorherrschaft, 396 erobert und zerstört.

Velia: eine inzwischen abgeflachte Erhebung in Rom zwischen Palatin und Esquilin, an der östlichen Seite des Forums.

Velitrae: heute Velletri, 30 km von Rom entfernte Stadt am Südrand der Albanerberge, ursprünglich latinisch, dann unter etruskischem Einfluß, später Volskerstadt, seit 494 römische Kolonie.

Vestalis: Vestalin, Priesterin der Vesta, der Göttin des häuslichen Herdes und des Herdfeuers. Zu ihrem Kult im Vestatempel, dem kleinen Rundtempel auf dem Forum, gehörte das Hüten des ewigen Feuers, das die Wohlfahrt des römischen Staates garantierte. Die Priesterinnen genossen hohe Ehren; sie waren zur Keuschheit verpflichtet und wurden bei Verletzung ihres Gelübdes, was als böses Omen für den Staat galt, lebendig begraben.

Veturia: Mutter des römischen Feldherrn Coriolanus, ging mit einer Bittgesandtschaft ins Lager ihres Sohnes und bewog ihn zum Abzug von Rom.

Vica Pota: altrömische Göttin des Sieges, später mit Victoria gleichgesetzt.

Vicus Tuscus: Etruskerviertel bzw. -straße, das Viertel zwischen Palatin und Kapitol und die Straße vom Forum zum Circus Maximus.

Vitellii: Verwandte des Brutus; sie waren an der Verschwörung zur Rückführung der Tarquinier beteiligt und wurden hingerichtet.

Volero Publilius: Volkstribun und Verfechter der *lex Publilia* (471 v. Chr.), wonach die plebejischen Beamten in den Tributkomitien, den nach Tribus geordneten Versammlungen des Volkes, gewählt werden sollten.

Volsci: Bergvolk im Süden von Rom, das sich nach dem Zusammenbruch der Tarquinierherrschaft in die Ebene von Latium auszubreiten begann und dort in Konflikt mit Rom geriet. Hauptorte der Volsker waren Antium, Cora, Pometia, Velitrae, Tarracina-Anxur.

Volumnia: Gattin des Feldherrn Coriolanus, begab sich mit dessen Mutter Veturia auf eine Bittgesandtschaft ins Lager ihres Mannes.

Zeittafel

474	Schwächung der Etruskermacht durch die Seeschlacht von Cumae, Sieg Hierons I. von Syrakus über die Etrusker. Waffenstillstand Roms mit Veji
471	*Lex Publilia:* Wahl der plebejischen Beamten in den Tributkomitien
468	Einnahme von Antium

Ende der Ereignisse des 2. Buches

451	Ausgleich im Ständekampf: Wahl eines Zehnmännerkollegiums (Decemvirat) zur Kodifizierung des Rechts
450	Zwölftafelgesetz

Literaturhinweise

Der lateinische Text folgt der Ausgabe: Titi Livi Ab urbe condita. Rec. et adnot. crit. instr. R. M. Ogilvie. T. 1. Oxford: Oxford University Press, 1974. – Die Karten S. 234 f. und 236 sind der Ausgabe entnommen: Titi Livi Ab urbe condita. Rec. et adnot. crit. instr. R. S. Conway et C. F. Walters et S. K. Johnson. T. 1. Ebd. 1955.

Textausgaben und Übersetzungen

T. Livius: Römische Geschichte. Übers. von C. F. Klaiber. Bd. 1. Stuttgart ³1827.

Titus Livius: Römische Geschichte. Bd. 1. Übers. von K. Heusinger. Hrsg. von O. Güthling. Leipzig 1884. ²1937.

T. Livi Ab urbe condita Libri. W. Weissenborns erklärende Ausgabe. Bearb. von H. J. Müller. Bd. 1. H. 2: Buch II. Berlin ⁸1894 (Berlin/Zürich ¹²1965).

Tite-Live: Histoire romaine. Texte établi par J. Bayet et traduit par G. Baillet. Bd. 1. Paris 1940. Neudr. 1968.

Titi Livi Ab urbe condita. Rec. et adnot. crit. instr. R. S. Conway et C. F. Walters et S. K. Johnson. T. 1. Oxford 1955.

Tito Livio: Storie – Libro II. Hrsg. von S. Sperati. Mailand/Rom 1962 [Kommentierte Textausg.]

Livy. With an English Translation by B. O. Foster and others. Vol. 1: Books I and II. Cambridge (Mass.) /London 1967. (Loeb Classical Library.)

T. Livius: Römische Frühgeschichte. Übers. von J. Feix. Bd. 1. München 1971.

T. Livi Ab urbe condita. Liber II. Ed. by P. G. Walsh. London 1973.

Titi Livi Ab urbe condita. Rec. et adnot. crit. instr. R. M. Ogilvie. T. 1. Oxford 1974 (³1984).

T. Livius: Römische Geschichte seit Gründung der Stadt. Übers. von H. Dittrich. Bd. 1: Buch 1–5. Berlin 1978. [Mit Anm. sowie alph. Verz. antiker Namen und Begriffe.]

Titus Livius: Ab urbe condita. Liber I / Römische Geschichte. 1. Buch. Lat. / Dt. Übers. und hrsg. von Robert Feger. Stuttgart 1981 [u. ö.]. (Reclams Universal-Bibliothek. 2031 [3].)

Titus Livius: Römische Geschichte. Buch 1–3. Übers. und hrsg. von H. J. Hillen. München/Zürich 1987.

Kommentar

Ogilvie. R. M.: A Commentary on Livy. Books 1–5. Oxford [4]1984.

Sekundärliteratur

WzL = *Wege zu Livius* (s. d.)

Zur römischen Geschichte und Frühgeschichte:

Adcock, F. E.: Römische Staatskunst. Göttingen 1961.

Alföldi, A.: Das frühe Rom und die Latiner. Darmstadt 1977. [Mit Karte.]

Christ, K.: Römische Geschichte. Einführung, Quellenkunde, Bibliographie. Darmstadt 1973.

Gjerstad, E. [u. a.]: Les Origines de la République Romaine. Entretiens sur l'Antiquité Classique. Bd. 13. Genf 1967. (Fondation Hardt.)

– Legenden und Fakten der frühen römischen Geschichte (1960/61). In: Römische Geschichtsschreibung. Hrsg. von V. Pöschl. Darmstadt 1969. [Wege der Forschung. 90.]

Heinze, R.: Die Augusteische Kultur. Hrsg. von A. Körte. Leipzig [3]1929.

Heuss, A.: Römische Geschichte. Braunschweig [4]1976.

Meyer, E.: Römischer Staat und Staatsgedanke. Darmstadt [2]1961.

Ogilvie. R. M.: Das frühe Rom und die Etrusker. München 1983. (dtv Geschichte der Antike. 4403.)

Pallottino. M.: Le origini di Roma: Considerazioni critiche sulle scoperte e sulle discussions più recenti. In: Temporini, H. / Haase, W. (Hrsg.): Aufstieg und Niedergang der römischen Welt. Tl. 1. Bd. 1. Hbd. 1. Berlin / New York 1972. S. 22–47.

Rieche, A.: Das antike Italien aus der Luft. Bergisch-Gladbach 1978.

Siber, H.: Römisches Verfassungsrecht in geschichtlicher Entwicklung. Lahr 1952.

Vogt, J.: Römische Republik. Tl. 1. Der Aufstieg Roms. Freiburg 1962.

Werner, R.: Der Beginn der römischen Republik. Historisch-chronologische Untersuchungen über die Anfangszeit der ›libera res publica‹. München 1963. [dazu: Rez. F. Gschnitzer, in: Gnomon 39, 1967, S. 709–714.]

– Die Auseinandersetzung der frührömischen Republik mit ihren Nachbarvölkern in quellenkritischer Sicht. In: Gymnasium 75 (1968) S. 45–73 und S. 505–519.

Zu Livius:

Barié, P.: Mythisierte Geschichte im Dienst einer politischen Idee. Historiographie am Beispiel Livius. In: Der altsprachliche Unterricht 19,2 (1976) S. 35–42.

Bloch, R.: Tite-Live et les premiers siècles de Rome. Paris 1965.

Bornecque, H.: Tite-Live. Paris 1933.

Burck, E.: Die Erzählungskunst des Livius. Berlin 1934 (Berlin / Zürich ²1964. [Mit Forschungsbericht.])

– Zum Rombild des Livius. In: Vom Menschenbild in der römischen Literatur. Hrsg. von E. Lefèvre. Heidelberg 1966. S. 321–353.

– Aktuelle Probleme der Livius-Interpretation. In: Ebd. S. 354–375.

– Die Frühgeschichte Roms bei Livius im Licht der Denkmäler. In: Gymnasium 75 (1968) S. 74–110.

– Livius als augusteischer Historiker. In: WzL. S. 96–143.

Catin, L.: En lisant Tite-Live. Paris 1944.

Coriolan. In: Pontes. Begleitbuch zur Lektüre nach übergeordneten Themen. Hrsg. von J. A. Mayer, Stuttgart 1970. S. 66–77.

Dorey, T. A. (Hrsg.): Livy. London 1971.

Flach, D.: Einführung in die römische Geschichtsschreibung. Darmstadt 1985.

Gagé, L.: La chute des Tarquins et les débuts de la république romaine. Paris 1976.

Gantz, T. N.: The Tarquin Dynasty. In: Historia 24 (1975) S. 539 bis 554.

Grant, M.: Livius. In: Klassiker der antiken Geschichtsschreibung. München 1981. (dtv Wissenschaft. 4374.) S. 182–204.

Gutberlet, D.: Die erste Dekade des Livius als Quelle zur gracchischen und sullanischen Zeit. Hildesheim 1985. (Beiträge zur Altertumswissenschaft. 4.)

Haffter, H.: Rom und römische Ideologie bei Livius. In.: WzL. S. 277–297.

Hartmann, L. M.: Das Latinerbündnis des Sp. Cassius. In.: Wiener Studien 34 (1912) S. 265–269.

Hellmann, F.: Livius-Interpretationen. Leipzig/Berlin 1939.

Hoch, H.: Die Darstellung der politischen Sendung Roms bei Livius. Frankfurt a. M. 1951.

Hoffmann, W.: Livius und die römische Geschichtsschreibung. In: WzL. S. 68–95.

Janssen, L. F.: Die livianische Darstellung der ira in der Geschichte von Coriolan. In: Mnemosyne 25 (1972) S. 413–434.

Kajanto, I.: God and Fate in Livy. Turku 1957.

Kissel, W.; Livius 1933–1978: Eine Gesamtbibliographie. In: Temporini/Haase (Hrsg.): Aufstieg und Niedergang der römischen Welt. Tl. 2. Bd. 30. Hbd. 2. Berlin/New York 1982, S. 899 bis 997.

Klingner, F.: Livius. Zur Zweitausendjahrfeier. In: F. K.: Römische Geisteswelt. Essays zur lateinischen Literatur. Stuttgart ⁵1979. S. 458–482. – (Auch in: WzL. S. 48–67.)

– Rezension zu E. Burck, Die Erzählungskunst des Livius. In: F. K.: Studien zur griechischen und römischen Literatur. Zürich/Stuttgart 1964. S. 594–604.

Klotz, A.: Livius und seine Vorgänger. Leipzig/Berlin 1940.

Kroll, W.: Livius. In: W. K.: Studien zum Verständnis der römischen Literatur. Stuttgart 1924. ²1964. S. 351–369.

Lambert, A.: Die indirekte Rede als künstlerisches Stilmittel des Livius. Diss. Zürich-Rüschlikon 1946.

Lefèvre, E. / Olshausen, E.: Livius. Werk und Rezeption. Festschrift für E. Burck. München 1983.

Lefèvre, E.: Argumentation und Struktur der moralischen Geschichtsschreibung der Römer am Beispiel von Livius' Darstellung des Beginns des römischen Freistaats (2,1–2; 15). In: Ebd. S. 31–57.

Luce, T. J.: Livy's first Decade. In: Transactions and Proceedings of the American Philological Association 96 (1965) S. 209–240.

– Livy. The Composition of his History. Princeton 1977.

Machiavelli, N.: Discorsi [sopra la prima deca di Tito Livio]. Gedanken über Politik und Staatsführung. Dt. Gesamtausg., übers. und erl. von R. Zorn. Stuttgart ²1977. [Hierzu: J. H. Whitfield: Machiavelli's Use of Livy. In: T. A. Dorey (Hrsg.): Livy. London 1971, S. 73–96.]

Maschietto, J. und L. (Hrsg.): Onomasticon Livianum. Venedig 1972.

Mommsen, Th.: Die Erzählung von Cn. Marcius Coriolanus (1879). In: Römische Geschichtsschreibung: Hrsg. von V. Pöschl. Darmstadt 1969. (Wege der Forschung. 90.) S. 31–58.

Oppermann, H. (Hrsg.): Römische Wertbegriffe. Darmstadt ³1983. (Wege der Forschung. 34.)

– Die Einleitung zum Geschichtswerk des Livius. In: WzL. S. 169–180.

Pabst, W.: Quellenkritische Studien zur inneren römischen Geschichte der älteren Zeit bei T. Livius und Dionys von Halikarnaß. Diss. Innsbruck 1969.

Pabst, W.: Die Ständekämpfe in Rom als Beispiel für einen politisch-sozialen Konflikt. In: Der altsprachliche Unterricht 16,3 (1973) S. 5–28.

Packard, D. W. (Hrsg.): A Concordance to Livy. 4 Vols. Cambridge (Mass.) 1968.

Phillips, J. E.: Current Research in Livy's First Decade: 1959–1979. In: Temporini/Haase (Hrsg.): Aufstieg und Niedergang der römischen Welt. Tl. 2. Bd. 30. Hbd. 2. Berlin/New York 1982 S. 998–1057.

Reichenberger, A.: Die Coriolan-Erzählung (1931). In: WzL. S. 383–391.

Robbins, M. A. S.: Livy's Brutus. In: Studies in Philology 69 (1972) S. 1–20.

Salmieri, R.: Leggenda e storia nell'opera di Tito Livio. Palermo 1976.

Soltau, W.: Livius' Geschichtswerk. Leipzig 1897.

Syme, R.: Livius und Augustus. In: Prinzipat und Freiheit. Hrsg. von R. Klein. Darmstadt 1969. (Wege der Forschung. 135.) S. 169–255.

Taine, H.: Essai sur Tite-Live. Paris 1856.

Thraede, K.: Livius im Spiegel der modernen Forschung. In: Neue Einsichten. Beiträge zum altsprachlichen Unterricht. München 1970. S. 61–81.

– Außerwissenschaftliche Faktoren im Liviusbild der neueren Forschung. In: Saeculum Augustum. Hrsg. von G. Binder. Bd. 2. Darmstadt [in Vorb.]. (Wege der Forschung. 512.)

Tränkle, H.: Der Anfang des römischen Freistaats in der Darstellung des Livius. In: Hermes 93 (1965) S. 311–337.

Treptow, R.: Die Kunst der Reden in der 1. und 3. Dekade des livianischen Geschichtswerkes. Diss. Kiel 1964.

Walsh, P. G.: Livy. His Historical Aims and Methods. Cambridge 1961.

– Livy. Greece & Rome. Oxford 1974. (New Surveys in the Classic. 8.)

Wege zu Livius. Hrsg. von E. Burck. Darmstadt ²1972. (Wege der Forschung. 132.) [Zit. als: WzL.]

Wille, G.: Der Aufbau des livianischen Geschichtswerks. Amsterdam 1973. (Heuremata. 1.)

Witte, K.: Über die Form der Darstellung in Livius' Geschichtswerk. In: Rheinisches Museum 65 (1910) S. 270–305; 359–419.

Zancan, P.: Tito Livio. Saggio Storio. Mailand 1940.

Nachwort

»Die Geschichtsschreibung fehlt noch in unserer Literatur«, schrieb Cicero 55 v. Chr. in seinem Dialog *de legibus* (*Von den Gesetzen*). Er wird darin aufgefordert, sich selbst dieser Aufgabe zu widmen und ein großes Geschichtswerk zu verfassen. Cicero aber lehnt ab; es fehle ihm das *otium*, genügend freie Zeit und Muße. Anstatt sich später als »elder statesman« der Geschichtsschreibung zuzuwenden, stieg Cicero erneut in die Arena des politischen Kampfes. Die Geschichte ging über ihn hinweg, und als nach langen Jahren des Bürgerkriegs die Herrschaft des Augustus den Frieden brachte, brachte sie auch jenes *otium*, das man nach Ciceros Ansicht zur Geschichtsschreibung brauchte: ein Freisein von Staatsgeschäften. Es war nun freilich ein mehr oder weniger freiwilliger Verzicht auf die öffentliche Tätigkeit. So war auch der Mann, der eine römische Universalgeschichte verfaßte, die sich den Griechen an die Seite stellen ließ, als erster römischer Schriftsteller kein ehemaliger Politiker. Er hatte Geschichte nicht mehr mitgestaltet, sondern »nur« miterlebt und miterlitten.

Titus Livius war (nach den Angaben des Hieronymus) 59 v. Chr., im schicksalhaften Konsulatsjahr Caesars, geboren. Er stammte aus Patavium (Padua) und verbrachte nach seinen rhetorisch-philosophischen Studienjahren in Rom viele Jahre seines Lebens in seiner Heimatstadt. Patavium rühmte sich eines hohen Alters: Antenor, einer der Gefährten des Aeneas im Trojanischen Krieg, soll es gegründet haben. Die Stadt pflegte ihr heroisches Andenken; sie war stolz darauf, ein Hort althergebrachter Tugenden und Gebräuche zu sein. Den Blick zurück auf Ursprung und Geschichte mag Livius also schon in seiner traditionsbewußten Vaterstadt gewonnen haben. Aber zum Plan eines Geschichtswerks gehört auch der Anstoß durch die Probleme der Gegenwart. Livius hatte erleben müssen, wie sich seine oberitalische Heimat in den Jah-

ren des Bürgerkriegs in ein Schlachtfeld verwandelte. Mit
den Menschen schienen auch die altbewährten Tugenden, die
Grundlage menschlichen Zusammenlebens, für immer zugrunde zu gehen. Wie ein unerwartetes Glück erschien Livius
und seinen Zeitgenossen dann die *Pax Augusta*. Sie bot innerer und äußerer Zerstörung Einhalt, beendete die schuldbela-
dene Zeit des Bruderkriegs. Es ist verständlich, daß man
damals auf der Suche nach einer geistigen Neuorientierung an
die Frühzeit anknüpfte, als Rom noch, wie einst der Dichter
Ennius geschrieben hatte, durch seine alten Sitten und seine
Männer groß war. Augustus selbst stellte die Göttertempel
wieder her und schmückte sein Forum mit den Statuen der
berühmten Männer aus Roms Geschichte. Vergil wählte zum
Helden seines Epos den römischen Gründerheros Aeneas,
und mit Aeneas beginnt auch Livius sein Geschichtswerk.
A primordio urbis – von den Anfängen der Stadt bis zur Gegenwart will er berichten, ein gewaltiges Unternehmen, für
das er sich in der Praefatio des Segens der Götter versichern
möchte. In dieser Vorrede sagt Livius auch, was der Leser
von seinem Werk zu erwarten hat. Das Heilsame und Nütz-
liche an der Geschichte ist ihr Beispielcharakter. Sie bietet
exemplarische Fälle menschlich-politischen Handelns, an
denen man ablesen kann, was man im privaten wie im öffentlichen Leben nachahmen oder meiden soll (praef. 10). Aus
dieser (schon bei den Griechen vorgegebenen) moralisch-
didaktischen Intention des Geschichtsschreibers ergeben sich
Konsequenzen für die Gestaltung seines Werkes wie für dessen Rezeption.
Es war Livius also vor allem wichtig, den in der römischen
Geschichte wirkenden Triebkräften nachzugehen und ihre
Manifestationen im Handeln der Menschen über die Jahrhunderte hinweg aufzuzeigen. Die historische Detailforschung in
Bezug auf Chronologie, Topographie, militärische Taktik
oder ähnliches tritt demgegenüber in den Hintergrund.
Durch seinen großzügigen Umgang mit historischen Quellen
und Realien hat Livius ganze Generationen von Historikern

in Verzweiflung versetzt. Sie hielten ihm zwar die schwierige
Quellenlage in der Frühzeit zugute, konnten es ihm aber
doch nicht verzeihen, daß er z. B. offenbar nicht einmal von
Rom nach Veji hinausgewandert ist, um die Lage der Stadt in
Augenschein zu nehmen, über deren Schicksal er so ausführlich berichtet. Livius selbst hätte sich von einem solchen Vorwurf kaum getroffen gefühlt. Wird aus seiner Darstellung
nicht dennoch jedem klar, daß der Konflikt Roms mit Veji
einen Markstein in der römischen Geschichte bedeutete?
Wenn auch die Historiker manches bei Livius vermissen und
sich nur zu oft bei ihm wie auf schwankendem Boden fühlen,
so hat er doch bis heute allezeit seine Leser gefunden. Wie
Homers Epen den Stoff für die »Griechischen Sagen« abgaben, so bilden die Geschichten des Livius aus Roms Frühzeit
den Inhalt der »Römischen Sagen«. In seiner Vermittlung
und Gestaltung lesen wir von Romulus und Remus, vom
tapferen Mucius Scaevola, von der keuschen Lucretia und
einem so zwiespältigen Charakter wie Coriolan, von dem
sich nach Shakespeare unter anderem noch Bert Brecht und
Günter Grass anregen ließen. Aber nicht nur Roms Frühzeit
wurde durch Livius vermittelt. »Hannibal vor den Toren« –
dieser Schreckensruf wurde zum geflügelten Wort. Die Fas-
zination des afrikanischen Eroberers, den Livius im 2. Punischen Krieg so plastisch darstellt, wirkt bis heute nach, wenn
Expeditionen, den Livius im Gepäck, Hannibals Alpenüber-
gang nachvollziehen.
Aus der Abwertung durch die Historiker einerseits wie durch
den Reiz seiner Episoden und Lebensbilder andererseits
ergibt sich für Livius eine Gefahr: Man liest sein Werk nicht
mehr als Historie, sondern als literarisches Kunstwerk mit
erbaulichem Charakter. Gerade das hier vorliegende zweite
Buch mit seinen fesselnden Erzählungen von Horatius Cocles, Mucius Scaevola, Cloelia und Coriolan ist oft nur als
»Steinbruch« benutzt worden: Geschichten statt Geschichte.
Liest man es jedoch im ganzen, vermag man Livius als einen
Historiker sui generis zu erkennen, dessen Ansichten vom

Leben in der Gemeinschaft und vom Umgang mit der Macht
eine vorurteilslose Betrachtung verdienen. Nach seinen eigenen Worten sollen wir erfahren, »wie das Leben, wie die
Sitten waren; durch welche Männer und mit welchen Künsten zu Hause und im Krieg die Herrschaft errungen und
gemehrt wurde« (praef. 9). Nicht nur von Männern will
Livius berichten, sondern auch von den *artes*, den Künsten,
mit denen man das Gemeinwesen festigte. *Artes* sind alle Fer-
tigkeiten und Fähigkeiten zur Meisterung des Lebens, wie
man sie sich durch geduldige, erfindungsreiche Arbeit aneig-
net. Bei Vergil erscheint das Wort in seinem weiten Spek-
trum: von den elementaren Erfindungen des Menschen wie
Ackerbau, Jagd und Seefahrt über die »schönen Künste« bis
zur Staatskunst, die Vergil dem Römer in den berühmten
Versen der *Aeneis* als seine Domäne zuweist. Livius zeigt
im zweiten Buch, wie sich diese Kunst bei den Römern
entwickelt hat, wobei er nichts beschönigt, sondern mühe-
volle Anfänge, Rückschläge und Erfolge gleichermaßen regi-
striert.

Werfen wir zunächst noch einen Blick auf das Gesamtwerk.
Livius begann damit um das Jahr 27 v. Chr. und arbeitete
daran bis zu seinem Tode i. J. 17 n. Chr. Er veröffentlichte
einzelne Teile gesondert, so die ersten fünf Bücher etwa im
Jahr 25 v. Chr. Das Gesamtwerk umfaßte 142 Bücher und
berichtete Roms Geschichte von den sagenhaften Anfängen
bis zum Tode des Drusus, des Stiefsohnes des Augustus, i. J.
9 v. Chr. Erhalten sind nur die Bücher 1–10 über die Frühzeit
Roms (bis 293 v. Chr.) sowie 21–45 (218–167 v. Chr.) mit
dem 2. Punischen Krieg als Höhepunkt.

Im ersten Buch berichtet Livius von der mythischen Vorge-
schichte Roms, von Aeneas und der Gründung der Stadt
durch Romulus und Remus. Dann folgt die Epoche der römischen Könige, deren letzter, Tarquinius mit dem Beinamen
Superbus, der Hochmütige, wegen seiner Willkürherrschaft
gestürzt und vertrieben wird. Das erste Buch schließt mit
der Begründung der Republik. Die Führer der Rebellion,

L. Junius Brutus und L. Tarquinius Collatinus, werden als
erste römische Konsuln gewählt.

Das zweite Buch umfaßt die Zeit von 509–468 und schildert
das allmähliche Erstarken der jungen Republik, die sich in
immer neuen Belastungsproben nach außen wie nach innen
bewähren muß, um ihre *libertas* zu erhalten. Durch den Sturz
der Tarquinier ist Rom zwar frei geworden, aber es ist auch
des Schutzes durch die Etruskermacht beraubt. Die Nachbarvölker aus ärmeren und abgelegeneren Gebieten drängen nun
in die fruchtbare Ebene Latiums, zu den Weidegründen, zu
den Salzfeldern an der Tibermündung und den Handelswe-
gen an der Tiberfurt. Rom, weit entfernt von jeglicher Expan-
sions- oder Aggressionspolitik, muß ums Überleben kämpfen. Von Etruskern, Latinern, Sabinern, Aequern und Volskern ringsum bedrängt, entwickeln die Römer zwangsläufig
jene Härte und Disziplin, die ihnen später zum Aufstieg verhalfen. Der starke Druck von außen erzeugt Einmütigkeit im
Innern: Die Furcht vor auswärtigen Feinden bezeichnet
Livius, wie vor ihm Thukydides und nach ihm Machiavelli,
als das stärkste Band der Eintracht (2,39,7). Dennoch lassen
sich die Spannungen in dem jungen Gemeinwesen nicht auf
Dauer unterdrücken, sie müssen ausgetragen werden. In den
sogenannten Ständekämpfen – ihr mehr als hundertjähriger
Verlauf geht über das zweite Buch hinaus – erringen die Plebejer im politischen Streit mit den Patriziern ihren Anteil am
Gemeinwesen. Ein erster Höhepunkt dieser Auseinandersetzung ist der von Livius im zweiten Buch berichtete Auszug
der Plebs auf den Heiligen Berg und die daraus folgende Einsetzung des Volkstribunats. Diese Darstellung – samt der
bekannten Fabel des Menenius Agrippa vom Magen und den
Gliedern – erscheint typisch für das zweite Buch wie für die
folgende Schilderung der römischen Innenpolitik durch
Livius. Nach hartem Ringen wird ein Ausgleich erzielt. Die
in der Praefatio zum ersten Buch erwähnten Künste erweisen
sich im innenpolitischen Bereich als die Bereitschaft zum
Kompromiß – ein Teil der Staatskunst, der, angesichts des

menschlichen Egoismus und Eigennutzes, mühevoll erlernt und immer wieder eingeübt werden muß. Darauf verweist Livius mit seinem oft monoton wirkenden Hinweis: »Kaum war die auswärtige Kriegsgefahr beendet, flammten die inneren Streitigkeiten wieder auf.« Livius folgt dem annalistischen Prinzip der Geschichtsschreibung, das heißt, er reiht die Geschehnisse nach Jahren aneinander wie in den alten Chroniken und Jahrbüchern. Anhand dieses Schemas kann er den Prozeß des ständigen Ringens zwischen den Parteien deutlich hervortreten lassen.

Livius steht auf der Seite derer, die als *concordiae auctor[es]* (2,31,9), als Stifter der Eintracht, vermittelnd wirken und das Gemeinwohl über alles stellen, mögen es nun Konsuln oder Tribunen sein. Diejenigen, die ihre Macht mißbrauchen, malt er als abschreckende Beispiele in düsteren Farben, wie die Appii Claudii. Wie wichtig ihm der Gedanke der *concordia* war, zeigt folgendes: Nach römischer Tradition waren in der Schlacht am See Regillus die Dioskuren Castor und Pollux erschienen und hatten den Römern Beistand geleistet. Der Castortempel auf dem Forum Romanum war das sichtbare Zeugnis dieses Glaubens. So stand es auch in den Quellen, die Livius vorfand. Aber im Gegensatz zu Dionys von Halikarnaß in seiner *Römischen Frühgeschichte* und Plutarch in seinem *Leben des Coriolan*, die sich der gleichen Quellen bedienen, verzichtet Livius auf diesen Zug der Überlieferung, obwohl er sonst Götter- und Wunderzeichen große Bedeutung beimißt. Bei ihm sind es keine Götterjünglinge zu Pferde, die das Schlachtenglück wenden, sondern die jungen Männer des römischen Adels, die vom hohen Roß steigen, um das ermattete Fußvolk mit ihren Schilden zu decken. Sofort schöpften die Fußsoldaten wieder Mut, heißt es bei Livius, als sie sahen, wie die vornehmen jungen Männer mit ihnen die Gefahr teilten. Da endlich brachten sie die Feinde zum Weichen, und die Schlacht war zugunsten der Römer entschieden (2,20,10 f.).

Wie eine Warnung für seine eigene Zeit klingt es, wenn Livius einem Feind Roms die Worte in den Mund legt, die Macht der Römer werde ewig sein, wenn sie nicht in innerer Zwietracht gegeneinander wüteten (2,44,8). In der *discordia* der großen Einzelpersönlichkeiten und ihrer Anhänger war die alte *res publica* zugrunde gegangen. Livius hat es miterlebt, und er wird nicht geglaubt haben, sie durch die Beschwörung traditioneller Werte wie der *concordia* wiedererwecken zu können. Es ist auch fraglich, ob er dies überhaupt wünschenswert fand. *Nec vitia nostra nec remedia pati possumus*: »weder unsere Gebrechen noch die Heilmittel können wir ertragen«, sagt er in seiner Vorrede (praef. 9). Ein düster-vieldeutiges Wort, das wir ähnlich von Tacitus und dem jüngeren Plinius hören, die pessimistische Einsicht, daß man gar nicht mehr fähig ist, in einer *res publica* alter Art zu leben. Dennoch geht seine Skepsis nicht so weit, daß sich in der Darstellung der Leitideen seines Werkes nur ein nostalgischer Rückblick auf die gute alte Zeit offenbare. Als Geschichtsschreiber überblickte er mehr als sieben Jahrhunderte Roms, in denen die staatlichen und gesellschaftlichen Einrichtungen große Veränderungen erfahren hatten. Rom hatte viele Krisen erlebt und hatte sie gemeistert, indem es sich auf die *artes* des politischen Zusammenlebens besann, Konflikte austrug und einen Konsens erreichte. Eine solche Haltung kann er aus seiner Sicht als Geschichtsschreiber seinen Mitbürgern auch für die Zukunft empfehlen.

In einer seiner seltenen persönlichen Stellungnahmen im Werk sagt Livius nach einem Vergleich der Erfolge Alexanders des Großen und der Macht Roms (9,19,15 ff.): »Vermessenheit soll nicht aus meinen Worten klingen, aber wenn nur keine Bürgerkriege ausbrechen, dann werden wir niemals durch einen Feind in Bedrängnis geraten. Der römische Soldat hat tausend Angriffe, schwerer als die Alexanders, abgewehrt und wird sie abwehren, wenn nur die Liebe zu diesem Frieden fortdauert, in dem wir jetzt leben, und die Sorge um innere Eintracht.«

Marion Giebel

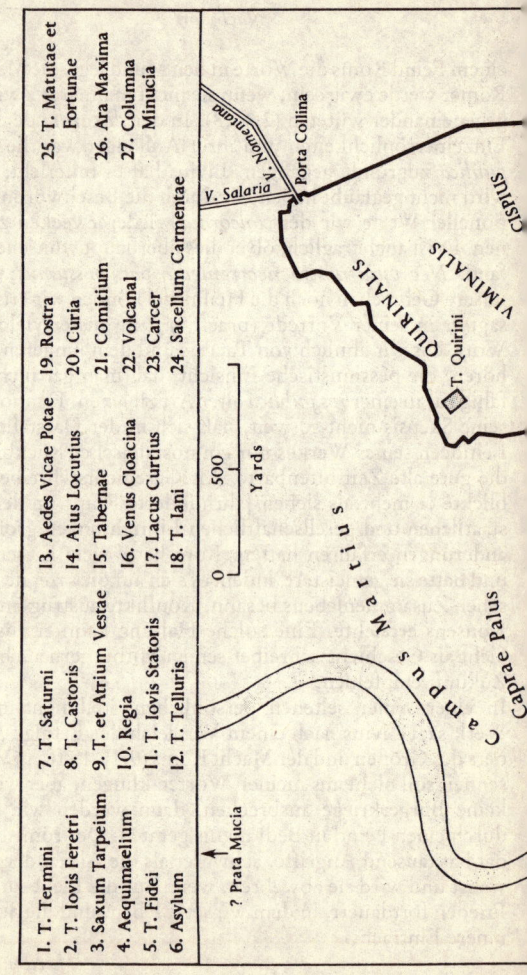

1. T. Termini
2. T. Iovis Feretrii
3. Saxum Tarpeium
4. Aequimaelium
5. T. Fidei
6. Asylum

7. T. Saturni
8. T. Castoris
9. T. et Atrium Vestae
10. Regia
11. T. Iovis Statoris
12. T. Telluris

13. Aedes Vicae Potae
14. Aius Locutius
15. Tabernae
16. Venus Cloacina
17. Lacus Curtius
18. T. Iani

19. Rostra
20. Curia
21. Comitium
22. Volcanal
23. Carcer
24. Sacellum Carmentae

25. T. Matutae et Fortunae
26. Ara Maxima
27. Columna Minucia

Yards
0   500

V. Nomentana
V. Salaria
Porta Collina

CISPIUS
VIMINALIS
QUIRINALIS
T. Quirini

Campus Martius

Caprae Palus

? Prata Mucia

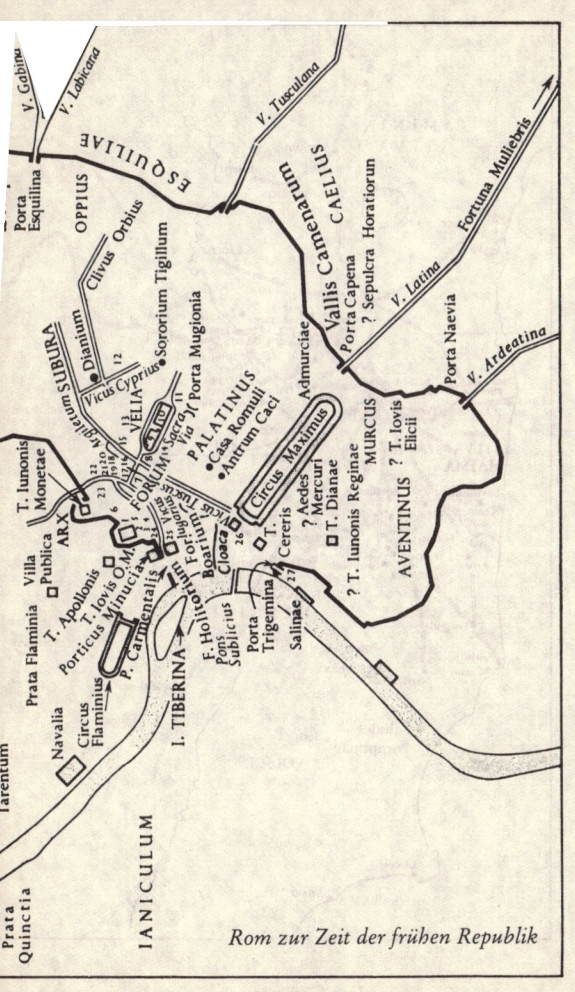

Rom zur Zeit der frühen Republik

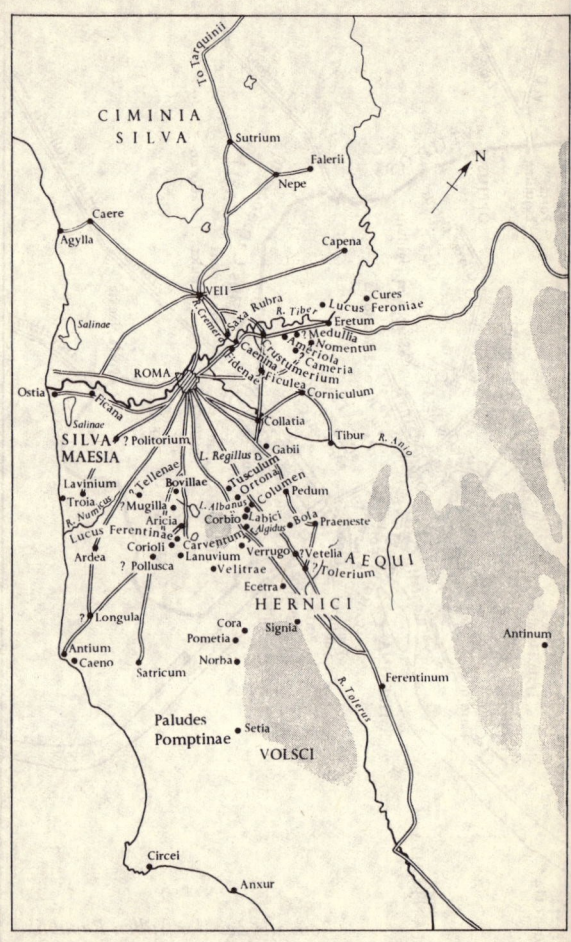

Die Campagna

Inhalt

Römische Literatur
IN RECLAMS UNIVERSAL-BIBLIOTHEK

Dichtung

Die Namen in Klammern geben die Übersetzer bzw. Herausgeber an.

Philipp Reclam jun. Stuttgart

Römische Literatur

IN RECLAMS UNIVERSAL-BIBLIOTHEK

Geschichtsschreibung

Augustus, *Res gestae / Tatenbericht*. Lat./griech./dt. (M. Giebel)
9773 [2]

Caesar, *Der Bürgerkrieg*. (M. Deißmann) 1090 [3] – *Der Gallische
Krieg*. (M. Deißmann) 1012 [4] – *De bello Gallico / Der Gallische
Krieg*. Lat./dt. (M. Deißmann) 9960 [8]

Livius, *Ab urbe condita. Liber I / Römische Geschichte. 1. Buch*. Lat./
dt. (R. Feger) 2031 [3] – *Ab urbe condita. Liber II / Römische
Geschichte. 2. Buch*. Lat./dt. (M. Giebel) 2032 [3] – *Römische Geschichte. Der Zweite Punische Krieg*. (W. Sontheimer) I. Teil.
21.–22. Buch. 2109 [2] – II. Teil. 23.–25. Buch. 2111 [2] – III. Teil.
26.–30. Buch. 2113 [3]

Cornelius Nepos, *Atticus*. Lat./dt. (R. Feger) 994

Sallust, *Bellum Iugurthinum / Der Krieg mit Jugurtha*. Lat./dt.
(K. Büchner) 948 [3] – *Historiae / Zeitgeschichte*. Lat./dt. (O. Leg-
gewie) 9796 – *Die Verschwörung des Catilina*. (K. Büchner) 889 –
De coniuratione Catilinae / Die Verschwörung des Catilina. Lat./dt.
(K. Büchner) 9428 [2] – *Zwei politische Briefe an Caesar*. Lat./dt.
(K. Büchner) 7436

Sueton, *Nero*. Lat./dt. (M. Giebel) 6692 [2]

Tacitus, *Agricola*. Lat./dt. (R. Feger) 836 [2] – *Annalen I–VI*. (W.
Sontheimer) 2457 [4] – *Annalen XI–XVI*. (W. Sontheimer)
2642 [4] – *Dialogus de oratoribus / Dialog über die Redner*. Lat./dt.
(H. Gugel / D. Klose) 3728 [2] – *Germania*. (M. Fuhrmann) 726 –
Germania. Lat./dt. (M. Fuhrmann) 9391 [2] – *Historien*. Lat./dt.
8 Abb. u. 6 Ktn. (H. Vretska) 2721 [8] (auch geb.)

Die Namen in Klammern geben die Übersetzer bzw. Herausgeber an.

Philipp Reclam jun. Stuttgart

Römische Literatur

IN RECLAMS UNIVERSAL-BIBLIOTHEK

Vermischte Prosa

Apuleius, *Das Märchen von Amor und Psyche.* Lat./dt. (K. Steinmann) 486 [2]

Augustinus, *De beata vita / Über das Glück.* Lat./dt. (Schwarz-Kirchenbauer/Schwarz) 7831 [2] – *De vera religione / Über die wahre Religion.* Lat./dt. (W. Thimme / K. Flasch) 7971 [3]

Boethius, *Trost der Philosophie.* (K. Büchner / F. Klingner) 3154 [2]

Eugippius, *Vita Sancti Severini / Das Leben des heiligen Severin.* Lat./dt. (Th. Nüßlein) 8285 [2]

Marc Aurel, *Selbstbetrachtungen.* (A. Wittstock) 1241 [2]

Minucius Felix, *Octavius.* Lat./dt. (B. Kytzler) 9860 [3]

Petron, *Satyricon.* (H. C. Schnur) 8533 [3]

Plinius der Jüngere, *Briefe.* (M. Schuster) 7787 – *Der Briefwechsel mit Kaiser Trajan. Das 10. Buch der Briefe.* Lat./dt. (M. Giebel) 6988 [2] – *Epistulae. Liber I / Briefe. 1. Buch.* Lat./dt. (H. Philips) 6979

Die römische Literatur in Text und Darstellung
Bd. 2: *Republikanische Zeit II.* Lat./dt. (A. D. Leeman) 8067 [6] –
Bd. 3: *Augusteische Zeit.* Lat./dt. (M. v. Albrecht) 8068 [6] – Bd. 4: *Kaiserzeit I.* Lat./dt. (W. Kißel) 8069 [6]

Seneca, *Ad Helviam matrem de consolatione / Trostschrift an die Mutter Helvia.* Lat./dt. (F. Loretto) 1848 [2] – *Apocolocyntosis / Die Verkürbissung des Kaisers Claudius.* Lat./dt. (A. Bauer) 7676 – *De brevitate vitae / Von der Kürze des Lebens.* Lat./dt. (J. Feix) 1847 – *De clementia / Über die Güte.* Lat./dt. (K. Büchner) 8385 [2] – *De tranquillitate animi / Über die Ausgeglichenheit der Seele.* Lat./dt. (H. Gunermann) 1846 [2] – *Epistulae morales ad Lucilium / Briefe an Lucilius über Ethik.* Lat./dt. (F. Loretto) 1. Buch. 2132 – 2. Buch. 2133 – 3. Buch. 2134 – 4. Buch. 2135 – 6. Buch. 2137 – *Vom glückseligen Leben und andere Schriften.* Auswahl. (L. Rumpel / P. Jaerisch) 7790 [2]

Die Namen in Klammern geben die Übersetzer bzw. Herausgeber an.

Philipp Reclam jun. Stuttgart